会表达的孩子
自信敢说有气场

薛歆然◎著

北京理工大学出版社
BEIJING INSTITUTE OF TECHNOLOGY PRESS

版权专有 侵权必究

图书在版编目(CIP)数据

会表达的孩子，自信敢说有气场 / 薛歆然著. — 北京：北京理工大学出版社，2023.10
ISBN 978-7-5763-2671-0

Ⅰ.①会… Ⅱ.①薛… Ⅲ.①语言表达－儿童教育－家庭教育 Ⅳ.①G782

中国国家版本馆 CIP 数据核字（2023）第143104号

责任编辑：武丽娟		**文案编辑**：武丽娟	
责任校对：刘亚男		**责任印制**：施胜娟	

出版发行 / 北京理工大学出版社有限责任公司
社　　址 / 北京市丰台区四合庄路6号
邮　　编 / 100070
电　　话 /（010）68944451（大众售后服务热线）
　　　　　（010）68912824（大众售后服务热线）
网　　址 / http://www.bitpress.com.cn

版印次 / 2023年10月第1版第1次印刷
印　　刷 / 三河市华骏印务包装有限公司
开　　本 / 880mm×1230mm　1/32
印　　张 / 11.125
字　　数 / 245 千字
定　　价 / 58.00元

图书出现印装质量问题，请拨打售后服务热线，负责调换

本书赞誉

让孩子自由自在表达自己的感受和想法，既是高度社会文明的需要，更是成功家庭教育的标志。如何促进亲子沟通，进而引导孩子学会有效的人际互动，是家长的重要职能和基本技能，教练对话可以为家长开展亲子沟通提供最佳沟通方式和模式，因为教练对话倡导双方是平等关系，允许和接纳孩子自然而然、敞开心扉。薛歆然老师这本书里，提供了诸多教练式对话的方法与技巧，简明而实用，沉淀了薛老师多年家庭教育实践的丰富经验，诚挚推荐。

史占彪博士教授

中科院心理所青少年人格与健康促进中心 主任

心理教练首席专家

国际EAP协会中国分会主席

教孩子学会有效沟通，并不是一件容易的事，其实很多家长既不会做高效能父母也不会与孩子对话。本书给出了一个亲和而有效的亲子沟通方法——教练式的沟通，并例举了不同情境下常见问题的应对技巧和经验总结。作者薛歆然老师即有丰富的心理咨询经验，同时也是一位资深亲子教练，相信这本书一定会成为父母们的枕边书亦或实践指导手册。

赵然博士教授

中央财经大学心理系教授，心理应用研究所所长

中国心理学会注册系统督导师

中国心理卫生协会首批认证督导师

薛歆然老师的这本教家长和孩子学会表达的新书，高度提炼了表达的功效：表达即分享，营造安全的氛围；表达即能力，掌握表达的方法；表达即成长，放大自身的影响。三篇九步，每步配有练习，让你和孩子都不断进步！循序渐进，非常实用，特别推荐！

李海峰　两个小孩的家长
DISC+ 社群联合创始人

让孩子从小学会表达有多么的重要，薛老师这本新书通过许多生活实践的场景，生动形象地告诉我们家长朋友了。薛老师在书中用九步渐进式演练，勾勒出培养孩子超强表达力的精进路径，不仅运用了大量的思维和心理学工具，而且还在第五步中，设身处地涵盖了面对各种危急时刻，孩子如何通过清楚的沟通和精准的表达开展自救和求救，简便易学，非常实用。希望每个孩子都能有机会学习到这些生活中的语言表达艺术，成为可以自信表达的口才小达人。

卢山　两个小孩的家长
"领英"专栏作家，世界500强培训师
自媒体"卢山说精进"主理人

教孩子学会说话、学会表达

——这才是家长最重要的事

在教养孩子的过程中,我们不禁要问,到底什么才是最重要的呢?

相信所有的家长都会希望自己的孩子开心快乐,平安健康地长大,因为不管是大人还是孩子,似乎没有什么比健康、快乐更重要的事了。

问题是:孩子怎样才会开心快乐、健康成长呢?

在 2~3 岁以前,如果有爸爸妈妈的用心呵护,孩子就会开心快乐,因为在婴幼儿期,家庭就是孩子的完美港湾。

然而,从 3 岁开始,孩子就要"进入"社会了——要上幼儿园了。

是的,幼儿园就是一个小社会,是属于孩子的小社会,因此,从心理学上来说,上幼儿园就是孩子走上社会化的第一步,是非常非常重要的第一步,因为这一步走得好不好,跟孩子之后漫长的社会化进程息息相关。

那为什么 3 岁的幼儿就要进入幼儿园开始社会化呢?这是因为,我们每个人出生在这个地球上,都带有满满的社会属性,我们每个个体都迟早要成为社会人,也就是社会中的一员,或者说,人类大团队中的一员。

著名儿童心理学家阿德勒曾经说过：我们都出生在地球上，并一起生活在这个星球上，**我们的生活与他人是紧密相连的，没有谁可以孤零零地活着。**

这就是我们与生俱来的社会属性。

阿德勒还说：我们的开心、快乐、幸福、成功，往往都来自跟他人的连接，以及获得别人的认同、尊重。

不光成人如此，其实孤独的孩子们更是如此，对于一个孩子来说，有没有好朋友真的很重要，甚至有时候比学习成绩都重要。

你可以试想一下，如果一个孩子学习成绩很好，但没有人喜欢他，都说他的坏话，他会感觉怎么样呢？每天的心情会如何呢？

反之，如果一个孩子学习成绩一般，但同学关系很好，有不少好朋友，他又会感觉怎么样呢？

再往深了说，如果这两个孩子遇到同样大的打击，比如重要考试考砸了，被老师狠狠批评了，谁会更难过、沮丧，甚至可能崩溃呢？

答案不言自明。

作为一名从业十几年的儿童青少年心理咨询师，我在做心理辅导的过程中，发现不少厌学、辍学的孩子都是因为同学关系不好，交不到好朋友，甚至被排挤，心里非常苦闷。

因此，我可以郑重地说：不管是在幼儿园，还是在中小学，孩子们真正的开心快乐大都来自有几个好朋友、好伙伴，有老师和同学喜欢自己、认同自己，这是任何学习成绩都不能带来的幸福和快乐。

而能不能有几个好朋友、好伙伴，能不能赢得老师和同学们的喜爱，在很大程度上，就要看一个人会不会说话，会不会自信表达，会不会跟人交流沟通，会不会跟人友好相处了。

可是我们大人都知道，这些待人处世的社会技能对于一个孩子来说真的太难了，为什么呢？

因为我们中国的父母和家长本身，就有很多人太不会说话了！我们自己都做不到的事，又怎么能要求孩子做到呢？

是的，我们很多中国人都崇尚"沉默是金""酒香不怕巷子深"的观点，反感那些"口若悬河""夸夸其谈"的不知收敛的人，殊不知当下已经是"全民表达"的时代了。

你看看满屏幕的直播、直播带货就明白了，你看看刘畊宏仿佛一夜之间火遍全网且粉丝过亿就清楚了，你看看连小学生都开始录制短视频各种表达自己就不得不相信，时代变了！

这也是为什么我对人际沟通和口才表达如此热衷的原因，因为我发现我们中国人实在是太不善于表达了！特别是当众讲话和演讲表达，在某些情况下，可以说大部分中国人都害怕上台发言、讲话。

还有，在处理日常生活和工作中的矛盾和冲突的时候，在亲子教养和亲密关系出现问题的时候，能够轻松化解、开放交流、妥善处理的人太少了，而这些基本的生活智慧都与我们的人际交往和人际沟通密切相关。

在多年的心理辅导和教练过程中，我经常会接触到一些在职场中困惑、纠结、迷茫的年轻人，有的深感怀才不遇，觉得自己的工作得不到赏识；有的跟同事相处不来，看谁都不顺眼，人际关系很紧张。这些人有一些共同的特点,就是**不会说话,不会表达,沟通不畅,交流不顺。**

而这些问题的症结,都源于小时候不曾专门学习过语言表达和沟通技能,长大了也没能及时补上这个人生必修课。

我曾经应邀去过一些幼儿园,观察过一些所谓的问题小孩,大班、中班、小班的都有。观察完了之后就发现,这些小孩有两个特别一致的共同点:

一是都特别的聪明,特别的灵性,特别的敏感,并不是智商有问题。

二是他们都不合群,跟别的小朋友和老师都不怎么说话,游离于班级集体之外,不跟小伙伴一块玩。

比如老师提问,他们不会举手回答问题,老师点名问到他们,他们也尽量只用一些简单的语言或动作来回应。

记得有一个中班的小男孩,据说疫情期间跟着爷爷奶奶住在一个高楼上,有时候2~3个月都不出门下楼。你跟他说话,他基本上不回答,即使回答,声音也小得像蚊子嗡嗡似的,根本听不清楚在说些什么。

这样的孩子,很难想象他长大以后会有良好的口才表达能力。

还有,那些在幼儿园或者小学遭到过欺负甚至霸凌的孩子,多半也都是性格内向、懦弱、不善表达的孩子。他们既不敢用身体去对抗,也不善用语言去表达,长此以往,还可能造成孩子的心理疾病并产生社会安全问题。

比如前些年报道的幼儿园虐童事件、校园霸凌事件,都给我们做父母的敲响了警钟。

前言

试问一下，如果您的孩子是在幼儿园虐童事件里面，他回来之后您怎么跟他交流呢，怎么让他说出在幼儿园的经历和感受呢？您有什么好方法吗？您有各种尝试过吗？

因为我们发现，有些小朋友在幼儿园或者学校被同学或老师欺负了，感觉很不好，但又没办法清晰表达，时间长了他就不爱上幼儿园了，只是用哭闹的方式来表达自己的恐惧和害怕。

所以我常常跟家长说：如果孩子口口声声、撒泼打横地说就是不想上幼儿园了，一定要引起足够的重视，背后一定有孩子没有表达出来的原因和理由，家长一定要想方设法搞清楚孩子这样说的背后原因。否则如果真有事情的话，很容易给孩子造成长久的心理阴影。

曾经就有一位家长跟我说，她孩子在幼儿园上大班的时候，有一段时间就哭闹得特别厉害，坚决不去上幼儿园，问他为什么吧，他又不说。

但是因为家长工作实在太忙了，没办法，还是坚持把孩子送去幼儿园了。

后来这个原本活泼可爱的孩子就变成了沉默寡言、性格内向的小孩，有什么都不爱说，渐渐地到了青春期就有些抑郁了。

家长跟我说她特别后悔，如果早懂点心理学，也许就可以跟孩子好好交流一下为什么死活不上幼儿园的原因了，也许孩子的身心发展就是另外一个版本了。

那怎么去搞清楚孩子不上幼儿园，或者不上学背后的原因呢？

那就要看家长怎么跟孩子有效沟通，同时孩子的语言表达能力怎么样了，也就是亲子沟通的模式是怎么样的了。

可想而知，如果家长不善言辞、不会表达，大概率会影响你的下一代，你的孩子可能会成为又一个不会说话、害怕表达的你。

这就是家族传承的魔咒，一代又一代，成为语言交流和沟通表达的牺牲品。

你愿意延续这样的魔咒吗？

可以毫不夸张地说，在这个全民表达的时代中，人际交往和沟通交流已经成为生存刚需。不管你愿意不愿意，只要你想活得开心一点、有价值一点，你都必须面临与他人沟通交流的挑战。

同样的道理，孩子会不会说话，还有他的口才表达、语言交流能力比你想象的至少还要重要一万倍！

为什么这么说呢？

因为孩子会不会说话、会不会自信表达，不仅仅关乎他的语言能力、沟通能力、学习能力和人际关系，而且也关乎他内心的幸福感和快乐，关乎他未来一生的事业成就和家庭幸福。

你说到底有多重要呢？真的是怎么说都不过分！

也因此，教孩子学会说话、学会表达，才是家长最重要的事。

第一部分
表达即分享,家长转变三步曲

第一步 | 转变心态,家长先要刷新沟通信念

01. 为什么现在的孩子不听话了?不好管了?/ 002
02. 为什么传承几代人的亲子沟通模式失效了 / 006
03. 不是一种沟通程序,孩子的语言编码你不懂 / 012
04. 特别听话和爱撒谎,孩子的心机有啥不一样 / 018
05. 教孩子学会语言表达,家长自己也要学会说话 / 030
06. 实操练习 倾听也是一种表达,点头微笑就是回应 / 035

第二步 | 转变家庭氛围,鼓励孩子积极表达

07. 跟孩子好好说话,家庭交流模式的四大象限 / 042
08. 家庭需要仪式感,情感表达要潜移默化 / 045
09. 让孩子敢于表达——"三要三不"亲子沟通更轻松 / 050
10. 敢说的孩子才敢当——鼓励表达先"设框" / 055
11. 让孩子乐于说话——主动表达自己的想法 / 059
12. 实操练习 举行家庭会议,设定娱乐规则 / 062

01

第三步 | 转变父母语言，跟孩子好好说话

13. 胆怯的孩子不敢说，轻言细语有诀窍 / 068
14. 敢想敢说也敢做——让孩子变得更自信 / 076
15. 幼儿园打架好不好？启发式引导很重要 / 079
16. 刚上小学不习惯——语言表达有规范 / 085
17. 三四年级很关键——多交朋友这么来 / 088
18. 步步惊心青春期——疏解烦恼和情绪 / 094
19. 先跟后带，最核心的亲子交流神技能 / 101
20. 语言同步，最简单的亲子沟通小技巧 / 104
21. 父母语言，亲子互动沟通的五个层次 / 108
22. 实操练习 如何跟孩子聊心事 / 114

第二部分
必须要教孩子学会的实用表达技巧

第四步 | 教会孩子这些天天都在用的口才话术

23. 让孩子学会打招呼——最划算的情感投资 / 122
24. 让孩子学会自我介绍——接纳自我很重要 / 126
25. 让孩子学会提问——会说话从提问开始 / 130
26. 让孩子学会正面表达——赞美的时候这样说 / 139
27. 让孩子说出负面情绪——愤怒的时候这样做 / 145
28. 让孩子学会表达需求——请人帮忙这样说 / 153

29. 培养孩子的幽默感——学会化干戈为玉帛 / 158
30. [实操练习] 培养幽默感的两个亲子互动小练习 / 163

第五步 | 教孩子必须学会的危机应对与求救行动

31. 跟孩子说清楚，保护好自己就是最大的责任 / 170
32. 教孩子学会拒绝，允许孩子跟成年人说"不" / 177
33. 遇到危险，确保孩子会拨打110和120 / 181
34. 心理援助热线，也要让孩子了解清楚 / 186
35. 网络有骗局，尽早给孩子上网立下规矩 / 192
36. 面临坏人纠缠，果敢离开或大声呼救 / 197
37. 单独在家不开门，独自在外不理陌生人搭讪 / 201
38. [实操练习] 在人多的地方走丢了该怎么做？/ 207

第六步 | 教孩子使用自己轻松擅长的表达方式

39. 表达方式有很多，你家孩子擅长哪个 / 212
40. 琴棋书画音美体，艺术表达很神奇 / 220
41. 心理涂鸦，一幅画胜过千言万语 / 223
42. 跟孩子一起唱歌，脑波音乐传递快乐 / 228
43. 跟孩子一起运动，磨炼意志增长见识 / 236
44. [实操练习] 在大自然中丰富孩子的五感表达 / 241

第七步 | 提升孩子的声音魅力，抑扬顿挫自信表达

45. 给孩子的声音做个诊断——了解孩子的声音特点 / 248
46. 教孩子开嗓发声——打开孩子声音的通道 / 254

47. 带孩子练习说话的节奏——语速快慢彰显情感 / 257
48. 教孩子学会抑扬顿挫——语声语调特别重要 / 262
49. 教孩子运用肢体语言——让肢体语言为表达加分 / 265
50. 实操练习 同理心与"喜怒哀乐悲恐惊"的情感表达 / 268

✓ 第三部分
表达即成长，当众表达改变人生

第八步 | 好口才就是学习力，当众表达要循序渐进

51. 大语文时代如何改善学习方法和表达力 / 276
52. 开放式教学鼓励孩子上课积极发言，不懂就问 / 287
53. 如何克服上课回答问题时的恐惧心理 / 294
54. 从家里到班级——当众表达要循序渐进 / 299
55. 实操练习 讲一个小故事让孩子看见自己的表达 / 303

第九步 | 试试看——你家孩子也可以成为小小演说家

56. 跟孩子一起编故事——孩子的想象力超乎想象 / 310
57. 跟孩子一起演戏剧——每个人都是天才的演员 / 314
58. 全民表达时代来临——成功的奇迹密码正在变化 / 320
59. 演讲其实很简单——七个步骤清晰连贯 / 325
60. 你就是明星——如何在台上呈现最好的自己 / 332
61. 实操练习 一个小梦想让孩子成为小小演说家 / 336

第一部分

表达即分享,家长转变三步曲

第一步

转变心态,家长先要刷新沟通信念

01 为什么现在的孩子不听话了？不好管了？

简单地说，现在的孩子之所以不听话，主要有两个方面的原因。首先，是因为他们"成熟"得太早了，太有自己的主意了，而且从第一逆反期（2～3岁）开始，孩子们对一些跟自己相关的事情，就有自己的想法和坚持了。

我们来看一个案例：

> 四岁半的多多在外面跟爸爸玩踢足球的时候，有一个邻居的小男孩跑过来，也要参加踢球。多多不让，就把球护在脚下不让小男孩碰。
>
> 爸爸让多多把球给小男孩，三个人一起玩，多多就是不答应。小男孩委屈地哭了，多多爸爸也发火了，拿起足球就拽着多多回家了。
>
> 回到家，爸爸开始训斥孩子：你怎么这么不听话呢？跟你说那么半天你都不肯跟小朋友一块玩，你为什么呀你？！

你看，这么小的一件事，就搞得多多爸爸焦头烂额，除了发火、生气、训孩子之外，似乎也没有什么好的解决方法。

所以，现在的孩子越来越不听话的第二个重要原因，**就是家长自己的表达和沟通方式非常有限，**基本上就是生气、指责、吼孩子，急了还会打孩子，简单粗暴。

你要是问家长：打孩子有用吗？

家长会很快回答：没用，但下次照旧。

既然没用，那你为什么还要打孩子呢？

你要是接着问：除了打和骂，还有什么更好的方法可以管教孩子吗？

家长往往一片茫然：不知道。

> 请问：如果身为父母的你，遇到这样情形的时候，是否有合适的方法可以化解孩子们之间的矛盾冲突呢？

相信家长朋友们都知道中国有句俗话：打是亲，骂是爱，急了还要用脚踹。还有类似"棍棒底下出孝子""孩子不打不成器"等所谓的千古传训，想必都是当年那些没辙的父母们总结出来的教养孩子之道吧。

就算这些千年古训在过去是管用的，但是时代已经变了，现在再用这些招数，真的是不管用了。

我们再来看一个真实的案例：

上小学四年级的琪琪不喜欢做作业，还经常跟同学打架，隔三岔五被老师叫家长。

有一天，老师又发来一堆微信，说是琪琪上课的时候看小说，后来发现这本小说是她偷偷从同学的书桌里面拿的，还顺便拿了同学一只漂亮的铅笔。

这个错误的性质可不一样了，这可是品行问题，老师自然又来告状了。发完一大堆微信，老师又抽空打来电话，把事情的经过说了一遍，急切的话语之间很是焦虑和担忧。

琪琪妈妈被气得火冒三丈，感觉这孩子真心变坏了，已经没救了，于是找到心理咨询师大吐苦水，说自己怎么就这么倒霉，生了这么一个不争气的女儿。

每天费尽心思管教她，该打打、该骂骂，外加训斥、惩罚、关禁闭，"全套"惩戒措施都用上了，却似乎一点也不管用。琪琪每天一到学校，就变本加厉开始新一轮的折腾了。

可是，这一切真的都是孩子的问题造成的吗？

心理咨询师（也就是我，本书的作者）看着又气愤、又伤心、又无奈的琪琪妈妈，跟她探讨了一下事情的经过和可能的原因，看她还是不能平静下来，就微笑着问了她两个问题：

（1）这孩子是您自己生自己养的吗？

琪琪妈妈一愣，说：当然是啊。

（2）那您怎么把她养成了这个样子呢？

琪琪妈妈愣住了，快人快语的她竟然哑口无言了。

> 如果你觉得孩子这不好那不好，就请扪心自问：
> 1.孩子是你自己生自己养的吗？
> 2.你为什么把他/她养成了这个样子呢？

其实，上面这两个问题是想把家长的视角从孩子的行为层面（果）转移到行为背后的养育方式（因）上面，因为心理学更多地认为：**孩子是没有问题的，如果孩子有问题（果），那说明家庭的养育方式有问题（因）**。

而家长最大的问题不是信奉"棍棒底下出孝子"或者"孩子不打不成器"这样的古训，这些古训即使放到现在，也不是一点道理没有，只是不能放大打骂、斥责的作用，毕竟现在已经是物质极大丰富的时代，像过去那种惩罚孩子不让吃饭的招数已经完全失效了。

现在的孩子都是大人的心肝宝贝，你不让他吃饭，他还懒得吃呢，各种零食多的很，回过头您还得哀求他多吃点米饭蔬菜呢。

可见，孩子出现了难以管教的问题，那都是表象，而根儿上的问题在家长身上，那家长们的问题究竟出在哪儿呢？

最大的可能性就是<u>家长自己也不会跟孩子沟通、表达</u>，**不知道该怎么用合适的语言或者互动、交流的方式启发孩子、引导孩子**，遇到孩子不听话、做错事，常常感觉束手无策，只会"复制"自己小时候犯错误时的"待遇"，或者"采用"大家都会用的那些简单粗暴的管教方法，殊不知，三十年河东，三十年河西，现在的孩子已经"不吃"那一套老把式了。

甚至可以说，现在的孩子很多都是揣着一颗玻璃心，不管是男孩还是女孩，普遍都吃软不吃硬，讲道理也是分分钟秒杀你，这也难怪，网络时代，孩子们懂得太多了。

因此，是时候升级家长教养孩子的方式方法了，特别是家长的亲子沟通方式和语言表达能力，已经严重影响孩子们的心理健康和心智发展了。

时代变得更多元了，孩子变得更自主了，家长的管教方式该升级了！

02 为什么传承几代人的亲子沟通模式失效了

从前车马很慢，书信很远，一生只够爱一个人。

现在有高铁和飞机，还有手机和微信，即便你在天涯海角，也可以瞬间在视频中见到你喜欢和爱的人，跟他长聊到很晚。

可是，天天看，时时聊，渐渐地就不那么新鲜了。

是的，转眼间沧海桑田，我们所处的时代正在发生巨大的变革，其中最大的变化之一，就是很多物质的东西都在加速消失。

比如，现金，正在消失，变成了手机上的数字。

书本也正在消失，在线阅读成为常态。

手写的信件已经成为奢侈品，邮件、电话和微信取代了过去的鸿雁传书和邮政系统。

还有以前小孩子玩的游戏，也早已消失，现在的孩子更多地都是在网上交朋友、玩游戏了。

而这些物质存在的加速消失，预示着什么呢？

预示着我们人类社会正在从一个纪元迈向另外一个完全不同的纪元，而这个新纪元最大的变化可能就是：**从有形的物质时代转变到一个无形的心智时代**，也就是无形的时空时代、心灵的时空时代，总之不再是三维物质的时代。

而这一切，似乎都是伴随着"10后""20后"的出生和成长快速发生的。

也因此，**在这样剧变的时代，一代人与一代人的沟通交流方式必然也会发生深刻的变化。**

过去，父母家长的谆谆教诲可能是孩子吸取知识技能和人生道理的最重要方式；家长说什么就是什么，没有其他更有力度的信息渠道影响孩子，也没有那么多的诱惑和杂声干扰。

而现在，除了父母的唠叨和教诲，互联网铺天盖地的信息早早就涌入了孩子们幼小的心灵，特别是近年来短视频的呼啸而来，从视觉、听觉、感觉多个感官通道同时侵入孩子们稍微成熟的感知觉系统，好的坏的，该吸收的不该吸收的，理解得了理解不了的，承受得了承受不了的，都一股脑地成为孩子的"语言信息杂烩"，无时无刻不在影响着孩子们正在快速发育成形的脑神经系统，以及他们的语言表达和思维方式。

如果你看到幼儿园的孩子都开始刷抖音了，2～3岁的孩子都出镜录制短视频了，你就能明白我在说什么了。同时，你也能看到很多幼小的孩子伶牙俐齿，语言犀利、清晰，大人也自叹不如。

面对这些令人眼花缭乱、猝不及防的变化，你想说些什么呢？你能说些什么呢？作为家长，也许你可以问一下自己：我能适应这样的时代剧变吗？

我的回答是：**你能适应也要适应，你不能适应也必须尽快适应！**

为什么？因为孩子比你更适应！

而且，从人类社会的协同发展来说，社会的发展变化一定是与人类本身的进化同步的，同样的，人类的发展变革也一定会促进社会的发展，如果搞不清这种协同，就会因为逆势而行，从而受到时代的惩罚。

也因此，身为家长，你首先要清晰地知道，现在的孩子，这些来自宇宙的"新芯人类"肯定不是为了扩大物质时代的成果而来的，更不是为了吃吃喝喝醉生梦死而来的，反之，他们终将摒弃物质时代的生存方式和思维模式，重新建构新的时空秩序与未来世界。

而**神奇的语言**，就是他们创建新纪元的核心武器，可是，"新芯人类"的语言已经在极大地"颠覆"着数千年的传统语言，以至于三五年就是一个代沟，亲子之间的沟通与交流愈加艰难了。

> 物质时代正在消失，心灵时代正在到来。时代变了，孩子也变了，亲子沟通方式也必然发生变化，新世纪的家长面临巨大的心挑战。

21世纪的家长面临新挑战，当务之急就是要重新认识和理解这些"新芯小孩"，尽早发现那些蕴藏在他们大脑"芯片"中的天赋异禀与"超能力"。

比如千奇百怪的游戏自动解锁能力，幼儿园的孩子都能拿个手机就无师自通地玩游戏，还有那些眼花缭乱的艺术表达和心脑能力，如果你看过《超强大脑》这个电视节目，哪怕只看过一眼蒙眼玩魔方的片段（可以去百度找视频来看），你就会明白我在说什么。

当然，最重要的是重建我们家长与"新芯人类"的孩子之间有效沟通交流的"心模式"。

否则，你就很可能成为孩子成长路上的绊脚石，拉孩子成长的后腿。

同时，你还需要引导孩子尽快适应我们这个现实社会，适应这个正在迅猛发展，但依然笨重老旧的人类社会的现实世界，让孩子尽早学会说人话，做人事，好好学习，天天向上，努力成为可以在现实社会中游刃有余地生存、生活和学习的一份子，并逐步实现自我价值，活出最好版本的自己。

☆ 概括重点

在剧变的时代，重建亲子沟通"心模式"的三个步骤：

（1）重新发现和认识来自宇宙的"新芯小孩"，理解时代赋予他们的个性特点和说话方式。

（2）尝试重建家长与孩子之间沟通交流的"心模式"，因为一味说教已经不管用了。

（3）要正确引导孩子"接地气"，尽快适应我们这个既先进又古老的现实社会，跟这个社会和他人进行有效的交流和共处。

现在，你知道为什么传承几代人的亲子沟通模式失效了吧？

因为时代的变化太大了，从车马、书信，到电话、微信，身为现代的家长，您已经人言轻微，说话没有你的爸爸的爸爸、爷爷的爷爷那么管用啦。

当你能够接受这样的现实，也许就会在心里打开一扇大门，允许孩子进入你的心灵，跟你一起感受这个世界的种种现实了。

是的，**现在的孩子很多都是靠着内心的直觉和心灵的感应跟别人交流的**，他们越来越不擅于口头语言的表达，因为他们觉得根本就不需要。

比如越来越多的自闭症孩子、阿斯伯格综合征的孩子，还有一些抑郁症、强迫症的孩子，他们都是**活在自己世界里的孩子**。而我们家长有责任、也有潜能把我们的孩子引领到正常的社会交往和人际沟通的轨道上来。

所以，再也不要抱怨孩子不听话了，孩子不好管了，因为他真的听不懂你在说什么，你要管什么？孩子们还很奇怪为什么我想做的事情家长就是不让多做、老师也不让多做，比如画画、比如唱歌、比如做手工、比如去公园玩，而是每天只能按部就班地起床、吃饭、上学、听课，回家，吃饭、做作业，上床、睡觉，周而复始，不知为何？

同时，令不少家长感到头疼的是，越来越多的孩子似乎患上了"失写症"，也就是学习的时候，说起来挺流利的，对知识的理解也挺清晰的，但是，一落到笔头上就卡住了，写不出来。其实这都是跟表达相关的"基本功障碍"，同样需要家长尽早引起重视。

孩子们在"心时代"表达方式的急剧变化，都在向我们发出警醒：是时候改变这种亲子沟通之间的鸿沟了，用孩子听得懂的语言，讲孩子清楚明了的话语，重新解释这个世界的运行方式，<u>重新订立家规，重建亲子关系</u>，教孩子与他人、与这个世界沟通、交流的正确方式，让孩子更快更好地适应这个新旧交替的人类社会，每一个家长都责无旁贷！

也因此，我再强调一遍：教孩子学会说话、学会表达，这才是家长最重要的事！

03 不是一种沟通程序,孩子的语言编码你不懂

"90后"发明火星文仿佛就在昨天,而现在,他们的孩子也开始用大人不懂的语言开始交流了。从中国的甲骨文、埃及的象形文字,到世界上数百种现代语言文字,人类就是这样一步一步丰富和发展着语言交流的文字和形式。

不过,即便如此,人类也依然在语言交流中充满了误解和不解,特别是在语言传递过程中,很多话语都会被传得面目全非、扭曲变形。

我们来看一个经典的哈雷彗星传话故事:

> 据说,美军1910年的一次部队的命令传递是这样的:
>
> 营长对值班军官说:明晚大约8点钟,哈雷彗星将有可能在这个地区看到,这种彗星要每隔76年才能看见一次。命令所有士兵穿野战服在操场上集合,我将向他们解释这一罕见的现象。如果下雨的话,就在礼堂集合,我将为他们放一部有关彗星的影片。
>
> 值班军官对连长说:根据营长的命令,明晚8点哈雷彗星将在操场上空出现。如果下雨的话,就让士兵穿着野战服列队前往礼堂,这一罕见的现象将在那里出现。
>
> 连长对排长说:根据营长的命令,明晚8点,非凡的哈雷彗星将穿着野战服在礼堂中出现。如果操场上下雨,营长将下达另一个命令,这种命令每隔76年才会出现一次。
>
> 排长对班长说:明晚8点,营长将带着哈雷彗星在礼堂中出现,这是每隔76年才有的事。如果下雨的话,营长将命令彗星穿

第一步 | 转变心态，家长先要刷新沟通信念

上野战服到操场上去。

班长对士兵说：在明晚8点下雨的时候，著名的76岁哈雷将军将在营长的陪同下身着野战服，开着他那彗星牌汽车，经过操场前往礼堂。

无论以上的传说是真是假，人与人之间的话语传递会出现"删减"和"变形"却是毋庸置疑的事实，这是因为人类的沟通过程是非常复杂的，单单一个信息的传递和回应的过程就需要7个步骤，而每个步骤都可能导致交流和传递的信息"失真"。

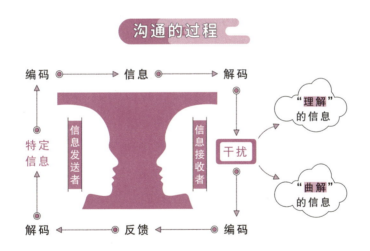

从上面的沟通过程图可以看到：**沟通的过程就是对话的两个人不断地进行编码和解码的过程：**

（1）信息发送者在大脑中按照自己的语言编码系统编码特定信息。

（2）信息发送者将编码完成的信息转换成语言发送给对方。

（3）信息接收者收到语言，开始启动自己的语言解码程序。

（4）信息接收者用自己的语言解码程序解码语言，转化为自己解码的信息。

（5）信息接收者根据自己解码的信息，来理解信息并启动回应程序。

（6）信息接收者用自己的语言编码系统编码回应信息，并发送给对方。

（7）原信息发送者收到回应信息，开始启动自己的语言解码程序进行解码。

（8）开始从（1）～（7）的又一轮循环。

可见，为什么信息在沟通中会不断"失真"呢？是因为我们人类的大脑在解码和编码语言的过程中，都有一些不得已的苦衷。

面对每时每刻从四面八方涌来的海量信息，大脑没有办法把每一条信息都解码出来，只能先"过滤"掉差不多95%的信息，而剩下的5%在解码的过程中也很有可能被"变形"，因为**我们每个人脑海中的"语言解码器"都是不一样的**。

就像著名的美国剧作家曾经说过的那样：**英国和美国是同一种语言分开的两个国家**。也就是说，即便两个人都说的是同一种语言——英语，英国人和美国人其实谁也听不懂对方究竟在说什么，这不仅仅是语句语法上的不同，更多的是文化背景和思维方式的迥异。

成年人之间的交流尚且如此，那大人和小孩子之间的沟通之难就可想而知了。

是的，上面的沟通过程图更多的是成年人之间的沟通模式，而小孩子的编码和沟通过程是很不一样的，因为他们的大脑发育、心理发展、思维方式都处于不同的发展阶段，因此，我们不能拿大人的想法和表达方式跟孩子说话。

根据发展心理学的研究，儿童语言能力的发展要经过几个阶段：

☆ 3～5岁幼儿园期

在幼儿园阶段，3～5岁孩子的语言能力飞速增长，而且是以**快速映射（fast mapping）**的方式感应和理解的，通俗地说就是孩子听到一个新词汇的时候，即便是第一次听到，也能很快将新词汇的意思跟现实中的对应联系在一起，这似乎是一种本能，也像是一种心灵感应。

因此，这个时候父母或其他抚养人要多跟孩子说话，让他们听到更多更多的新词汇和语句，进而刺激大脑语言神经元的发育。

☆ 6～7岁小学一二年级

小学一二年级的学生说话、交谈越来越"成人化"，他们会使用更长、更复杂的语句，并且开始用连词、介词和冠词，比如"因为……所以……""在……上面""去……地方"等，有了一定的直觉思维和逻辑表达。

这个阶段家长要多跟孩子互动交谈，比如一起交流看一本书的感想，或者看一部电影的感受，启发和引导孩子使用更多精细的语句语态，促进孩子在语言关键期的神经系统的发展和成形。

☆ 7～8岁学龄关键期

这个期间的学龄儿童说话、交流更加"成人化"，听起来跟大人之间的对话似乎没什么太大差异，但其实不然。

孩子的交流、对话更多地是在表达客观事实的一些东西或者逻辑，他们内心的很多感受和想法还很难真正地表达出来，所以千万不要以为孩子没有表达出来的东西就是不知道，只是因为心智不成熟，还不能真正理解和表达而已。

比如说这个阶段的孩子也会追星、也会对异性有好感，也可能以为自己是在"恋爱"，但其实并不是这么回事，只是受了太多环境讯息的影响，对"恋爱""异性"有一些似是而非的情感触动和好奇而已。

因此，这个阶段家长要特别重视跟孩子多谈论感受、想法方面的东西，多引导和启发孩子表达出自己真正的想法，不要过于限制孩子想要交谈的内容和话题。

☆ 8～10岁小学中期

8岁以后的儿童对语法规则的理解变得越来越复杂，可以流利地说出非常复杂的长句，也会理解一段话或一篇文章的意思（**阅读理解**），也可以自己组织语言和文字进行简单的创作（**作文**）。

更重要的是，这个阶段的孩子可以开始即兴讲出虚构的故事情节了，并常常把故事中的人物、角色跟自己或身边的同学、老师、长辈等联系起来，也会使用一些结构化的词语表达故事的逻辑了，比如"从前……""在一个……的地方""然后他们就……"等。

只是这个阶段的孩子虚构出来的故事情节会比较单一，人物和角色也比较单薄，还不能完全展开故事的情节发展和人物的心理活动，这个时候家长可以多跟孩子进行故事接龙或者故事表演来丰富孩子的想象力和创造力。

在本书的第九步第56节，专门讲了家长该如何跟孩子一起编故事、讲故事、演故事，有需要的家长也可以直接跳到第九步去学习和实践。

☆概述：3～10岁儿童的语言特点

综上所述，我们可以提炼出3～10岁孩子的一些语言发展和交流的特点：3～6岁的孩子会"凭感觉"知道新词汇的意思，具有与生俱来的心灵感应能力；而7～10岁的儿童的语言发展是突飞猛进的，他们同样具有神奇的语言学习能力（心灵感应）和直觉思维能力。

所以，孩子们对家长的话语理解既有自己年龄的局限性，又有超越年龄和时空的想象力和创作力，因此，小孩子的语言编码是天马行空的、不受约束的、缺乏理性的，极具想象力和创造力的图像表达、直觉思维的模式，跟成年人以逻辑思维、经验抓取的编码、解码方式截然不同。

作为家长，你必须要先了解这些不同，才有可能理解和"跟随"孩子的语言和表达特点，跟孩子进行有效的亲子沟通和互动交流。

这也是这本书最重要的理论基础和实践支撑的源泉，跟不同年龄阶段的孩子说不同的话,用不同的方式交流、对话,这是我们每个家长都需要学习和了解的亲子沟通基本功。

04 特别听话和爱撒谎,孩子的心机有啥不一样

很多父母一提到孩子撒谎就如临大敌,好像孩子撒谎就是变坏的开始,然而心理学认为,说谎其实是孩子心智发育成长的一部分,与品德好坏并没有直接的关系。

我们已经知道了,孩子们在理解成人世界的语言、语句时,既有自己年龄幼小的局限性,又有超越年龄和时空的想象力和创作力,因此,小孩子的语言编码是天马行空的、不受约束的、缺乏理性的,极具想象力和创造力的图像表达、直觉思维的模式,跟成年人以逻辑思维、经验抓取的编码、解码方式截然不同。

因此,关于小孩子说谎这件事,我们家长需要从不同的角度重新来认识一下。

首先,如果你足够用心的话,就会发现,几乎所有的小孩子都会撒谎,除了那些"**特别、特别、特别**"听话的"**好**"孩子。

你一定注意到了,在这里,我用了三个"特别",而且用了黑色加重的字体,似乎这个"特别、特别、特别"听话的好孩子,未**必是真正意义上的"好孩子。"**

是的，没错，这些所谓的"好孩子"，只是家长或者老师等大人眼中的好孩子，评判标准完全来自大人的设定，基本上就是：你只管听话、照做，一切以大人的要求为准，不要有自己太多的想法和要求，从心理学上来说，就是令孩子失去自我的意识，并且压抑自己的情绪情感。

可是，试想一下，如果一个孩子都没有了自我意识和自我的感觉感受，不能真实地表达自己内心的想法，只能一味地听话、照做，即便是自己不喜欢的事情，也要违心地表达出假意的认同和微笑，这是不是有点小小的残忍呢？

相信家长都不愿意让孩子带着虚假的面具生活一辈子吧，要知道，童年的人际交往模式是会影响一个人一生的人际交往和人际沟通方式的。

我们来看一个案例：

在一次"亲子教育心模式"的家长沙龙活动中，一位5岁男孩的妈妈问我：薛老师，为什么我家儿子特别听话，特别"懂事"呢？比如给他报兴趣班，他从来都说愿意，但上课的时候却并不是那么开心，我跟他说啊：如果你不愿意报的话，就跟妈妈说，可他却总是回答：妈妈，我愿意。

我问这位妈妈：您给他报了多少兴趣班？

她说：阅读、英语、绘画、钢琴、口才、幼小衔接……

我感叹：才5岁的孩子，报这么多的兴趣班啊！

她说：他自己愿意的。

我说：您可以换一个角度想一下，孩子表达愿意的时候，是他真的想去上这些兴趣班呢，还是更在意让妈妈开心、高兴。

她说：我觉得他是真的愿意的。

我说：那您怎么知道他是真的愿意的呢？

她说：他自己说的呀！

我说：这样啊，您想啊，当您问孩子愿不愿意的时候，是不是已经给孩子讲了学习阅读、英语、绘画、钢琴等的好处，您的期待非常明显，是希望孩子愿意上这些课的对吧，孩子能不知道您的那点心思吗？

她说：我觉得不是这样的，我是跟他讲道理的，没有强迫他非要学习他不愿意学习的东西。

我说：我听到您说了好几回"我觉得"，那我们换个角度来感觉一下：假如您的领导让您加班很晚，说这个工作非常重要，今天晚上必须完成，您即使心里不愿意，想着早点回家陪孩子，但是您会怎么回应领导呢？

她沉思了一下，说：还是会按照领导的要求加班吧。

我问她：那你会跟领导说，我不愿意加班吗？

她说：不会，除非真有特别重要的事情。

我又问：那你心里会怎么想呢？

她说：有点无奈吧，没办法，既然领导发话了，就得加班干活啊。

我笑着说：那您可以换位思考一下孩子的感受，是不是有点相似呢？

然后，我让妈妈和孩子都画了一个"房树人"的心理测试画,妈妈的画好几处都显示出一种"固执、自我"的特点,而孩子画的"房树人",让人看了有点心疼(如下图)。

从这张"不同寻常"的"房树人"的心理画中可以看到,小男孩处处都画着"捆绑"的线条,房子被横竖的线条密集捆绑,像是一个大大的包裹,连树上的果实都是被线条捆绑着的,最关键的是,整个画面留给"人"的位置是非常非常小的,只是在房间的一个角上隐约能看到一个小小的头,小男孩告诉我,那就是"人"。

画过"房树人"的朋友都知道,**不管你在画中想画的"人"是谁,其实都是在投射"你自己"**。比如有的小朋友会画一个大大的奥特曼,其实也代表他是比较"自我"的,觉得自己比较"厉害",就像奥特曼一样;或者他内心有投射想成为奥特曼的愿望,总之画的这个"人"一定是与"自己"息息相关的。

从这个小男孩的画中可以清楚地看到,他把"自己"画在了一个类似"牢笼"的格子里,就像一个失去"自由"的囚犯,很向往外面的世界，可是却不能出来，令人有些心酸。

有一句话说得特别好：**一幅画胜过千言万语**，也许孩子的口头语言不能按照自己的想法说出内心的感受，但他的画是不会骗人的，这就是心理学的魅力，通过一些简单的心理测试和对话，就能够让我们大人看到孩子真实的内心世界。

当这位妈妈看到孩子的画和其他孩子的画如此不同的时候，她陷入了沉思……

☆孩子撒谎的大脑解读

从上面的案例我们可以看到，即便是"特别听话的好孩子"，也未必都会真实地表达自己的想法，有时候可能是顺从家长的意愿，有时候可能是为了保护自己的"过失"以免受到惩罚，但从心理上来看，孩子爱撒谎也与大脑发育的过程有关。

一般来说，0～2岁的孩子是不善于撒谎的，因为这个年龄段的孩子还没有清晰的"自我意识"，他会认为"我跟妈妈是一体的，妈妈就是我，我就是妈妈"，也就是说孩子还在延续自己在妈妈肚子里的胎儿的感觉感受，是完全真实的依附存在。

因此，孩子一开始是不善于撒谎的，但是在孩子大脑快速发育的过程中，**会有一段时间出现"现实与幻想"的冲突，就是孩子的大脑神经不能够清晰地认知到什么是"真实世界发生的"，什么是"脑海中幻想出来的"**，这样的混淆与冲突在幼儿园和小学低年级的孩子中普遍存在。

记得我儿子在幼儿园中班的时候，有一次他在家里犯了一个"小错误"（具体什么事情已经记不清了），跟他讲道理他不听，我就假装把右手当成电话机举到耳边，对儿子说：那我现在就跟幼儿园小茜老师打电话，跟老师说你做的这个事情，看看老师会怎么说？

没想到儿子吓得赶紧跑到我身边，把我的右手使劲儿拽下来，说：妈妈，妈妈，不要跟小茜老师打电话，求求你不要告诉老师……

我本来是跟儿子开玩笑的，只想吓唬吓唬他，没想到他这么"当真"。这件事给我的印象非常深刻，让我切身体验了幼童的心智是区分不了很多事情的"真伪"的。

当然，进行这样的解读，并不是为孩子撒谎做开脱，而是让家长朋友们从更多的角度来理解孩子撒谎这件事。

在孩子大脑的奇幻世界里，现实和幻想起初是难以分辨的，所以他们喜欢玩"过家家"的游戏，扮演爷爷奶奶、爸爸妈妈和孩子的角色，觉得大人是无所不能的。直到他们进入青春期，开始渴望成为社会角色的一员，才会"觉醒"现实和幻想是完全不同的"存在"。

不过当孩子进入第一逆反期，也就是 2～3 岁的时候，他们会逐渐意识到，父母、大人并不能总是明白自己（孩子）是怎么想的，有时候自己把虚假信息或者幻想告诉父母，大人也未必就会察觉，这样就让孩子有了这方面的"经验"，自认为有时候可以对父母"撒谎"，也不至于被戳破。这个年龄段的小孩子完全无法理解大人不过是"不跟你这个小屁孩计较"而已，小屁孩总以为是自己的"计谋"得逞，小心眼里还偷着乐呢！

加拿大多伦多大学儿童研究所对 1 200 名 2～17 岁的儿童青

少年进行了实验研究,发现两岁的孩子有 20% 会说谎,3 岁的孩子有 50% 会说谎,4 岁的孩子超过 80% 都有说谎现象,年龄越大比例越高。

所以,当家长发现 2～3 岁的孩子开始说谎时,不要惊慌,这意味着您的孩子进入了一个心智发展的典型期。同时,我们要了解,孩子在 6 岁之前基本分不清现实和想象,这时候的说谎被称为无意说谎,而 6 岁以后更多的是有意说谎。

即便是在有意说谎的时候,孩子也是抱有"幻想与现实"的混淆的,毕竟孩子们的想象力是如此天马行空,他们总是宁愿相信"圣诞老人"是存在的。

当然,有意说谎也会因为每个孩子撒谎的动机而不尽相同,当我们剥开表象时,会发现背后都隐藏着更深的心理原因,而这些原因都与家庭的教育方式密不可分。

☆ 如何让孩子少撒谎

其实孩子撒个谎真心不容易,特别是那些脆弱、敏感的孩子通常都冰雪聪明,拥有心灵感应的能力,更容易步入撒谎的"误区",以为撒谎是可以"蒙混过关"的小事情。

爱说谎的孩子通常具备两种能力:读心术和自我控制。

这里的"读心"是指孩子必须判断出他在什么情况下,才可以对家长说谎,而不被家长一眼看穿,要有一定的"成功"胜算。

"自我控制"是指孩子们必须控制自己的言谈和面部表情,还需要控制自己的肢体语言,通俗地说,就是要装模作样,好像他说的是真的一样。

如果家长注意观察的话,爱撒谎的孩子其实都比较善于察言观色,他们能从父母的言行举止中推测出大人的喜好。如果父母表现出一些不满,他们都会捕捉到,并"审时度势"地刻意掩饰不当的行为,以"赢得"父母的信任和"大事化小,小事化了"的局面。

我儿子上小学三年级的时候参加了学校的棒球队,他很喜欢打棒球,但水平一般,基本属于替补队员的那种。

有一天他回家说,他被选上了代表学校参加区里小学生棒球联赛的二队,特别开心,我们做家长的也很为他高兴,因为他们小学是棒球特色学校,即使选上二队,也是很不容易的。

结果联赛从开始一直到结束,他并没有去参加比赛,也一直没有跟我们说起联赛这件事情,直到开家长会,才知道后来他又被"刷下来"了,并没有成为二队正式的队员(可是他当时一直撒谎说在二队参加训练准备比赛哩)。

我们也就装作不知道这件事情,因为清楚孩子是怕我们家长失望才隐瞒了实情,再说他自己既然不愿把这个"秘密"公开,自然有他的想法,我们做父母的又何必非去捅破这层窗户纸呢?因为这件事情并没有给其他的人和事带来不良的影响。

直到后来他真的代表学校参加棒球比赛了,这件事情才被当作"成长的故事"拿出来打趣,大家呵呵一笑,也就有了别样的趣味。

这个"成长的故事"告诉我们，除了大脑发育的必然，**家长也是导致孩子撒谎的源头**，为什么这么说呢？

因为很多孩子撒谎都是为了避免受到家长的惩罚，所以你会看到，越是家里管得严的孩子，越容易撒谎；而在家庭氛围比较宽松、父母更加包容的环境中成长的孩子，撒谎的可能性更小，因为他没有必要。

所以，想让孩子少撒谎，首先家长要检讨自己，是不是会过于挑剔孩子的"错误"？是不是动不动就用"家法"惩罚孩子？是不是给孩子规定了很多的"不允许"——不允许跟成绩不好的同学一起玩，不允许买小卖部的零食吃，不允许玩游戏，不允许看手机，不允许放学后在学校玩儿，不允许回家晚，不允许不听老师的话，不允许跟大人顶嘴……

甚至不允许孩子开心、轻松，不允许孩子有片刻的偷懒，也不允许孩子随意地玩闹……这么多不允许，孩子不得不拿"撒谎"做挡箭牌，否则真的活得够累的。

当然，并不是说家长就要允许孩子撒谎成性，而是要科学管教、耐心引导，特别是要根据"谎言"的严重程度进行沟通和说服，当然也可以适当地给予惩罚。

如果孩子的撒谎属于"善意的谎言"，并没有给自己或他人带来伤害，只是成长中的小插曲，那么，家长就可以睁一只眼闭一只眼，等过了让孩子尴尬的阶段，再提起也不迟。

为什么过一段时间还是要再提起呢？主要就是让孩子知道，你撒谎的那点小心思，爸爸妈妈早就知道了，隐瞒、欺骗是没有用的。

假如孩子的撒谎属于严重的欺骗，或者给自己和他人带来了非常不好的影响，家长就要及时跟孩子"摊牌"，要让孩子知道撒谎是没有用的，家长迟早都是会知道的，而且还会有一定的惩罚，这是一种心理威慑，也是一种品德教育。

但是，家长不要一味地指责孩子撒谎，而是要耐心地跟孩子分析撒谎的行为会带来的危害，特别是要探索一下孩子为什么会撒谎的内心想法，为矫正孩子的撒谎行为找到合适的策略。

当然，如果孩子撒谎已经造成了一些不良的后果，那就需要适当地进行惩罚，比如扣除零花钱，做一些家务劳动，或者赔礼道歉、"面壁思过"等，让孩子学会为自己的行为承担责任。

请记住，如果孩子犯了大错，只要没有触犯法律和道德底线，无论家长您有多生气，都要做到三个不能：

1. 不能伤害孩子的身体

也就是不能暴揍孩子，假装打打屁股就可以了，实在不行可以"伤害（家长）自己"，比如网上那位火过一阵子的，因为辅导孩子作业而急火攻心的爸爸，自己号啕大哭——这个可以有，因为是大人自己的选择，他自己可以对自己负责任。

我甚至很想给这位家长点个赞，他没有把内心的痛苦无奈化成猛烈的炮火发泄到孩子身上，这已经很了不起了，并不是所有的爸爸都能控制住自己的怒火的这种处理负面情绪的方式至少没有伤害到孩子，没有给孩子造成重大的心理创伤。

2. 不能侮辱孩子的人格

也就是不能责骂孩子是坏孩子，是自私自利心眼坏的孩子，是品德不好人人喊打的孩子，如果您实在想暴粗口的话，那就骂自己怎么养出了这样的孩子吧,唱一唱:都是你的错,谁让你生下我……

3. 不能打压孩子的信念

也就是不能不分青红皂白,就痛斥孩子三观不正,比如孩子撒谎了,你就对孩子说,小时偷针大了偷金,撒谎的孩子改不了了,你没救了,你完了你,这样反而会给孩子误导,让孩子破罐子破摔,在撒谎的路上越走越远。

您要知道,父母的语言、情绪、行为都会全盘进入孩子的潜意识,形成他一生的底层程序,成为他人格组成和心智模式的重要框架,而信念的传承,就是家庭魔咒的DNA。

☆如果孩子已然撒谎成性,那就需要心理矫正

在这里特别需要提醒家长的是,如果孩子已经形成了撒谎的习惯,而且谎越撒越大,家长的教育和惩罚都不管用了的时候,那就有必要寻找专业人士,比如心理咨询师、心智教练来帮忙。因为这种状态下,孩子已经不习惯跟家长讲真话了,他之所以撒谎,是由于家长的教养方式出了问题,所以只是由家长去严厉管教,孩子根本就不服,甚至变本加厉地欺骗家长,这样就会形成一个死循环,把孩子和家长都绕到谎言的里面去了,反而解决不了问题,正所谓不识谎言真面目,只缘人在谎言中。

而心理咨询师、心智教练是纯粹的旁观者,可以给到孩子和家长更专业的帮助和支持,帮助孩子搞清楚自己为什么这么爱撒谎,一起探讨他形成撒谎成性的心理原因,以及撒谎带来的得与失,让孩子能够有一个得到中立的引导和心理矫正的机会。

同时也可以支持家长学习和了解更多符合孩子心智发展的亲子沟通和管教方法，从根本上转变家长和孩子的亲子关系，还是那句话：良好的亲子关系胜过一切教育，有了好的亲子关系，孩子自然就会逐步改变撒谎的习性，变得越来越自信，相信自己不用撒谎也可以活得很开心。

☆ 树立应对撒谎和错误的正确信念

说到改善孩子的撒谎行为，最重要的是家长要努力创建一个良好的家庭沟通氛围，比如定期举行家庭会议，比如好的事情和坏的事情都可以在家里讨论，遇到困难大家可以一起面对，要诚恳地告诉孩子，每个人都会做错事，爸爸妈妈也可能会犯错误，犯错误并不可怕，只要吸取教训、承担责任、努力改正就好。

多跟孩子植入以下的信念价值观，也许会让孩子尽早树立关于犯错误和撒谎的正确信念：

1. 每个人都不是完美的，都可能会犯错误，爸爸妈妈也会犯错误；

2. 犯了错误并不可怕，错误就是让我们学习和成长的，就像做错数学题一样，学会正确的解题方法，就能减少犯错误的机会；

3. 如果觉得自己犯了错，就要勇敢地面对，撒谎并不能掩盖错误，只能让错误加倍，把一个错误变成了两个错误；

4. 当我们犯了一个错误的时候，其实也是考验我们承担责任的时候，不管是大人还是小孩，每个人都必须为自己的错误负责；

5. 当我们想方设法纠正错误、承担责任的时候，我们就在成长、成熟，就会拥有更多的人生经验和处理问题的能力，就会越来越强大！

6.做一个光明磊落的人，自己为自己负起应负的责任，才会真正地拥有幸福和快乐。

05 教孩子学会语言表达，家长自己也要学会说话

心理学研究表明，一个人情商形成的关键时期在3～7岁，所谓3岁看大，7岁看老，说的就是这个意思。也就是说你7岁大概是个什么样子，什么德行，什么性格特质，一直到老都基本就是这个样子了。

而情商的高低又是怎么表现出来的呢？主要就是语言沟通和交流，特别是口才表达，也就是说，你会不会说话，会不会来事，一张口是"良言一句三冬暖"呢，还是"恶语伤人六月寒"，基本上就是你的情商等级了。

孩子在5～10岁期间，是训练和提升语言沟通和口才表达的关键期。 因为在5岁之前，孩子的表达能力还有所局限，逻辑思维能力也还没有形成，说话也多是无意识地表达。

如果在这个时候训练孩子的语言表达的话，更重要的就是回应和鼓励，而不是系统的语言表达训练。

从五六岁开始，我们就可以给孩子比较系统和有目的的口才表达训练了，如果能让孩子在这个语言培养的关键期打下一个口才表达的基本功，就可以让他一辈子受益。

不过，小孩子练口才的方法跟成人是不一样的，成人练习口才可以是自发性的，也就是他自己要去做这个事情，所以会努力练习。比如说制订计划、完成任务，当然也可以去找老师，跟着老师学习。

可是孩子就不太一样了，在5～10岁这一阶段，孩子还属于依附期，应该还是比较听父母的话的，父母让学什么就可以学什么。因此这个时候家长的引导就显得非常重要了，如果家长能够跟孩子一起学习的话，孩子的成长就会很快。

所以，对于孩子来说，学习口才表达最好的老师就是父母家长。

也因此，家长自己要先学会说话，只有家长先学会说话了，才能帮助孩子一步一步做好口才基本功和语言表达的训练。

那么，家长该如何才能帮助孩子做好口才训练呢？

请家长先做好以下三点心理准备：

☆ 破除限制性信念

家长必须首先破除自己的一些关于**口才表达的限制性信念**，这个非常重要。

因为我们中国人普遍都不善语言表达，都相信说得好不如干得好，类似这样的信念病毒很多，而且非常根深蒂固。

很多家长自己小时候就被灌输了这样的限制性信念，认为那些夸夸其谈的人都是不务实的，都是玩虚的，所以不少家长朋友本身就不善表达，心里也多少认可这样的观点：我们都是实诚人，只要活儿干好就行了，总有一天别人会看见的。

也许，在过去人们的注意力还没有这么分散的情况下，你埋头苦干还可能被领导、亲人、朋友关注到。不过现在已经是一个全民表达的时代，各种网红，直播、带货，各种真人秀，各种热点事件，每天海量的信息铺天盖地，每个人都忙得晕天暗地，自顾不暇，说实话你不表达就会被忽视，除非你是不可或缺的天才或特殊人物。

因此如果你想让孩子学好口才，就要先从理念上破除一些限制性的信念，清除一些思想病毒：比如说"说得好不如做得好""爱说的人都是不靠谱的人""你说那么多都是没有用的，做出来才是真的"等，这些都是典型的跟语言表达相关的思想病毒。

特别强调一下，我们从来没有说"做"不重要，做当然很重要，但是说跟做至少也是同样重要。

只有家长首先认识到这一点之后，才有可能保持一个开放的心态，在引导孩子积极练习表达的时候，家长自己也跟着一起学习，快速提升好好说话的能力。

☆跟孩子一起学习，共同提升

毋庸置疑，在孩子练习语言表达的过程中，家长的作用非常重要。因为在孩子5～10岁的这个阶段，孩子还是比较听父母的安排的，好妈妈或者好爸爸能够充当孩子语言训练的一个最给力的老师，没有之一。

心理学说，孩子就是父母的复印件，父母就是孩子的原件。家长跟孩子一起学习语言表达，不仅仅可以督促、支持孩子的学习过程，而且也是一种非常有影响力的言传身教。

其实孩子并不那么清楚语言表达的重要性，也不知道为什么要学习，但是他们会依样画葫芦，有意无意地模仿家长的言行举止。

同时，**假如孩子可以和家长一起学习的话，孩子的学习动力会强很多**，甚至可以有一点家庭小比赛的感觉。在这个过程中，家长和孩子可以同时提高语言表达水平，慢慢地家长就会发现孩子的口才表达有了大幅提升，家长自己也似乎变得更会说话了。

这样就创造了一种特别好的亲子沟通模式，打下了一个跟孩子同频沟通的基础，这是非常重要的。不能说非等到孩子青春期叛逆了，不愿意跟你沟通了，你再来嚷嚷说为什么孩子不跟我沟通了？

那是因为你从小就没有建立好一种亲子沟通交流的模式，孩子长大以后，有了自己的思想和主意，自然也就不愿意跟你多说什么了，因为他真心觉得跟你不在一个沟通频道上了。

因此，我们非常建议家长和孩子一起学习，共同提升。

☆学习教练式对话，成为孩子的支持者和守护神

每个孩子都需要一个心智教练，因为在孩子成长的过程中，都需要一位有人生智慧的长者给予引领，给到孩子多元化的陪伴与支持，在孩子的成长中发挥"智慧老人"的作用。

这位"智者"可以是家族中德高望重的长者，比如叔叔伯伯大舅二舅，爷爷奶奶大姨小姨，也可以是父母的亲朋好友、同学同事，当然，最佳的选择无疑是心智教练，因为心智教练既可以帮助

孩子提升心智、健全人格，全方位给到孩子专业的激励和支持，又不会像父母、学校老师那样对孩子有学业上的管教和要求。

心智教练最主要的目的就是帮助孩子找到自己学习和自律的内驱力，轻松学习，快乐成长，在教练的过程中，孩子会一直得到正面的鼓励和激励，更加容易发生由内而外的转变，同时也更容易接受心智教练的引领和督促。

古往今来，世界上的很多国家的皇族（统治者）都会聘请德高望重、学富五车的"智者"作为皇子、太子的老师，比如中国古代皇宫的"太师"，就是专门来教导皇族年幼的孩子们的，其实太师除了传授"文化课知识"，更重要的是传递人生智慧和生命眼界。

这样的例子在西方文明的源头也不少见，古希腊的马其顿国王将幼子亚历山大交给亚里士多德来指引，这位在35岁之前就征服了半个地球的年轻人认为，能够让自己取得如此成就的最大功臣，是在背后一直支持自己的老师兼生命教练亚里士多德。

因为亚里士多德不光传授他关于世界的知识和逻辑，还给他带来了勇气、信心和对待多元文明的态度和智慧。

那到底什么是心智教练呢？家长又该怎样运用教练式的沟通技巧跟孩子对话交流呢？

通俗地说，就是有这样一群人，他们以创造性的反馈和提问方式启发他人思考、认知、学习、行动、提升和达成目标，陪伴他人应对工作、学习和生活中更大的挑战。

心智教练不会直接给予孩子忠告，而是激励孩子寻找更多的资源，激发内在的潜能，积极行动，达成目标。比如孩子常常不能按时完成作业，拖拉磨叽，心智教练就可以引导孩子发现拖拉磨叽背后的"卡点",引领孩子"突破"这个卡点,找到按时完成作业的内在动力和行动策略,帮助孩子发生积极的转变。

神奇的是,心智教练只是通过"对话",就可以帮助孩子发生积极的转变,所以,当父母成为教练式的家长之后,就可以像"镜子""指南针""催化剂"一样帮助孩子更快、更轻松地进步和成长。

当然,心智教练的对话绝不是普通的闲聊,而是**具有建设性和方向性的对话,帮助孩子向内挖掘潜能,向外发现更多方法和资源,有更多的选择和可能性,从而更快发生改变和达成目标的激励技能**。

这不正是家长最需要的跟孩子进行有效沟通,促进孩子积极行动,更快发生转变和取得结果的"心技能"吗?

有关心智教练更详细的内容可以阅读我在 2021 年出版的另一本书《NLP 心智教练精粹——激发潜能的奥秘》,如果能结合本书一起学习和练习,相信一定会给到孩子更多的支持和激励,成为孩子成长的守护神。

06 实操练习:倾听也是一种表达,点头微笑就是回应

我们已经知道孩子的语言编码和说话表达跟成人不是一个频

道,那么,家长在跟孩子说话、交流的时候具体该怎么做,才能更多地理解孩子的所思所想呢?

很简单,家长先练习两个实用沟通小技巧:用心倾听、点头微笑。

☆用心倾听

请注意:倾听不是名词,而是一个动词,而且是**两个动作**:一个是倾,身体要向孩子的方向前倾;还有一个是听,把耳朵竖起来,仔细聆听(如图)。

对于孩子而言,父母、老师的用心倾听真的是太重要了,因为只有家长经常用心倾听了,孩子才会感觉到自己在父母心中的重要性,也才会觉得自己的说话和表达是值得爸爸妈妈重视的,爸爸妈妈真的是想多了解我的,孩子就会越来越乐意表达和敢于表达。

但是，很多家长的倾听是很不到位的，不少家长都是"打酱油"式的听孩子说话，根本没有用心倾听；还有的家长假装在听，实际上似听非听，心里却想着待会儿怎么教育孩子，怎么让孩子听自己的教诲。

如果是这样，孩子的心灵感应是完全可以感受到的，请记住现在的孩子都是心灵感应的高手，都有直觉的"读心能力"，你在想什么，你想干什么，人家心里全清楚。

所以奉劝家长，不要过多跟孩子斗智斗勇，特别是言不由衷地说话，你"斗"不过孩子的，迟早会输，因为孩子的心智维度比你更高，**孩子跟家长斗智斗勇都属于降维打击**，你根本不是对手。

当然孩子不会有意识地意识到自己是在跟家长斗智斗勇，他们只不过是想尽量争取自己的权益罢了，比如说在"玩电子游戏"这样的博弈中，孩子们不是为了赢家长，而是为了自己能够"安全、正大光明"地玩游戏而已。

不止一位学生跟我说过：嘘！家长根本不知道我究竟一周玩了多长时间游戏，要瞒住他们太简单了。

这让我常常想起那句顺口溜：从南京到北京，买的没有卖的精，意思就是卖家早就把买家的心思琢磨透了，你以为买到了便宜货，殊不知早就被卖家算计好了。

因此，从用心倾听做起，不要跟孩子"硬碰硬"——打嘴仗，即便是家长暂时占了上风，却可能会成为孩子跟你疏远或回避交流的阻碍，因为孩子觉得你根本不想听他好好说话，甚至觉得"鸡同鸭讲"，又怎么可能跟你有效沟通呢？

☆ 如何做到用心倾听

（1）**注视孩子**：用目光看着孩子，观察着孩子言行之中的细微变化。

（2）**身体前倾**：停下手里的事情，身体微微前倾，表达关注。

（3）**模仿孩子**：感受孩子的心情，跟着他一起或高兴、或难过、或兴奋、或沮丧，当然，也要注意"模仿"的分寸。

（4）**点头回应**："嗯""哦""明白""了解了""这样啊""有意思"等，或恰当地提些简单的问题，使孩子感受到更多的关注。

（5）**感受孩子**：用身体感受孩子到底想要表达什么情绪情感，尽量理解孩子说话的字面意思和没有表达清楚的方面。

☆ 倾听的回应与微笑

在亲子互动中，家长用心倾听并不等于只听不说，恰恰相反，倾听的目的是更好更恰当地表达和反馈。

而在倾听中的简短回应，是鼓励孩子清晰表达的重要姿态。

首先，家长要面带微笑，或者表情平和地听孩子说话；其次，要及时给予简短的回应。

为什么要面带微笑？

因为这是一种无与伦比的亲和力，是表达出内心的接纳和善意的最好方式。

最新的神经科学研究发现，改变人的心情和表情（比如微笑），可以刺激脑神经回路，产生强大的作用力，让人身心愉悦。

有人找了一群实验对象，要求他们每天没事就笑个十五分钟。过了八周，为他们扫描，结果发现，与焦虑、愉快、抑郁和平静有关的神经回路都受到了明显的刺激。

无声的表情是一种比语言更有杀伤力的交流方式，卡耐基说过，一个人脸上的表情比他身上穿的更重要。因为你的穿着不会暴露你的情绪，而你的表情无时无刻不在显露你的心情。

有情绪就会有表情，就拿"微笑"来说吧，**"笑"，是一种很复杂的生理运动。**

你可以试着在没有笑料的情况下，开心地笑一下，就知道需要调动多少肌肉运动来完成"笑"的表情。

真正的微笑，可以让自己开心，也可以让孩子感觉温暖、安心，更关键的是：**孩子的镜像神经元会模仿你的微笑，也同时在大脑中形成微笑的神经回路和表情程序，受益一生。**

微笑是一种没有国界的沟通语言，如果运用得好，确实会让亲子沟通更加畅通和温馨。

那么，怎么呈现出发自内心的微笑呢？

当你真心爱孩子，也爱自己、爱家人；热爱生命，也热爱生活；时时刻刻想着与人为善、助人为乐时，你一定会发自内心地"微笑"的，因为，爱的能量是人间最大的能量，你藏也藏不住的。

所以说，"微笑"的本质，是爱的传递！

当家长带着绵绵不绝的爱的能量倾听孩子，跟孩子交流沟通时，就没有什么解决不了的问题，毕竟孩子的世界，是那么的纯真无邪。

那就试试看吧，也许你会惊奇地发现，只是改变倾听的方式，只是微笑着简单地回应和反馈，孩子跟你的关系就会变得不一样了。

第一部分

表达即分享,家长转变三步曲

第二步

转变家庭氛围,鼓励孩子积极表达

07 跟孩子好好说话，家庭交流模式的四大象限

没有家长不想跟孩子好好说话，但真的很难做到，除了我们在前面说过的大人和孩子的沟通编码程序不同之外，还有我们每个家庭的交流沟通模式也是不一样的。

概括来说，家庭的沟通交流模式主要有四种类型，用坐标表示出来如下图：

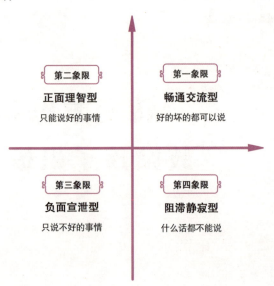

第一象限：来来往往**畅通交流型**——好的坏的都可以说
第二象限：规规矩矩**正面理智型**——只能说好的事情
第三象限：吵吵闹闹**负面宣泄型**——只说不好的事情
第四象限：无声无息**阻滞静寂型**——什么话都不能说

如果你看过电视剧《我的前半生》，就会发现女主角子君的娘家人只要一见面，说不了几句话就开始吵架，互相指责、批评和伤害，大喊大叫，互不相让，怎么痛快怎么来。

这就是第三象限（吵吵闹闹负面宣泄型）的典型，这种家庭交流的特点就是：对家人特别"熟不讲理"，特别容易发泄负面的不满情绪，一点儿不见外，甚至不遗余力地相互指责和伤害，吵吵闹闹、风起云涌，好像谁嗓门大谁就厉害似的。

相反，在剧中男主角贺涵的原生家庭却永远只能交流"正面"的事情，规规矩矩、恭恭敬敬地说话、做事，绝不能发泄负面的情绪情感，既不能说自己想干点什么出格的事，也不能多说别人不好的话，比如东家长李家短的糗事，都是绝对不能说的，这就是典型的第二象限的规规矩矩正面理智型。

这种家庭氛围看似很正能量，却让贺涵感觉家庭没有温暖，过于严肃和紧张，因此反而会被子君娘家人的"畅所欲言、打打闹闹"所吸引，感觉到一种"不同凡响"的家庭烟火气息。

除了以上这两种典型的家庭交流模式，还有另外两种对比强烈的家庭沟通交流模式，那就是："好的坏的都可以说"的来来往往畅通交流型，以及"什么话都不能说"的无声无息阻滞静寂型。

第一象限的来来往往畅通交流型是最健康的家庭交流模式，比如电视剧《小欢喜》中女主角董文洁的家庭就是这样的交流氛围，好的坏的都可以说，大人小孩都可以畅所欲言，可以幽默、搞笑，也可以郁闷、生气，没有什么太多的禁忌。

家庭成员可以坐在一起开会，有什么事情大家一起商量，对孩子的青春期性教育也可以在家里公开进行，即便是爸爸妈妈在职场遭遇双重滑铁卢，孩子在学校成绩垫底，也能在家人的沟通交流中自洽、迂回，感受到家庭满满的正能量和温暖相依，这也算是和谐家庭的天花板了吧。

第四象限的无声无息阻滞静寂型可能是最令人不寒而栗的家庭交流模式，因为在这样的家庭里，好的坏的什么都不能说，甚至连话都要少说。

大家可以想象，在这样静寂的家庭里，是不是连空气都有点怕流动呢？

曾经有一位在这样的家庭氛围里长大的女性，人到中年都不能释怀：为什么自己的原生家庭是如此的冷漠无情，像个冰窖一样令人窒息？

后来，她抑郁了，花了很长时间才从原生家庭的桎梏中走了出来，决定终身不嫁，用一辈子的修行和成长去疗愈童年巨大的创伤。

可见，第四象限的无声无息阻滞静寂型对孩子的成长还是有非常大的负面影响的，也许不是每一个从这样的家庭里长大的孩子都需要用一生去疗愈童年，但是，内在的空虚感和无助感还是会给人生的旅途带来连绵不断的阴霾和乌云。

反之，第一象限的孩子多半都可以用童年疗愈一生，因为他们从小就拥有了最宝贵的人生财富——爱的滋养和信任的能量，以及高情商和良好的口才表达互动能力。

请问家长：您想给孩子创建一个什么样的家庭交流氛围呢？

当然，我们也要强调一下，并不是所有的家庭都只是一种绝对的模式，大部分家庭都是上述四个象限的组合体，就像一个人的性格一样，都融合了外向和内向、理智和情感等多方面的特点。也许，兼容并蓄、张弛有度，才是我们所期待的和谐家庭交流沟通的氛围吧。

08 家庭需要仪式感，情感表达要潜移默化

近年来中国人开始重视仪式感了，为什么大家觉得仪式感越来越重要了呢？

因为仪式感可以让生活成为真正的生活，而不是简单的生存。

生活本身是单调、琐碎的，生活到底有没有意义，有多大的意义，谁也说不清。但可以肯定的是，每个人都可以给自己的生活赋予不同的意义，就像一首歌里唱到的：生活不只有眼前的苟且，还有诗和远方。

当你可以在每天的清晨，为家人精心地准备一顿早饭；每个节日，为家里摆上一束鲜花；在每个周末，清理一下房间，点上一支

香薰,你就会觉得,生活仿佛多了一些诗意和美好。

仪式感对于生活的意义,就在于用庄重认真的态度,去对待生活中看似无趣的事情。不管别人如何,自己要一本正经认认真真地把事情做好,才能发现生活中的乐趣。

在家庭教育中,这可是一种潜移默化、特别有效的言传身教呢。

网上有这么一个家庭仪式感的例子:

> 年轻的妈妈和年幼的女儿要一起去听一场音乐会,出发前妈妈和女儿都换上了小礼服,爸爸觉得有点小题大做,但是妈妈却认真地说:"你能不能给我认真点儿,有点仪式感?就你这样穿着休闲服对付的态度能好好听一场音乐会吗?"等到音乐会的中途爸爸才发现,孩子妈妈的话真是没错。附近好几个着装随意的孩子已经开始东倒西歪窃窃私语,甚至小打小闹了,而那些跟妻子和女儿一样穿着礼服的孩子却正襟危坐,很投入、很认真地欣赏着,始终如痴如醉、神采奕奕。

其实在爱的五种语言中,不论是馈赠的礼物,还是精心的时刻,其实都是跟仪式感密切相关的,都是一个仪式感的体现。

爱,本身就是行动,就是付出,当你行动和付出的时候,如果能够用一些恰当的仪式,就更能呈现你对一个人、一个家庭的爱。从结婚到生子,再到孩子一点点长大,仪式感如影随形,求婚、订婚、结婚典礼、满月酒、生日会,都是一个个令人心动的表达爱的仪式。

仪式感往往不仅让人体会到当下不同的感受，还会在记忆的长河中占有一席之地，就像一幕一幕的电影，也像一张一张的老相片，都可以成为以后平淡生活中的积极资源。

当你在生活中感觉没有什么意思的时候，也许你可以回忆过去的一些经历。你能够想到的，很可能就是一些具有仪式感的时刻，你就会安慰自己"人间值得"，因为曾经有那么多点点滴滴的美好片刻，让我不枉此生，应该好好珍惜。

所以，你愿不愿意在孩子的成长中有一些精心设计的仪式呢？

更重要的是，所有的仪式其实都是一种庄严而又规范的表达，传递着深刻而又简约的民族文化。

☆孩子的生日

现在的孩子越来越喜欢过生日，因为那意味着自己会得到特别的关注和向往已久的礼物。其实过生日的时候，孩子一般心情都比较开心、放松，也恰恰是家长跟孩子在仪式感的氛围中可以好好互动交流心里话的契机，毕竟孩子也知道，没有父母，也就没有自己。

比如，你可以问孩子：

> 你这一年最高兴的事情是什么呢？
> 你现在最烦的事情可能是什么呢？
> 你希望爸爸妈妈能为你多做些什么呢？
> 你长大了一岁，你希望自己跟过去有什么不同呢？
> 此时此刻，你的生日愿望是什么呢？

当然，不仅仅孩子的生日是可以认真沟通的契机，爸爸妈妈、爷爷奶奶、姥姥姥爷的生日也可以是仪式感满满的亲人聚会，相互祝福、彼此祝愿，都会给孩子留下幸福快乐的表达源泉和内在资源。

☆节日的时刻

中国号称礼仪之邦，自古至今，"礼"都是一个很大很大的、被中国传统文化所在意的事情。孔子在《论语》中曾经说过，"人无礼则不生，事无礼则不成，国家无礼则不宁。"

礼，可以说是中国文化的核心，也是教养孩子的一个重点，在仪式感的氛围中，孩子往往会领悟到更多文化层面的思考，也容易在家长的引导下表达更多内心的想法。

所谓"礼仪"，就是人们在社会交往的过程中，逐渐形成的、大家共同遵守的一些行为规范和准则。礼仪是一种交往的艺术，也是一种修养的体现。上至国家、民族，下周黎民百姓，礼仪都是非常重要的。

重要到什么程度呢？礼仪可以兴邦，也可以亡国。礼仪可以培养孩子的品德，也可以成就孩子的愿景，比如开学典礼和毕业典礼，颁发三好学生、优秀标兵，都会给孩子留下深刻的记忆和美好的回忆。

现在似乎节日越来越多，仪式也越来越多，**家长该怎么引导孩子看待这样的礼仪和仪式呢？**

生活处处有礼仪，大到国家的礼仪和仪式，比如国庆大阅兵、"二战"胜利70周年大阅兵等，都是国家级的仪式。小至开学典礼，或者一个课程的结业，都是仪式的呈现。

可是，你有没有想过，为什么国家要做大阅兵？为什么开学要有开学的典礼，毕业有毕业的典礼呢？为什么节日要有庆祝节日的礼仪呢？为什么有那么多不同的传统节日呢？端午节、元旦节、春节、中秋节、清明节，为什么韩国要抢先申请端午节为世遗呢？

从心理学的层面来看，礼仪、仪式，它实际上是在强化某些信念、某些规则，它其实是关乎我们"三观"的社会呈现。

仪式会简明扼要地告诉你，这个规则很重要，那个规范要遵守。 比如说结婚，就是一个缔造新的亲密关系的仪式过程。现在结婚仪式上往往会有一个环节，就是由父亲把女儿交到女婿的手中，这个仪式是非常非常重要的。

在这个神圣的"交接"过程中,新郎从岳父的手中接过这个新娘的娇手,心里一定是有很大的震撼的,他知道接过来的绝不仅仅是新娘的手,而是一份重大的责任,这是一个责任的传递和转移,具有深刻的寓意。

所以,节日、纪念日,都是仪式感满满的时刻,如果家长能够多一点对礼仪的认知、对仪式感的重视,也许就会给孩子带来不一样的表达时刻。

毕竟,所有的仪式都是一次表达的盛宴,而且是能量满满的互动嘉年华。

因此,可以带孩子参加一些节日的仪式,比如元宵节猜灯谜、中秋节赏月、清明节祭祖等,当然也可以跟孩子一起观看跨年晚会、国庆晚会、奥运会开闭幕式等大型活动直播,这也是非常有利于孩子接受礼仪的潜移默化的影响的。

▶09 让孩子敢于表达——"三要三不"亲子沟通更轻松

敢于表达,对孩子心理素质的塑造是非常重要的,因为对于孩子来讲,表达的过程实际上也是一个展示自我、成长自我的过程。

那怎么样让孩子敢于表达呢?

有两个非常重要的方面,首先,就是家长要变身聆听者和共情者，要有意识地鼓励孩子表达，让孩子敢于表达。

试想一下，如果一个孩子都不敢去表达，不敢去说话，那么，他做什么事情一定是非常被动的。很难想象，一个连话都不敢大声说清楚的人，怎么可能具有那种敢做敢当、积极向上的高能量状态呢？

没有状态，也就不可能有好的学习心态，也不会有真正的开心快乐，其实人生不就是活一个状态嘛，大人小孩都一样。状态好了，可以超水平发挥，状态不好，会做的事情、会做的题也都不会做了。

我在心理辅导中发现不少孩子都有考试焦虑，说白了就是考试状态不好，提心吊胆，怕考不好，怕题目不会做，心思完全不在如何更好地应答题目上面。还有一些孩子上课容易走神，下课做作业很难专心，这些其实都是学习状态出了问题。

其实考试也是一种表达（书面表达），上课学习、下课做作业都是广泛意义上的表达（一个人写出来的数学解题过程完全可以表达出他的解题思路和理解层次），可想而知，没有良好的状态也就没有积极的表达，可以说，心理状态和敢于表达不过是硬币的两面而已，要想孩子主动学习、积极上进，家长就得从小鼓励孩子勇于表达、敢于辩论。

那该怎么去鼓励孩子的表达呢？

首先，教练式的家长要做到"三要三不"。

"三要"比较简单，就是**要鼓励，要引导，要示范**，这个好理解，在以后的章节中会逐步细化到具体做法。在这里我们先重点讲讲"三不"，因为"三不"实在是太重要了！没有"三不"，也就没有"三要"。

家长朋友们必须在心里时刻牢记"三不",在行为上做到"三不",才能筑巢引凤,给孩子营造出一个可以自信表达的良好氛围。

那"三不"到底是什么呢?

那就是:不批评、不反驳、不指责。

用一句很流行的话来说就是,家长跟孩子的沟通必须是**非暴力沟通**。

什么叫非暴力呢?那就要先搞清楚什么叫暴力。

我们知道暴力一般可以分为三个方面,首先是言语的暴力,然后是行为的暴力,另外还有思想的暴力,这三方面的暴力都会给孩子的成长造成巨大的影响。

因为孩子在学习交流表达的过程中,父母就是第一任老师,也是最重要的老师。毫无疑问,孩子一定会模仿父母的言行举止,自动跟着家长学习各种表达方式。

因此,如果家长是暴力式沟通的话,孩子也会照章学下来,这个没有办法，你想不让孩子学都不行。因为**孩子注定是你的复印件**，你呢，就是孩子极力想要复制的原件。

比如说我们看到，如果一个爸爸从小是被打大的，那么，他就很容易去打自己的孩子，这是一种**暴力行为的家族传承**。

同样的，如果一位家长曾经在小时候经常遭受父母的语言暴力，那么这位家长也很容易用语言暴力对待自己的孩子，这样的例子不胜枚举，已经得到心理学研究的一再验证。

那什么叫非暴力呢？就是我们不要有暴力。

不要有言语的暴力、行为的暴力和思想的暴力，这个说起来复杂做起来其实很容易，也就是说，只要对孩子做到"三要三不"就可以了。

特别是"三不"：**不批评、不反驳、不指责**，也就是不要跟孩子轻易地说"NO"，不要轻易地对孩子说"不要""不许"，不要做这个不许说那个，不准干这个不要想那个，不要有这么多不允许，这些不允许通通都是限制孩子的表达和心理状态的。

因为当你不停地限制他的时候，不停地跟他说"NO""不"的时候，他的语言表达必然会受到限制，小小的内心必然会因为紧张、恐惧萎缩成一团，心胸不可能宽广，心态也不可能积极，久而久之，就容易形成内向自卑自责的忧郁性格，甚至会在学习和生活的各个方面都唯唯诺诺，缩手缩脚，既不敢在行为上勇敢地表现自己，更不敢在语言上坦然地表达自己。

请问家长朋友，你想要你的孩子变成这样吗？

语言的暴力是非常可怕的，也是非常复杂和多样的，我们的语言世界充斥着各种各样的暴力，**最常见的就是"不，不，不，**

NO，NO，NO"。反过来我们也就能够理解，为什么亲子非暴力其实很简单了，因为**亲子非暴力沟通简单就一个字，哪个字？对了！就是"对，对，对"**，就是要多说"YES，YES，YES！"就这么简单。教练式的家长，是随时可以给孩子赋能的，**多说 YES 少说 NO，表达沟通很轻松**。

也有些家长朋友可能要问了，难道不管孩子说什么，我们都不能批评，不能反驳，不能指责吗？

是的，这个回答很坚定，就是说**在第一时间，你一定不能对孩子的想法直接说 NO**，如果你想要孩子敢于表达出自己的想法和感受，就要摆正一个心态，就要做好充分的、完全接纳的准备。

这是一个姿态，一个随时准备积极正向交流沟通的姿态，而不是**条件反射似的马上对孩子进行否定**，这样的话直接就把孩子的表达勇气给打压下去了，慢慢地孩子就会变得不想也不敢表达自己的想法了。

如果长此以往，还会影响孩子内心的安全感和信任感，孩子会觉得跟大人的沟通是不安全的和不值得信任的。

心理学认为，**所有的负面情绪和负面表达都有其正面的动机**，其实孩子在气头上说一些很负面的话，往往是在赌气，他内心并不知道自己到底该怎么办，只是想把感受说出来，把心情表达出来而已。

如果家长听到了，有反馈，有商量，就 OK 了，没事了，大事化小，小事化没了。

反而是那些压抑着不让多说、不让发泄的孩子会真的不开心，有可能会逃避问题，久而久之还可能酿成大祸。

很多有抑郁倾向的孩子都是沉默寡言的，他们总是担心自己说出来的话会被批评、被指责，其实家长朋友可以想想看，换位思考一下，如果你是孩子，跟父母说一些赌气的话的时候，你希望得到什么样的回应呢？

真正具有高水平亲子沟通能力的家长，不仅仅是会赞美、表扬那些所谓的"乖孩子"，而是面对一个受挫、生气的孩子时，无论他说出多么刺激你、多么负面的话时，你都能第一时间给予他一个积极的反馈和正面的接纳，这才是真正给力的高情商家长。

你愿意做这样的高情商、高能量的给力家长吗？

❿ 敢说的孩子才敢当——鼓励表达先"设框"

想要鼓励孩子大胆表露自己的心声，家长就要想方设法托住孩子惴惴不安的小心脏，跟孩子心心相通，彼此共鸣，让孩子知道您在用心聆听，并准备好随时给予回应。

关键是怎么做到呢？有两个简明实用的小方法：重复和设框。

☆ 重复

首先，家长要尽可能多地去重复孩子的语句，请记住：重复就是鼓励，就是支持，就是接纳。

比如说你听到孩子说话以后，就可以跟孩子这样说：孩子，我听到你说啊，你今天有些不开心，因为今天在学校老师批评你了，你说你被冤枉了，实际上是你跟同学是这样的，但老师说是那样的……

就是这样，**只是重复，没有评判指责，也没有评价反驳**，就是这样，你只是把孩子的话重复出来而已，只是反馈给孩子我听到了什么。

这个时候，孩子就会觉得自己被听见了，被共情了，他的身心就会放松下来，也愿意进一步跟你沟通具体情况了。

因为我们大人太喜欢评判孩子了，太喜欢高高在上批评纠正孩子了，一听孩子跟人打架了，没交作业了，第一个念头就是，这孩子怎么跟人打架啊，怎么又没交作业啊，又闯祸了，这不对呀这，赶紧得说说他，让他引以为戒，不能再犯。

你看，孩子还没机会诉说自己的委屈呢，家长已经先入为主把孩子当成小罪犯了。

请相信，孩子做任何事情都有其正面动机，或者说，也都有积极正向的一面。

因此，你想过没有，如果孩子跟你说了一件什么事情，你就先当头给孩子一个对错的评价，甚至批评指责。那么，对不起，孩子以后就不见得再跟你说这些话了对不对？

现在的孩子多敏感啊，个个都跟小精灵似的，家长肚子里有几根弯弯绕，想干什么，想说什么，孩子全知道。

还有一点我们必须明白，之所以先要鼓励孩子表达，是因为小孩子他其实并不特别清楚对和错到底是一个什么样的分水岭。

孩子都是在实践中学习、模仿，在懵懵懂懂中探索究竟什么是对什么是错的，家长的任务就是要把孩子朝着正确的方向引导过去，跟孩子一起交流、分析，让孩子慢慢领悟什么是对什么是错，这就是一个学习成长的过程。

而重复孩子说的话，本身就是极大的鼓励和接纳，孩子就会愿意跟你说更多的话，因为他被听见了，**被听见是非常非常重要的。**

在任何亲密关系中，被听见都是一个非常重要的关系指标，夫妻之间被听见重要不重要呢？答案是不言自明的，所以孩子被听见，也同样是一个非常重要的亲子关系指标。

☆ **设框**

要想鼓励孩子敢于表达，家长还要学会"设框"。

设框是什么意思呢？

所谓**"设框"，就是先要给到孩子一些基本的亲子沟通的前提。**

比如说孩子三四岁的时候，开始有些明白说话的意义了，家长就要经常跟孩子说一些类似这样的话：

> 孩子，你记住了啊，任何时候你跟我说的话，跟爸爸妈妈说的话呢，我们都会认真听，你说的话对我们都很重要，**不管是什么事，你都可以放心地说，**我们只想多了解你一点，多给你一点支持和帮助。
>
> 如果真有什么不好的事儿呢，孩子，你也要及时告诉我们，我们可以一起来商量和面对，你一定要知道，爸爸、妈妈

因为有你这样的一个儿子或者是女儿非常地高兴和自豪,我们的任务就是要陪伴你一起健康成长,我们永远都是你最坚强的后盾。

这些"设框"的话对孩子来说非常重要,它不仅仅是鼓励孩子的语言表达,更是建立孩子内心自信的基石,对孩子心智模式的塑造也是非常重要的。

同时,这也是鼓励孩子积极表达、敢说敢当的基本前提。

当然上面这些话你不一定要一次把它说完,也不一定要完全按照上面这么说,你可以分开说,也可以换很多方式方法去说,是这个意思就可以了。

这样"设框"的目的,就是让孩子敢于张开嘴敢于说出来,要让孩子清楚地知道:我说什么都是被允许的,在家里、在爸爸妈妈面前,我想说什么就可以说什么,爸爸妈妈会听到我,还会给我反馈,会支持我、帮助我,会跟我一起讨论什么是对的什么是不对的,而不是不分青红皂白就批评我、指责我。

妈妈因为你这样的儿子感到非常高兴和自豪

我有什么事情都是可以跟爸爸妈妈一起商量，一起面对，一起交流的——这样的亲子沟通互动的规则和前提，要尽早让孩子清晰地了解并深信不疑。

1 让孩子乐于说话——主动表达自己的想法

让孩子乐于说话，说出自己的想法，而不仅仅是简单地说出一个事实，这是亲子表达训练非常重要的一环，换一个角度来说，也就是要逐步让孩子学会有意识地表达内在的想法。

孩子刚开始学说话的时候，大部分的时候都是说一些有关事实层面的话，也就是讲一些客观的事情。比如说：

> 妈妈我饿了，我想吃饭啦！
> 妈妈，我累了，我想要睡觉了！
> 爸爸，你周末可以带我去公园吗？
> 妈妈，下周三要开家长会。
> 妈妈，老师今天表扬我了。
> 爸，我今天数学考试考了100分。

而随着孩子语言能力的提高，仅仅是表达出客观事实就不够了，还要能表达出自己的想法，甚至还要能表达出自己内心的感受。

那么，**该如何让孩子主动表达自己的想法和感受呢？**

这一点家长也不用担心，其实孩子都是很愿意主动表达自己的想法的，只要家长不用暴力沟通的方式去打压孩子说的话，孩子都会愿意跟爸爸妈妈说出自己的想法的。

现在的孩子，几乎都是家里的"焦点人物"，大家都宠着他说话，耳濡目染，几乎所有的孩子都有成为"小话痨"的潜质。

因此，可以说凡是**不爱说话的孩子，几乎都是由大人的粗暴打压造成的**。

没有一生下来就不哭的孩子，所谓内向的孩子大多都是后天造成的。

一旦孩子变得内向、沉默，他内心的苦闷就只有他自己知道了。他会越来越感觉自己没有办法去敞开交流，也没有办法得到别人的理解和帮助。

请问，你想让你的孩子变成这样吗？

当然也会有人说，内向的孩子有更多的内在能量，这个我也同意，但那是一种心理补救的方法好吗，是从另一个角度来看硬币的两面而已。

毋庸置疑的是，一个活泼开朗的孩子一定会更容易开心快乐，也更容易得到别的小朋友和大人的喜爱和认可对吧。

那家长究竟该怎么样去鼓励孩子主动表达自己的想法呢？

说起来也很简单，就是在跟孩子的交流互动中，**多问一些为什么**，多用一些这样的**开放式问句**，比如：

那么，孩子，你想怎么办呢？

孩子，你的想法是什么呢？

你说你这会儿不想做作业，那你想怎么安排你的作业时间呢？

你说老师不公平，为什么你觉得老师不公平呢？你对这件事是怎么看的呢？

你说你不想上学了，能告诉我为什么吗？如果不上学了，你想做什么呢？

你说不想学钢琴了对吧？想学萨克斯，为什么呢？说说你的理由呗。

家长在跟孩子沟通交流的过程中，请时刻牢记：**非暴力沟通的"三不"原则，不批评，不反驳，不指责**。同时，要及时回应和反馈孩子说出来的事实层面的话语，比如孩子说：

妈妈，我期中语文考了 95 分。

妈妈，我今天语文考砸了。

作为家长，千万不要第一时间给孩子以负面的回应，而是要引导孩子说出自己的感受和想法，比如说：

噢，语文考了 95 分，那你自己觉得怎么样啊？

宝贝儿，今天语文考砸了，来，跟妈妈说说，考砸了是什么感觉？

如果家长可以在孩子小时候就启发他清晰地表达出自己的感受和想法，那么，孩子长大以后就会愿意更多地表达自己内心的想法，因为他感觉表达自己的想法是安全的，是可以得到共情和回应的，当然，更重要的是，自己的想法和感受是被接纳、被理解的。

关键是，这种可以表达出自己内在想法和感受的能力，将深刻地影响孩子一生的人格特质和表达方式，因为我们家长肯定都是希望自己的孩子拥有积极主动的行为特质的，都希望孩子是阳光开朗、落落大方，充满积极向上的正能量的小小少年，不拖拉、不磨叽，该说啥说啥，该干啥干啥，自信、自强，那么，就让孩子从乐于说话，敢于表达开始吧，也许，你会更多地听到孩子的笑声、看到孩子的笑脸，而且，你跟孩子的亲子沟通交流也一定会更加轻松愉快。

12 实操练习：举行家庭会议，设定娱乐规则

学过《正面管教》的家长可能已经很熟悉"家庭会议"了，我也很荣幸有机会在现场跟随正面管教的创始人简·尼尔森学习过，受益匪浅，其中最大的收获之一，就是"家庭会议"的详细流程和开会方式。

在这里先简单罗列一下《正面管教》中家庭会议的流程要点：

（1）相互致谢。
（2）感激。
（3）议程。
（4）解决问题。
（5）计划家庭活动。
（6）讨论家庭娱乐活动。
（7）讨论家务事。
（8）下一次的主席人选。

有需要详细了解家庭会议的家长朋友，建议去看《正面管教》这本书里面的相关内容，我在这里特别想分享的是，简·尼尔森在课堂上给我们讲述的一个真实故事。

> 她的一个女儿上大学以后，发现同住的舍友们因为各自生活习惯不同，产生了很多矛盾和冲突，于是有一天回到家，她跟妈妈（简·尼尔森）抱怨：她们真应该开家庭会议！
>
> 妈妈说：为什么不呢？那就开吧。
>
> 于是，女儿回到学校开始召开宿舍的"家庭会议"，结果出乎意料，大家都觉得这种方式很好，既解决了问题，又加深了大家相互的了解和感情，后来在大学期间一直坚持了下来。

可见，家庭会议可以协商解决矛盾冲突的方式，已经深深植入简·尼尔森女儿的信念之中了，孩子们的思维模式和行为习惯就是这样日积月累地习得和形成的。

考虑到《正面管教》毕竟是出版于 19 世纪 80 年代，而且主要的场景是美国家庭的孩子养育，时间飞逝，现在已经是 21 世纪 20 年代，中国的家庭教育同样面临着新的挑战和变化，根据国人相对内敛的家庭相处模式，我简化了家庭会议的流程，只保留了 5 个步骤：

1. 相互感谢

参加家庭会议的每个人都必须先感谢其他每个家庭成员，而且要具体、实在，比如感谢妈妈每天早起给全家做早饭，感谢孩子打扫了一次房间等，这个开局真的很重要，一下子就把大家的紧张和忐忑化解了，谁不喜欢听到感谢的话呢？特别是孩子，这种正式场合下的夸奖和感谢是非常有激励作用的。

2. 提出议题

可以每人提出一个议题，也可以提前收集几个议题，大家同意一起讨论就好。如果有些议题大人想讨论，但孩子不愿意，就先放一放。但如果是孩子想要讨论的话题，家长尽量安排一起讨论，以便让孩子感觉到这个家庭会议的平等性和公开性。

3. 解决方案

一定要征求每个人对某个议题的想法和问题的解决方案，并充分发言说出理由，然后大家一起协商达成一致。如果实在不能达成一致，就采取少数服从多数的方法，或者先尝试一种方法，然后再尝试另一种方法。

4. 家务活的分配

"做家务"是避免不了的话题，其实孩子们也想听到家长的安排，家长也应该允许孩子们表达自己的想法，比如想做什么，不想做什么，可以洗碗，但不喜欢擦马桶等。尽量尊重孩子们的喜好和选择，合理分配家务活，毕竟比干家务活更重要的是培养孩子养成生活自理的习惯和能力。

疫情之后，2022 年 5 月教育部颁布了《**义务教育劳动课程标准（2022 年版）**》，要求从 9 月份开学起，中小学生要学习煮饭炖汤、修理家电、种菜养禽、卫生清洁等方面的家务活，家长们完全可以"诸葛亮借东风"，以帮助孩子完成劳动课的理由给孩子分配家务活，让孩子早早参与到家庭劳动中来。

也许，你会发现孩子还真的很愿意帮爸爸妈妈干家务活，而且孩子们还很有创意和想法，能够为家务活的优化升级做出不少贡献呢，毕竟这是他们在家刷存在感和成就感的大好机会呢。

5. 家庭娱乐活动的讨论和安排

这是现在的孩子们最关心的话题，没有之一。之前没有手机，没有网游，孩子们面临的外在诱惑没有那么大，相对来说，家庭娱乐活动比较好安排，周末一起去公园，或者一起看个电影吃个饭，都能让孩子开开心心，乐不思蜀。

然而时代不同了，现在几乎人人有手机，处处有网游，很多孩子都希望自己的娱乐活动是玩游戏，因为玩游戏已经不仅仅是孩子们自己最过瘾的娱乐活动，同时也是跟同学、朋友在线交流和交友的重要途径。

可是在不少家长眼里，电子游戏无异于洪水猛兽和毒品，因此，让不让孩子玩游戏？玩多长时间？玩哪些游戏？这些都是令家长非常头疼的问题，也是家长跟孩子之间最容易发生冲突的方面。

不少孩子都希望自己有"正大光明"玩游戏的时间，因此在家庭会议上，家长至少要先耐心聆听孩子们的诉求，跟孩子一起探讨玩游戏的利与弊，一起商议双方都能接受（或者勉强接受）的方案，<u>给孩子一定的时间"光明正大"地玩游戏，同时也要求孩子要积极参加家庭的娱乐活动</u>，比如一起户外、一起锻炼、一起看个电影吃个饭等。

家长一定要相信自己的孩子，只要好好沟通，用心交流，很多事情都是可以妥善解决的。

不管你有什么顾虑，先尝试举行一次家庭会议吧，可以结合《正面管教》里面的操作流程，以及本节简化后的 5 个步骤，下定决心开一次家庭会议吧，也许效果会出乎你的意料。

第一部分

表达即分享，家长转变三步曲

第三步

转变父母语言，跟孩子好好说话

13 胆怯的孩子不敢说，轻言细语有诀窍

无论是在幼儿园，还是在中小学，我们总能见到一些胆怯内向的孩子，他们不怎么说话，或者说话吞吞吐吐，做事犹犹豫豫，没什么好朋友，不敢表达自己的意见而随大流，更不敢主动争取自己喜欢的东西，或者提出自己内心的要求，往往让人感觉到一种自卑、压抑甚至有点自闭的身心状态，长此以往，很容易发展成抑郁状态，因为**缺乏起码的存在感和价值感**。

我们来看几个常见的实例：

实例 1：女宝 3 岁，在家基本可以正常表达，在外面或者只要有外人就不说话，或者是嗓子眼发出特别细小的声音，感觉特别不自信、害怕、害羞。有时候引导她去跟人打招呼，她会很胆怯地去斜视对方，好像怕别人伤害她，有时候会往后缩，躲在大人身后，实在不知道该怎么处理这个问题，请老师指导！

实例 2：薛老师好！我家孩子 9 岁，女孩，喜欢读书，写作也挺好的，成绩也优秀，就是不爱说话，不会表达自己的想法。尤其是跟大人几乎不说话，别人问就只是"嗯""啊"地回答，从

来不会多说一点点好玩、有趣的话，很让人头疼，说了她好多次了，结果越说越起反作用，感觉她都快自闭了，您说我该怎么办啊？真着急！

实例3：老师您好！女孩，7岁，感觉在外面有点内向，自尊心很强，总是担心出错，有时候说她某件事情做法不对的时候，她表现得很烦躁，有时候会哭闹，就是不能清楚表达自己的意思。在课堂上或者人多的场合不太敢表达自己的意见，要么不说话，要么声音很小，其实我知道她心里是想要去积极表现、主动参与的，但总是担心出错，就会让家长或其他小朋友去问老师，这种情况，作为家长应该如何引导呢？

实例4：孩子5岁，男孩，在外面想跟其他小朋友一起玩，但不会主动打招呼融入进去，只是站在一旁不出声地看，除非别的小朋友主动叫他，他才会加入，但即使在一起玩，他也几乎没有语言交流，都是听别人说，或者跟着小声附和，很少主动跟小朋友交流，结果小朋友也似乎不那么爱喊他一块玩了，也不太理他，感觉他就越来越胆小，越来越"自闭"了。

上面这些典型的案例都有一个共性，就是孩子似乎都害怕说错话，因而不敢说话，即使说话，声音也很小，言语也非常简短，而家长又都特别着急，知道自己的孩子这样是有问题的，就是不知道用什么方法引导孩子尽快改变这个状况。

方法肯定是有的，但首先是要转变父母语言，也就是改变父母说话的方式,特别是跟孩子的说话方式,这些方法才能更好地实践、应用。

首先,父母要清醒地认识到:**孩子胆小、不爱说话、说话小声……这些问题是"果"的表现,而不是"因"的所在。**也就是说,孩子之所以表现出胆怯、不敢说话,已经是家长"教育"的结果,而不是孩子原本就是这样的。

是的,没有孩子天生就是不爱说话的,而是在成长的关键期被"压制"了表达的本能,或者没有学习到言语表达的方法和技巧。

☆孩子学习语言表达的三个关键期

要引导孩子改变以上胆怯、不爱说话的问题,家长要知道孩子学习语言表达,或者再聚焦一点,学会口才表达,是有三个关键时期的,这三个关键时期的口才学习和培养目标是不一样的。

第一个时期是1~3岁,这两年是培养孩子对声音和说话感兴趣的重要时期,这个时候要特别注意孩子的发声、发音,打好孩子语言表达的内外基础,**内,就是说心理方面**,外,是说基本的字词和发音等听得见的声音和语言。

心理学认为:当婴幼儿遇到了陌生人或者到了陌生的环境就会出现"害羞""敏感"的情绪反应,不用担心,这是婴幼儿依恋的情绪情感发展的必经的心理历程,家长要实时给予关注和爱抚,并安慰孩子"爸爸妈妈跟你在一起呢,这里很安全",让孩子逐步适应陌生人和陌生环境,慢慢地就没那么害怕和敏感了。

第二个时期是3~6岁,基本上就是幼儿园和学前,这个阶段主要是鼓励和丰富孩子的口语表达，同时这个年龄段也是培养孩子情商最关键的时期，所以家长任务很多、很重。

3～4岁的幼儿正处于"害羞"与"自信"的心理发展矛盾期，孩子在这个阶段所表现出的"害羞""胆小"行为，也是他心理发展必须经历的过程。这个阶段家长要继续引导孩子逐步适应幼儿园的"小社会"，跟同龄伙伴建立良好的互动玩乐关系，同时发展出自己的语言能力和勇气。

俗话说，3岁看大7岁看老，你的孩子未来会变成什么样，7岁的时候已经可以看到雏形，7岁以后的改变需要有更多的付出和努力。特别是11、12岁青春期之后，要想孩子在语言表达方面再提升，就越来越费劲。

到了成人阶段，那就更费劲了，否则，夫妻之间、婆媳之间也就没那么多矛盾了，大家都按照自己的想法和行为习惯去想、去做，改变真的没有那么容易，所以还是趁着年龄小、可塑性大，把孩子的基础建设做好。

第三个时期就是6～11岁了，这个年龄段的孩子是系统学习口才表达的黄金时期，为什么呢？因为在5岁之前，孩子的表达能力还是有所局限的，他们的逻辑思维能力还没有形成，说话也多是无意识地表达，语言本身的意义和表达效果还没有办法体现出来。

因此，从小学阶段开始，孩子就可以进行比较系统和有目的的口才表达训练了。让孩子在这个时期打下一个口才表达的基本功，可以让他一辈子受益。好口才就是印钞机，好口才就是生产力，可以毫不夸张地说，好口才决定孩子一生的幸福快乐和事业成就。

☆如何引导孩子大声说话、大胆表达

要引导孩子改变以上胆怯不爱说话的情况,家长可以从以下几个方面着手,循序渐进,让孩子越来越爱说话,敢于表达自己内心的需求和想法。

(1)家长在亲子沟通过程中一定要多用非暴力表达,在严格遵循"不批评、不反驳、不指责"的三不原则的同时,轻言细语地跟孩子交流、沟通。要全面杜绝言语的暴力、行为的暴力和思想的暴力,这三方面的暴力都会给孩子的心灵成长造成巨大的影响,也会压制孩子的语言表达,因为孩子是很难跟家长用语言进行"抗衡"的,孩子只能用少说话,甚至不说话来回避更多的指责和训斥。

(2)转变父母语言,温和而坚定地给予孩子更多的鼓励和肯定。胆怯的孩子更需要家长的认同,他们本身就容易自责,向内攻击自己,缺乏面对困难的勇气,往往在做事之前,就自我暗示自己不行。如果这时给予他们一些温暖的鼓励和支持,就能极大地增加他们的胆量和勇气。

(3)**更多地允许:允许孩子犯错**,允许孩子发泄情绪,允许孩子说一些天马行空的话,允许孩子按照自己的想法去做……让孩子从"不敢想、不敢说、更不敢做"逐步变成"敢想、敢说、也敢做",孩子本来就是在试错中长大的,越挫越勇,未来才可以担当大任。

(4)**多带孩子户外,鼓励孩子跟其他孩子接触交往**。带孩子到大自然中去,见识更宽阔的世界,多带孩子参加集体活动和社会活动,让他们多尝试与新的朋友交往,特别是同龄伙伴的接触和交往,让孩子学会融入集体和小伙伴群体,以锻炼他们的沟通能力和跟别人交往的胆量、勇气。

（5）**父母多陪伴孩子，特别是父亲要多跟孩子沟通交流**。除了日常的陪伴和交流，父母可以带着孩子一起去超市购物，并告诉孩子购物的简单程序，下次再陪孩子去同一家商店，让孩子学会自己挑选物品和付款等，培养孩子的社会交往能力。

父亲在孩子的语言表达习惯养成中具有举足轻重的作用，相对母亲来说，父亲更加外向、勇敢、果断。爸爸多陪伴孩子玩耍的时候本身就是一个"勇敢的榜样"，可以潜移默化地锻炼孩子的阳刚力量和胆量、勇气，如果说妈妈像月亮，那么爸爸就像太阳，孩子很难仅仅靠着沐浴月光成长为阳光少年，必须要吸收来自爸爸的太阳光辉，才能形成开朗、勇敢的心态。

（6）**先跟后带**，引领孩子说话的声音逐步变得大声、大气。家长要先模仿孩子胆怯、小声说话的语声语调，让孩子的镜像神经元感受到自己说话的样子，一般孩子都会觉得有点不好意思，也想着要改变。

然后家长要有意而自然地转变语气，一点点加大说话的声音，并鼓励孩子也用更大的声音说话和表达，比如说：

> 来，孩子，我们一起用大一点的声音，把这首诗读一下好不好。
> 孩子你再大点声音说一遍，我会听得更清楚。
> 我感觉你的声音好好听噢，不愧是我的女儿，声音很像我呢。
> 我们一起唱首歌吧，大点声噢，你就是我的小明星呢。

（7）**切记不要经常拿孩子跟别人对比**，有很多父母总拿自己的孩子跟别人家的孩子作比较，总说别人家的孩子的优点和长处，听起来好像别人家的孩子什么都比自家孩子好，想用此来"刺激"自家孩子更努力，可结果往往适得其反，长此以往，自家孩子就会认为自己真的是处处不如人，怎么努力都不能让家长满意，还不如破罐子破摔，能逃避就逃避，逐步形成自卑而又胆小脆弱的性格。

（8）**培养孩子的一技之长**，提升孩子的自信和勇气。其实胆小的孩子也有自己的"优势"，比如更容易自己跟自己待在一起，更容易集中精力，观察事物更加仔细认真，做事情更有耐心，情绪情感也更为敏感、细腻。

比如一些有艺术天分的孩子，就是内向敏感型的性格特质，家长可以充分利用孩子的气质中的积极因素，支持和鼓励他根据自己的喜好学习一技之长，包括但不限于：琴棋书画音体美，演讲户外计算机，待学有小成，一有机会就让他们在众人面前展现自己的特长，获得大家的掌声和鼓励，这既达到了锻炼胆量的目的，也增加了与大家的交流和互动。

请家长相信，没有哪个孩子是不想得到大家的正面积极关注的，所有只要您的孩子有一门可以拿得出手的特长，可以当众"表演"，孩子内心就会充满骄傲和自豪，从而成为一个自信满满、开朗大方的孩子。

> 孩子只要有一技之长，就会越来越自信和开朗

上面这么多方法都可以帮助孩子改变胆小、不敢说话的问题，但其实关键不在方法的多少，而在父母自身的转变。我们在前面已经说过了，孩子胆怯、不爱说话的表现是"果"而不是"因"，这个"因"就是家长的教养方式，以及跟孩子的相处方式和沟通交流方式。

我常常询问家长的两个问题是：

孩子是你自己生、自己养的吗？

你为什么把孩子养成了这个样子呢？

因此，家长的转变，父母语言的改变才是"改变孩子"的关键，家长朋友们千万不要一门心思忙着去改变孩子，而是要先改变自己，提升自己，如果家长自己都不改变，又怎么能要求孩子改变呢？

14 敢想敢说也敢做——让孩子变得更自信

孩子的自信是从哪儿来的呢？当然是从内心来的，因为只有内心自信了，才能显出外在的自信，所以我们都知道一句话，叫"**敢想，敢说，才敢做**"。

敢想敢说敢做，用这句话描述自信的孩子最贴切不过了。**自信的孩子他不仅敢想，而且还敢说，关键还敢做**，这是自信孩子的三个重要特点。

因为自信的孩子是自由的，无论是内在的自由，还是外在的自由，都让他具有丰富的想象力和表达力。当然真正自信而不自负的人，做事也都是有底线的，都会自觉地在道德法律的约束范围之内"敢想敢说敢做"，因为他没有必要越线，他有太多的选择可以去达成自己的目标。

就好比你有足够的钱去买你想要的东西，你还会去偷东西吗？当然不会。

所以，请相信<u>一个真正自信的孩子是不屑于去干坏事的</u>，因为孩子的天性就是希望得到更多人的夸奖和认可，所有的孩子都特别想成为一个好孩子，但好孩子是夸出来的，而不是棍棒底下打出来的。

过去，棍棒底下可能出孝子，但是，现在，棍棒底下只能出傻子了。

当一个孩子可以敢想敢说也敢做的时候，他就会有一种发自内心的自信和勇敢，他知道无论他说什么做什么，家长都会聆听、理解和包容、支持，当然了这里面肯定会有一个度。

一般来说，孩子是不会去做那些不好的事情的，除非他实在没有更好的选择。因为孩子本质上是非常善良的，而且是正面学习型的，孩子们总是更希望得到爸爸妈妈和其他人的表扬和支持，他肯定是想多做好事的。

这一点请家长毋庸置疑，人之初，性本善，每个孩子都是圆满具足的人类天使，所以才有那句心理学的名言：孩子是没有问题的，如果孩子有问题，那一定是家长的问题。

在这样的前提下，孩子说话一般都不会太出格，假如孩子出格说了一些粗话、脏话的时候，家长就要认真反思和分析，孩子为什么会说这些脏话、粗话呢？这是跟谁学的呢？作为家长，自己有没有这样的一些语言习惯呢？

在教育孩子的过程中，家长如果有心的话，可以赫然发现**孩子就像是自己的一面镜子**，你可以从孩子的行为举止中看到自己是怎么去表达和说话的，怎么待人处事的。

我常常说孩子就是家长的人生导师，就是家长的天使，这是有科学佐证的，孩子不仅比家长高级好几个版本，而且还能让家长清楚地"照见"自己的所作所为，也因此，孩子的口才表达能力同时也就在一定程度上反映了家长的沟通交流习惯。

这也是这本书花了三分之一的篇幅先给家长纠偏的原因。

☆ 越敢说，越自信

为什么说鼓励孩子的表达可以让孩子变得更加自信呢？

因为当孩子愿意表达、善于表达的时候，他的性格就会比较倾向于外向，比较开朗、活泼，有什么说什么，大大方方，跟别人的交往、交流也会比较通畅，反之性格就会慢慢变得内向和压抑。

外向的孩子即使碰到一些不太开心的事情，比如说被老师批评、被同学冤枉，他也不会忍气吞声一味地压抑自己，而是会跟人讲道理，会争取表达出自己的真实想法，要知道，**现在的孩子讲起道理来那是一套一套的**，旁征博引，灵光乍现，唬得家长也一愣一愣的，当然家长也要听得进去。

内向的孩子不太一样，遇到一些不开心的事情，就可能更多的是向内攻击，自己攻击自己，自己觉得自己不够好，自己没有能力没有价值，所以才会发生这样的事情，从而很容易导致自责和自卑，久而久之就形成了一种不怎么爱说话，胆小、怕事，唯唯诺诺的性格，可想而知，这样的性格将对孩子的一生产生不可估量的深远影响。

☆实操引导：多元化榜样示范

既然敢想敢说还敢做这么重要，那家长该怎么做，才能培养孩子的这一份顶天立地的豪气呢？

除了前面的章节所说的鼓励孩子表达的方法之外，还可以用家长示范和更多元的学习来提升孩子的自信表达。

先说示范，如果家长能够通过学习和训练，让自己尽快变成一个口才达人的话，一定会给到孩子一个很好的榜样示范的。

因此这本书的很多环节都是家长和孩子可以一起互动练习的，家长自身的口才表达水平对孩子的影响是直接而巨大的。

同时，家长除了自己示范，也要让孩子看到外面更多的榜样示范，比如说多带孩子出去看一些演出，如相声、戏剧、脱口秀、达人秀，建议尽量到现场观看真人的演出，这样对孩子有一个直接的视听觉的冲击。

外界的榜样力量同样巨大，儿童青少年正处于寻找偶像、模仿偶像的阶段，心里特别想像那些舞台上的明星一样闪亮登场，赢得众人聚焦的目光。

所谓耳濡目染、潜移默化，这样一些多元化的学习对孩子的视野开阔和表达能力的提升都是非常有益的。

15 幼儿园打架好不好？启发式引导很重要

如果你的孩子在幼儿园跟小朋友打架或者挨打了，你该怎么处理才好呢？

这确实是让很多家长头疼的问题。因为你不知道是该让孩子打回去呢，还是让孩子一味忍让，做个佛系之人。

假如你知道，当孩子告诉你，**他在幼儿园挨打了，这恰恰是一个跟孩子交流沟通的绝好时机**，你就不会忐忑不安、左右两难了。

也许，你缺少的只是方法而已。

是的，跟孩子友好沟通是非常讲究方式方法的，亲子交流的过程不仅仅是一场对话，同时也是养儿育女的学问和艺术的体现。

简单地说，就是家长你有没有这个能力、这个水平，能不能用心教练的方式，而不是教导的方式跟孩子温和而积极地沟通、交流，逐步找出合适的解决方案。

请注意教练和教导虽然只有一个字不同，但两个词的意思却是完全不同的。

所谓教导就是你教孩子怎么怎么做，比如孩子在幼儿园被别的孩子打了，回来问你：爸爸，张浩今天打我了，我可不可以打他呀？爸爸说：你当然可以打他呀，是他先打的你对不对？他打你，你就打他，不要怕他，有问题爸爸给你撑腰。

或者有些妈妈会说：孩子，他打你是他不对，咱们不能跟他一样，如果你打回去的话，那咱不就跟他一样了吗，咱们是好孩子，不打人。他要是再打你的话，你就去告诉老师哈。

这些都是属于教导式的、教育型的语句。那教练式的语句是什么样的呢，它是一个启发孩子自己去面对这样的问题，引导孩子把自己的想法说出来，在交流对话的过程中学习和领悟对错是非的启发式沟通方式。

比如说同样的问题，孩子问你：爸爸，张浩今天打我了，我可不可以打他呀？

如果爸爸会亲子赋能心教练沟通的话呢，他就会首先调整自己的教练状态，心态保持中立，同时放下手里在做的事情，非常认真、关注地回应孩子说：

"哦，孩子，你今天在幼儿园被别的小朋友打了，是吗？"

这是一个确认，通过重复孩子的话跟孩子进行同频交流。

孩子点点头，爸爸接着问：

"怎么回事儿呢?你能告诉爸爸事情的经过吗?"

先让孩子倾诉事情的经过,这一点非常重要,因为孩子既然来找你询问,他一定是想让爸爸妈妈跟他多交流的。

等孩子说完事情的经过,爸爸可以接着问:

"孩子,你现在感觉怎么样呢?你觉得王浩打你对不对呢?我想先听听你的想法。"

孩子说:"我觉得他打我不对。"

"他打你不对,我听到了,打人当然是不对的,还有呢?"

"我觉得他这样让我很生气,我想明天打回去。"

"你想打回去是吗?那你打回去会怎么样呢?"

"我打回去他以后就不敢再打我了"。

"那你打得过他吗?"

"管他打不打得过,我就是要打回去!要不然他以后会老欺负我的。"

"嗯,爸爸了解了,既然你都想好了,你可以去试试,你会打他什么地方呢?"

"他打了我两拳,把我推到地上,我也要打他两拳,把他推到地上!"

"嗯,儿子,你确定要这么做吗?"

"确定,必须要打回去!"

"好吧,儿子,你可以打回去,但如果他要再打回来呢,你准备怎么办?"

"那就接着打呗,我才不怕呢。"

"既然如此,那你就打回去吧,不过要注意安全,以教训为主,千万不要打别人的脸和头部,还有,如果打不过的话,就赶紧跑,去找老师,记住啦!"

☆案例分析:多元化榜样示范

从上面的案例大家可以发现,在亲子心教练式的交流过程中,爸爸一直在聆听孩子的想法,了解孩子的感受,**让孩子自己去做选择,并且启发孩子认识到选择背后的意义。**

一般来说,很多爸爸都会教育孩子不要跟小朋友打架,即便是挨了打,也不许孩子还手,这样孩子就会越来越胆小、怕事,因为爸爸就是这样的心态,小孩子很容易模仿,就逐渐形成消极心态,能躲就躲,能逃避就逃避。

其实在幼儿园,小朋友之间的打打闹闹是很正常的,孩子的力量一般来说也不足以伤人,可以说没有小朋友之间的打打闹闹,孩子也很难真正理解什么抗挫力、坚韧心,体验到人际交往的多面性。

因为幼儿园其实也是大社会的小缩影,一味地回避、退让终归不是好方法。

从这个意义上来讲,爸爸完全可以在保障安全的范围内,允许孩子做点"出格"的事情,比如安全地打架。

当然,妈妈的亲子赋能心教练式的沟通可能又不一样了,如果妈妈想引导孩子不打回去呢,就可以这样说:"孩子,他打你的时候,你感觉怎么样呢?"

妈妈可以先问感觉,再进行引导。

孩子说:"我感觉好生气,我气死了,他居然打我,把我的肩都打疼了。"

"那如果你打他的话，他会觉得怎么样呢？"

"他也会疼啊。"

"如果你打他让老师知道了，老师会怎么样呢？"

"老师会批评我，惩罚我呗。"

"那你还要不要打回去？"

"要！"

"你为什么非要打回去呢？"

"因为我想教训教训他，否则他以后会老欺负我。"

"哦，这样啊，你就是想要教训他对吧，那除了打回去，还有没有别的方法教训他呢？"

"我不知道，妈妈，你有什么方法可以教训他吗？"

"那我们就一起来想一想，有没有更好的方法教训他好吗？"

你看，在这样的互动过程中，有理解，有学习，有启发，有分享，而不是简单地说，该打回去或者是不该打回去。

所以，在培养孩子从小面对冲突和矛盾的时候，能够充分表达自己的想法和感受，敢于选择自己的选择，并且得到父母的理解和包容，这是非常重要的积极心态的培养。

换句话说，积极心态的培养并不是说孩子只能做好事，而是可以从哪怕是负面的事件中，也能启发孩子看到积极正向的一面，这样的话，孩子就会在成长的过程中习得积极正面的阳光心态，勇敢地面对今后人生中可能遇到的困难和挑战。

☆育儿知识库：3～5岁孩子的言语能力

心理学研究表明：3～5岁的孩子就已经掌握了许多言语交谈技能，比如3～4岁的孩子就已经开始懂得言语背后可能会有其他潜在的意思，他们已经知道"话中有话"，即言语所表达出来的字面意思，并不一定与说话的人真正想表达的意思完全一致。

因此，幼儿园正常发育的孩子们其实都已经知道，如果他希望跟别人进行有用的沟通，达到交流的目的，那么就必须调整自己的言语以适合听话的人的需要。

比如4岁的孩子给2岁的孩子介绍新玩具的时候，就会使用更加短小、简单的语句（电报语句）："看这里""这个""按一下这个""这里会动"，并且会配合肢体语言帮助更小的孩子维持注意力。

而当4岁的孩子跟父母或者大人交谈的时候，他们会用很多复杂的句子，比如跟大人介绍同样的玩具，他们就会说："这个小汽车的窗户可以开，可以关，方向盘也可以动，还有回力功能，回力的时候往后拉，劲儿越大跑得越远，特别好玩儿"，同时还会表现出更多的情绪情感，也会注重自己的礼貌用语。

所以，不要小瞧幼儿园的孩子们，他们的语言表达能力和已经掌握的交谈技巧远远超乎你的想象！

16 刚上小学不习惯——语言表达有规范

从幼儿园升入小学的第一天，是孩子成长路上的一个里程碑。但很多孩子刚上小学的时候，都是有点懵懵懂懂的，他们并不清楚幼儿园和小学的管理方式大不相同，也不知道自己该怎么去适应突如其来的小学生活。

特别是那些有点坐不住的孩子，更是觉得非常难受，适应不了学校的纪律束缚。因为幼儿园是比较自由的，也完全没有学习和作业上的压力，老师对孩子的要求也不多，所以经常是玩得很开心。

而一上小学，就需要遵守课堂纪律，上课要认真听讲，下课要完成作业，一天到晚都在学习、上课，对孩子们来说，真的是非常难以适应，内心难免会有些焦虑和紧张。

因此，家长要十分关注孩子**在小学一二年级的适应性问题**，因为如果孩子到了二年级还不能适应学校的学习和纪律，就可能被老师和同学视为"异类"，逐渐成为班集体的边缘人。以后到了三年级，就不太好改变了，因为孩子已经形成习惯了，甚至可能破罐子破摔了。

那怎么样帮助孩子尽快适应学校的生活和纪律要求，跟上学习的进度，跟同学们友好相处呢？

开学前的家庭会议非常重要，家长必须要提前跟孩子有一个非常正式的谈话。

☆ 开个家庭会议，跟孩子认真谈谈话

家庭会议是一个非常好的形式，这样可以让孩子知道：上小学

不仅仅对于孩子是一件大事,对于这个家庭也是一件大事呢。

同时也郑重其事地帮助孩子做好了各种上学的预案,让孩子对上小学有一个基本的认知,从而帮助孩子更快适应小学生活,轻松上学、开心学习。

遗憾的是,能做到这样的家长很少,多数家长都是想当然地觉得上小学那不就是个正常的事情吗?有啥好说的,送到学校完事了。

1. 恭喜,表达开心

先恭喜孩子要上小学了,让孩子感觉这是一件值得开心的事。

"宝贝,恭喜你要上小学了!爸爸妈妈很开心咱们家多了一位可爱的小学生。"

"孩子你过几天就要上小学了,咱们今天一起庆祝一下吧!"

"孩子你马上就要上小学了,新书包、新文具都喜欢吗?还有校服,真的好好看呢,爸爸妈妈好为你自豪呢!"

2. 询问孩子的感受,解答孩子的疑问

"孩子,要上小学了你高兴吗?有什么想问爸爸妈妈的问题吗?"

"孩子,你知道小学生和幼儿园小朋友有什么不同吗?"

"孩子你再想想,再检查一下,还有什么需要准备的东西吗?"

当孩子提出自己的问题和困惑时,家长要耐心细致地回答,从积极正面的角度引导孩子对幼儿园产生好的联想,带着一份好奇和渴望开启一段新的学习生活。

3. 引导孩子遵守小学生守则

家长要温和地告知孩子上了小学，就要遵守学校的规矩，特别是小学生守则和行为规范，这是每一个小学生都要严格遵守执行的，爸爸妈妈小时候上小学也是一样的，让孩子感觉这些是他可以做到、也应该做到的基本事项。

4. 订立上学作息时间表

上小学和上幼儿园还是很不一样的，其中最大的变化就是上小学是"强制"要上的，不管是家庭、社会规范，还是国家法律，都是要保障孩子的九年义务教育的，这些都应该让孩子早点知道，也配合执行。

首先，就是要订立上学作息时间，比如什么时候起床？几点早餐？几点出门？几点到校？几点放学？几点吃完饭？几点休息娱乐？几点复习功课？几点上床睡觉？等等。

开始的时候，孩子可能很配合，因为比较新鲜。过了一段时间之后，有的孩子就坚持不下去了，早上不起床，晚上不睡觉，这是正常的反复，家长要有耐心。

当然，这个作息时间表也是要随机应变、灵活调整的。

5. 寄语孩子

家庭会议的最后，爸爸妈妈可以给孩子写一些寄语卡片，很有仪式感地交给孩子，作为孩子正式成为小学生的纪念，同时也让孩子感受到父母长辈殷切的期待和满满的祝福。

寄语卡片

17 三四年级很关键——多交朋友这么来

交朋友对孩子来说太重要了！在孩子成长的过程中，能不能在学校交到一些好朋友，对很多孩子来说，那是比上学本身更重要的事情。

家长也是希望孩子交到更多好朋友的对吗？可是现在的孩子大都比较孤单，即便已经进入二胎、三胎时代，可是老大跟老二、老三之间的年龄差也相当大，不那么容易成为玩伴、好朋友，因为孩子之间的一岁之差就会有明显不同的表现，特别是在语言表达方面，每相差一岁，孩子的词汇量和表达方式都不一样。

因此，无论是幼儿园还是小学，孩子们都有一颗孤独的心，等待着跟合得来的小朋友手牵手、心连心，关键是可以一起开心地玩。特别是小学三四年级的孩子，对交到同龄的好朋友有着特别的在意和期待。

心理学认为：**儿童能在与同伴相处的过程中获益**，他们能学会社会交往和建立友谊所需要的技巧，增进彼此之间的关系，**并获得归属感**。

从幼儿园开始，小孩子就非常在意伙伴游戏，也就是喜欢和同龄的小朋友一块玩。他们都会很在意谁谁谁愿意和我玩，谁谁谁不愿意跟我玩，也很清楚自己愿意跟谁一起玩，不愿意跟谁一起玩，因为他老是抢我的玩具，还说我的坏话。**小朋友的内心都有一本好朋友、坏朋友的感情账。**

到了小学阶段，孩子们就更在意交朋友这件事了，有没有好朋友，有几个好朋友，不仅会影响孩子在小学阶段是不是开心快乐，还会影响孩子对于人际关系的长远态度，同时也难免会影响孩子的学习心态和学习成绩。

我在心理辅导中常常会看到：一些小学生因为在学校受到小伙伴的排挤，导致心理留下了阴影，**觉得别人都不喜欢我，同学不喜欢我，老师也不喜欢我，都不爱跟我玩，不爱跟我交朋友，内心十分落寞、自卑。**

可想而知，这样的孩子即便是长大了，上了中学、大学，进入社会，都还会隐隐有一种压抑的沮丧感。这种沮丧的感觉在很长时间都会如影随形地跟着孩子，挥之不去，严重影响到孩子的人际交往和心理健康。

那该怎样引导孩子交到更多的好朋友呢？

☆ 用语言先表达自己的善意

小孩子之间交朋友，无非可以一起玩儿，一起聊天，一起游戏，还有可以一起学习，一起活动，这些都需要良好的语言表达和语言交流。

家长首先要关注孩子交朋友的事情，经常问一下孩子在学校都跟哪些同学走得比较近，跟哪些同学玩得比较好，同时，也潜移默化地跟孩子植入这些理念，如"好朋友是需要相互关心、相互帮助的"。

请告诉你的孩子，**想要在学校交到好朋友，就要先表达自己的善意**。学校跟家里不一样，在家里爸爸妈妈都是爱你没商量的，但是在学校，同学之间必须是你也开心、我也开心，你好、我好、大家好，才是真的好，合作共赢，而不能唯我独尊。

心理学说，我们每个人都希望别人接受自己，喜欢自己，小孩子就更是如此。当孩子感受到一个人喜欢自己的时候，他自然就更容易喜欢上别人，这种感觉、感受就是孩子们之间成为好朋友的一个基础。

三四年级的孩子，大部分还是在用感觉去感受别人是不是喜欢自己的，他本身就是一个能量感应体，会感受到这个同学是喜欢我的，那个同学是讨厌我的，小孩子的感觉是非常敏锐的，家长要特别注意帮助孩子把感觉用语言表达的方式说出来。

我们来看一个对话：

孩子回家对妈妈说：
"妈妈，栋栋今天又欺负我了，呜呜呜……"
"栋栋又欺负你了？来来，跟妈妈说说，他是怎么欺负你的？"
"他抢了我一支铅笔，还说这是谁的笔呀，谁要谁拿去。"
"他是怎么抢的你的笔呢？"
"我的笔掉在地下了，滚到他的桌子底下，他明知道是我的，可是他就是装不知道。"
"噢，那你跟他说了是你的笔吗？"
"说了呀，但他说是在地上捡的，怎么就证明是你的呢？他就是欺负人，特别是喜欢欺负我，呜呜呜……"
"所以你感觉他是有意欺负你的，是吗？"
"是的妈妈，他就是喜欢欺负人！"
"那你发现他还欺负别的同学了吗？"
"是的，他还喜欢欺负瑶瑶，上次在瑶瑶书包里放了一条虫子，吓死瑶瑶了。"
"听起来这个栋栋有点喜欢恶作剧呢。"
"是的，他就是个坏蛋！"
"你不喜欢他对吗？"
"是的，特别特别不喜欢。"
"那你想不想让他知道，你不喜欢他。"
"想……可是我不敢，班里很多同学都怕他，都不敢惹他。"

"也许你可以写一封信给他,告诉他不要这样对待同学,你觉得这样可以吗?"

"可以,妈妈,我可以写一封信给他,让他知道我和瑶瑶都不喜欢他。"

"好吧,那你先写,如果需要妈妈帮忙,就来找我哈。"

这个案例中的妈妈感受到了孩子的委屈和无奈,引导孩子把事情的经过和感受都用语言表达出来,让孩子的情绪得到释放,然后再引导孩子跟对方表达自己的想法,学习在跟同学的交往过程中处理冲突和矛盾的方式方法。

心理学说:表达即治疗,一般来说,只要孩子把负面情绪表达出来了,得到关注了,心情就会好多了,也就不那么在意同学之间的磕磕碰碰了,过几天就忘了。

☆尝试建立积极的伙伴关系

交朋友是一件非常不容易的事情,孩子们都没有什么经验,家长可以引导孩子从一些语言的交流习惯做起,跟同学说话的时候,多肯定,少否定,也就是多说 YES,YES,YES,好、好、好,对、对、对,**多用非暴力沟通的方式。**

因为孩子并不能很快辨别谁对我好,谁对我不好,谁可以成为我的好朋友,谁不能成为我的好朋友,所以需要先试探合作的可能性,**先用肯定的方式跟别人建立积极的伙伴关系。**

我们国人在社会交往中有一个很不好的习惯,就是喜欢来一个否定式的回应:"你这个不对,我是这样认为的……"因为确实想法不同嘛，似乎也无可厚非。

可是千万不要把这个坏习惯传给孩子，你要告诉孩子说：不管小朋友和你说什么，你都不要先否定和拒绝，不要先说'NO，NO，NO，不要不要不要'，而要先说'嗯，好，OK，我知道了，我听到了'，先用肯定的回应来应对别的孩子跟他的交流。

☆特别提醒：孩子可以跟陌生人多说 NO

当然，多说 YES 是需要分场合和对象的，家长在培养孩子更多地用语言表达去交朋友的同时，也要阐明最基本的规则是：**对小朋友多说 YES，对陌生人多说 NO。**

不要鼓励孩子在校外跟陌生人交朋友，对于校外的陌生人，一定要让孩子有基本的警觉性，要有绝对的界限。要清晰地让孩子知道，我们的非暴力表达是在学校的一个范围内的，是在同学与同学之间的，是在正常的交流方式之内的。

但是出了校门，跟陌生人或者跟其他人，跟自己不了解的孩子，特别是大孩子在一起的时候，你是要说 NO 的，要学会拒绝诱惑、勾引，防止被拐骗。甚至遇到危险，可以大喊大叫，吸引路人的注意，这些都是事先要跟孩子讲清楚并加以实操训练的。

要跟孩子说清楚：我们每个人都有多种角色，大人有很多不同的角色，在家里是爸爸妈妈，在单位是同事、是员工，在朋友的圈子里是好哥们、好闺蜜。

小孩子也是如此，在学校里是同学的角色，在亲属面前是孩子的角色，而在外面社会上，你的角色是处于弱势的，是不能够很好地保护好自己的，**遇到陌生成人或者大孩子的问话和邀约，是一定**

要说 NO 的，而且要尽快远离，这是必须要遵守的界限。

18 步步惊心青春期——疏解烦恼和情绪

有人说，青春期的孩子就是行走的荷尔蒙，在这个特殊的时期，青少年确实会经历身体上以及心理上的众多变化，特别是大脑持续快速的发展，脑结构的剧烈变化会导致情绪、判断、自我控制和行为举止方面产生一些"不合常理"的表现，加上对异性的好奇，以及对自身身体快速发育的关注和不适，很容易情绪失控，产生行为偏差。

在语言表达方面，心理学认为，青春期的孩子开始具有抽象思维能力和逻辑思维能力，他们会逐渐运用诸如：**然而、否则、无论如何、因此、可能**等连接词和短语来表述逻辑关系，同时他们非常喜欢运用反语、双关或者隐喻的修辞手法进行语言转换和沟通交流。

这也许跟他们特别渴望成为"独特一派"的心理意愿相关，他们会通过发明一些"时代俚语"来隐晦地表达一些生活和学习上的情绪情感，比如90后的"火星文"和00后的"加密黑话"。

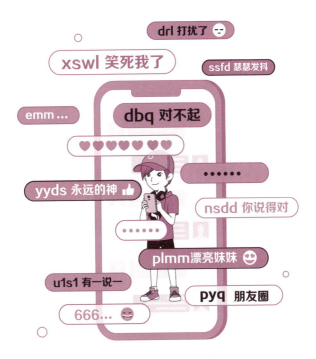

青春期的孩子们就是新一代的时尚代言,他们追求潮流,彰显个性,一方面特别想得到更多的关注(同龄人的关注,特别是异性的关注),同时又有点害怕被过度关注(比如家长的关注),因此渐渐产生了<u>同龄人在线交流的"新一代方言(时代俚语)"</u>。

其实这种想法在每一个时代都存在,只不过在网络越来越发达的当下,青少年的个性化表达,更容易被看到、被关注、被传播。

存在即合理,这其实没有什么好奇怪的,家长要做的首先就是**了解和理解**,然后**模仿和跟随**,再然后,运用先跟后带,跟孩子进行同频交流和同理共情。

那父母该怎么跟青少年进行"同频沟通"呢?

☆ 跟随和模仿孩子的语声语气

青春期孩子的父母跟孩子交流的时候,最好先学习一下青春期"时代俚语",而且要特别注意以下几个青少年"方言"的特点:

第一,**它是一种有情绪情感色彩的代码,表达的时候会有明显的语声语调的变化**。有可能孩子在跟你沟通的时候会夸大一些言辞,还会拖长重音、放慢语速等,同时配合一些肢体动作,比如:"这这这……真的没法儿说""嗯,我呸……呸呸!说什么呢?""靠,那谁谁谁……不就是一傻子吗?"

第二,**青春期的方言不少都有隐喻的功能**。青少年方言在表达对人、事、物的看法和想法时都会以高度的隐喻方式出现。比如那些"加密黑话",绝不是简单的拼音首字母摘取,家长千万不要纯粹以字面意思来理解和回应,而是要巧妙地"模仿"和"跟随"孩子的表达,简单重复孩子的"方言",并好奇地请教孩子什么意思,自己不懂,诚恳希望得到解释。

试试看,这样简单的跟随和模仿,也许会产生奇妙的化学反应噢。

想想看,如果能抓取到孩子的兴趣点,本就好为人师、谋求关注的"青春期宝宝"怎么可能放过一个"教育"自己家长的机会呢?

当然,前提是您足够真诚和好奇,而且还要表现出谦虚和诚恳。

这些都是先跟随,当家长可以较好地跟随孩子的语声语调和思维方式的时候,孩子就会放下戒备,相对轻松、愉悦地跟父母交谈。

在交谈的过程中,父母就有机会"后带",这是一个教练启发式的引导过程，是家长跟青春期孩子有效沟通的必修基本功，具体的教练式"后带"引导方法请看本书的下一个章节（第19节）。

☆ 父女关系对女孩青春期的影响

心理学研究表明：**父女关系亲密的女孩进入青春期的时间较晚**，也就是说，家庭关系特别是亲子关系，不仅会对孩子青春期的身体发育和语言表达产生巨大影响，而且会直接影响孩子的"青春期生物钟"。

比如说，**父女关系就可能是一个影响女孩子进入青春期时序的关键因素。**

如果女孩子和父母关系比较融洽、亲密，特别是有一位挚爱的父亲，孩子进入青春期的时间往往会比那些跟父母关系冷淡、疏远的女孩子，或者是由单身母亲抚养的女孩要晚。

与之相反的是，那些频繁接触没有血缘关系的成年男性的女孩子，如继父或者单身母亲的男朋友，她们的青春期发育会加速，甚至会有在心智不成熟的阶段误入歧途的危险。

因此，**在儿童阶段和青少年早期，父亲跟女儿的亲密关系是非常重要的**，哪怕工作再忙，父亲也要尽可能地多跟女儿交流和相处，以帮助女孩子建立健康的性别意识和异性交往规则。

特别重要的是，身为父亲，一定要经常跟女儿说些这样的话语：

女儿，爸爸特别爱你，爸爸特别感激有你这样的一个女儿，你让爸爸感觉很幸福、很自豪。

（无条件的爱：只是因为你是我的女儿，我就特别爱你）

女儿,爸爸真的好爱你,你就是爸爸的掌上明珠、心肝宝贝,在爸爸眼里,你就是那个最美丽、最可爱的女孩儿。

(性别意识与价值观引导:你无与伦比,是最值得爱和关心的女孩子)

女儿,你会慢慢长大,不过请你记住:无论你以后遇到什么事情,哪怕是犯了错,爸爸都愿意跟你一起面对,帮助你,支持你。

(充足的安全感和归属感:给女儿一座人生的港湾,让她永远有退路,才可能让女儿有勇气走得更远,同时面对困难和挑战,更笃定和有底气)

丫头,爸爸特别爱你,你就是上天派来的小天使,爸爸特别自豪,有一个像你这样的闺女。

当我写到这里的时候,耳边似乎回响起当初我的父亲对我说的这些话,**还能感受到那一份既震撼又温暖的感觉**。我非常感谢我的父亲,在我成长的每一个阶段,都会给我很多爱的表达,这些父爱满满的语言伴随着我的一生,在任何时候想起来,都会觉得特别温暖、特别有力量。

因此,类似这样的**"父亲的话"**的确非常重要,不仅会给女儿植入一生的安全感和价值感,而且还几乎奠定了女儿一生的男女交往模式和亲密关系相处方式。

也许,这就是**"富养女"**的内涵和底蕴吧。

当然,所谓的"穷养儿"也绝不是让男孩子在贫穷中长大,而是在现实行为层面让男孩子多一点艰难和挑战。

在语言表达方面,父亲也要给到男孩子更多的引导和鼓励。因为在青春期的阶段,不管是男孩还是女孩,母亲说的话都已经不太灵了,许多母亲就是青春期孩子的"第一假想敌",这个阶段的孩子一门心思地想要成为拥有社会角色的自己，母亲很可能"不得不"成为潜意识里面的"牵挂障碍"。

所以，在孩子青春期的阶段，**母亲能做的就是更少地说话，说话的时候注意言简意赅，把意思表达清楚就行了，千万不要反复说一些唠叨的话**，特别是对男孩子，唠叨和碎语只会让孩子更加反感和疏远。

而父亲在这个阶段需要更多地给男孩子树立一个男性成人的榜样，同时也要及时表达对儿子的认可——这一点对男孩子的心智成长特别重要，可是对中国的父亲们来说，这却不是一件容易的事情，那我们就把一些范句放在这里，请那些不知道该怎么表达的父亲们参考使用：

儿子，爸爸看好你噢！你跟爸爸一样，是家里的男子汉，咱们一起锻炼身体，长得壮壮的，保护妈妈，保家卫国。

（性别意识与价值观引导：你是男子汉了，你可以变得更加强壮，为家里和社会做出贡献）

儿子，其实老爸也是爱你的，只是老爸不太善于表达，爸爸今天想说，儿子，爸爸特别开心有你，儿子，你让爸爸感觉很自豪。

（无条件的爱和身份认同：只是因为你是我的儿子，我就特别爱你，虽然不太善于表达）

儿子，你会慢慢长大，不过请你记住：无论你以后遇到什么事情，哪怕是犯了错，爸爸妈妈都愿意跟你一起面对，帮助你，支持你。

（充足的安全感和归属感：给儿子一座人生的港湾，让他有勇气走南闯北，追求自己的梦想，同时面对困难和挑战的时候，更加笃定和有底气）

19 先跟后带，最核心的亲子交流神技能

先跟后带，这是教练式父母必须要掌握的亲子沟通基本技能，所谓"**先跟**"，**就是先模仿、同步孩子的言行举止**，同步孩子的语言和肢体语言，跟随孩子的调性，他快我也快，他慢我也慢，表面上是我在模仿你，实际上是在表达"我接纳你，我在跟随你，我想靠近你"。

在行为方面，可以"俏皮"地模仿孩子站立或行走的姿势，像他们一样开心或者大笑，运用跟孩子一样的比喻和用词，适当地重复孩子的观点和话语。

这就是人与人之间的亲和力，同性相亲，异性相吸，亲和力的作用比你我想象得大得多。因为人类的大脑中有"照相"和"模拟"的神经元（镜像神经元），它们可以帮助我们去追踪和部分复制他人的身体和精神状态，甚至允许我们通过直接模拟，而不是通

过概念推理来理解别人的意思,这是基于感觉的理解而不是基于思考的理解,往往会让对方感觉到特别亲切和亲近。

同步就是先跟,先跟随对方,模仿对方的行为举止,复述对方的语言表达,建立起亲和感。然后,就是引领,引领对方(孩子)反过来跟随和模仿"我(父母)"的言行举止。这个先跟随模仿,后引领对方跟随、模仿自己的过程,就叫作先跟后带。

当你非常仔细地观察孩子的时候,你的大脑神经元也会"映照"孩子的姿势、表情、呼吸、态度,以及说话的语声语调,你可以与其中的一项或者几项保持同步,此时,孩子的镜像神经元也开始被激活,同样会"映照"你的肢体语言和表情谈吐,这个时候,你就可以开始引领他向你学习,**令孩子无意识地"模仿"你的言行举止和观点看法了。**

> "如果我能说服别人,我就能转动宇宙"

上面这句话是美国黑人领袖弗里德里希·道格拉斯说的,是的,人生本来就是一个说服与被说服的过程,亲子沟通也不例外,现在很多孩子都特别有主见,在长期跟家长斗智斗勇的过程中,已经把家长那点"说教功夫"摸透了,特别是到了青春期,家长基本上就不是孩子的辩论对手了,因为家长开始变得投鼠忌器了,只能明修栈道,暗度陈仓,曲线救国了。

"先跟后带"无疑是一个有效的亲子沟通神技能,因为在这个过程中,家长神不知鬼不觉地就进入了孩子的语言频道,可以跟孩子相互作用和相互影响了。

我们来看一个案例：

儿子：爸，咱们周末去打球吧？

爸爸：好啊儿子，周末你想打什么球？

儿子：保龄球，我刚学了几次，还挺好玩的。

爸爸：保龄球确实挺好玩的，上次轩轩爸爸也说你打得不错呢。

儿子：所以我想再练练，提高一下水平。

爸爸：儿子，你想要提高打保龄球的水平，那可是有技巧的噢。

儿子：什么技巧？怪不得爸你打得这么好，原来你有窍门啊。

爸爸：是啊，现在学啥都得有方法啊，要不太慢了。

儿子：爸，别卖关子了，你快告诉我打保龄球有什么技巧啊？

爸爸：儿子，你看，打保龄球是不是特别需要手部的力量？

儿子：是，那个最小号的球都好重。

爸爸：你还小嘛，肯定会觉得重，但其实也不完全是因为年纪小，主要身体力量不够，特别是手臂力量不够。

儿子：那怎么办啊？我总不能一下变成大力王吧。

爸爸：所以咱们得先训练身体力量，特别是手臂力量啊。

儿子：怎么训练呢？

爸爸：以老爸的经验，攀岩是最能训练身体和手臂协调发力的运动。

儿子：呵呵，原来老爸是想带我去户外啊，不过也对，手臂力量不够，打保龄球真是费劲，行，那咱们周末就去攀岩吧。

爸爸：好嘞！

20 语言同步，最简单的亲子沟通小技巧

跟孩子的语言同步，就是根据孩子的说话方式做出回应和描述，使得对方感觉真的被"听"到了，而且父母很在意他说的话。

当然，这同样不是一件容易的事，因为需要家长把自己放在孩子的位置和视野来"看"和感受他的内心世界，这其实是没有办法直接做到的，因为家长不可能真的变成孩子，完完全全地在孩子的位置和视野去理解和感受，所以只能间接地，通过专注和聆听去尽力趋近孩子的感知和感觉。

因此，在跟孩子语言同步的时候，家长要特别注意以下几点：

（1）孩子表达的用字、短语、比喻有什么风格？

（2）孩子对事情的态度是怎样的？

（3）孩子想要表现出来的真实意思是什么？

（4）孩子的表达对他自己会有什么意义呢？

☆家长可以运用的语言配合

在跟孩子语言同步的过程中，家长也需要有适当的回应和配

合，在语言上的配合主要有：

1. 配合谓语

比如孩子说：我们班好多同学都"摆烂"了，不想好好学习了。

家长表示理解：是啊，现在好多年轻人都有点"躺平"了，不过我没想到中学生也开始"摆烂"了。

2. 配合重复的短语

比如孩子说：唉，现在好卷啊，在学校卷，在学校之外也要卷，卷海无边，回头无岸，好郁闷啊！

家长重复配合：是啊，现在的学生确实不容易啊，竞争很激烈，在学校内外都要卷，学校也是一个社会的缩影啊，不过孩子，你也不要那么郁闷，看看爸妈怎么能够帮到你，在咱们家，卷海有边，因为我们可以一起面对，一起调整。

3. 配合精确的字词，如比喻和成语

比如孩子说：我感觉自己就像超载的卡车，还没油了，开不动了。

家长先跟后带：是什么型号的卡车呢？要加多少号的油呢？老爸这儿有加油卡，随你用，还有也可以卸载一些重物啊，干嘛超载啊？

孩子说：这是自个可以卸载的吗？学生一枚，身不由己懂不懂？

家长回应：那可怎么办？感觉有点进退两难啊！（表达共情）

孩子说：能怎么办？熬呗，大家都一样，卧薪尝胆，废寝忘食呗。

家长回应：那就熬吧，爸妈陪你一起熬，尽量劳逸结合，该学习学习，该休息休息哈。

4. 配合语声语调，模仿肢体语言

假如孩子非常生气，大声地嚷嚷：我再也不去上学了，老师太不公平了！

家长也要情绪上来，大声地回应：这老师怎么了，把咱们宇轩气成这样了！

快说说，老爸给你撑腰！

只有在情绪上配合了孩子的语声语调，才能接上孩子的话茬，跟随孩子的情绪流动交流互动。同时，也要注意肢体语言的配合，家长千万不要像个木头墩子，坐在那儿只动嘴不动肢体，让孩子感到您并不是真的想跟他好好沟通。

肢体语言也是语言，而且是非常管用的语言，比如孩子特别伤心的时候，妈妈的一个拥抱，爸爸的一个抚摸，都会给到孩子莫大的安慰和鼓励。

说到肢体语言，就不能不提美国心理学家麦拉宾提出的一个信息传递公式：

信息 =7% 言语 +38% 声调 +55% 表情和动作

我们不必去质疑公式里的百分比，我们所要了解的是：在沟通过程中，非言语的要素是非常重要的，无论是语声语调，还是表情动作或肢体语言，都远比你说的什么话重要得多。

为什么是这样呢？有什么科学依据吗？

就像我们已经发现情绪来源于潜意识一样，人类在沟通时，90%是在用包括语声语调、表情和肢体语言在内的身体语言进行交流，而这些身体语言属于大脑边缘系统（大脑最老旧的部分）影响的范畴，同样不受人的意识控制。

比如说，运动员在奥运赛场上获得了冠军，激动和喜悦的心情是难以抑制的，而那些虽败犹荣的运动员，他们的难过和眼泪也是无比真实的，是装不出来的。

所以，**我们的身体是不会骗人的**，一个善意的微笑也可以"无声胜有声"，因为微笑本身就是一种人类通用的表情语言。

通过以上这些各种语言配合的案例对话可以看出，家长跟孩子进行语言同步，不仅仅是为了跟孩子同频交流，然后可以先跟后带，达到引导和影响孩子的目的，而且可以借此观察孩子，觉察自我对于孩子的感受，逐步成为孩子可以信赖的大朋友。

而这个亲子沟通的小技巧，仅仅只需要**简单重复和同步回应**就可以达成，跟本书第二步中所说的鼓励孩子表达，让孩子乐于表达有着异曲同工之妙，看来，在亲子沟通中，**倾听和重复真的是比说教重要太多了**，因为这样才能跟随孩子的语言，进入孩子的内心，感受孩子的感受。

21 父母语言，亲子互动沟通的五个层次

父母语言的转变，不仅仅是为了跟孩子好好说话，而且还要**引领孩子认识自己，认识世界，逐步形成自己的人生观、价值观和世界观**。

因此，父母的语言非常重要，是直接给孩子的心智模式和底层程序输入源代码的原材料，而高段位的父母语言，是可以触达孩子的内心深处的，父母甚至可以跟孩子成为永远的知心朋友，那就是孩子成长中莫大的福气了。

俗话说，酒逢知己千杯少，话不投机半句多。什么叫知己？所谓知己，就是能够理解你的内心世界，并跟你拥有相近人生价值观的人。你们对事物有相似的看法，做起事来有类似的行为准则，彼此心有灵犀一点通。

《三国演义》中刘关张的桃源三结义就是"酒逢知己"最好的例证。

因为有拯救百姓于水火之中的共同愿景，他们三个起初不过是萍水相逢的路人，在几番把酒之后就歃血为盟，结为生死兄弟。

试想一下，如果不是有共同的奋斗目标，这三个身份、背景、性格如此不同的人，怎么可能会结为生死同盟，留下千古佳话。

因此，能够真正打通双方心灵的沟通，就是跟对方的内在信念和价值观有深度的触碰和交流。而在孩子幼小的心灵中播种信念价值观的种子，也是家长义不容辞的重大责任。

关键是不管家长愿不愿意，实际上你已经在你的言行举止中不停地给孩子传递三观的讯息了，那是不是掌握一些能够触达孩子内心的父母语言更好呢？

☆ 由表及里的六个沟通层次

既然能够触动心灵的亲子沟通如此重要,那么我们就先来看一下由表及里的六个沟通层次吧。

根据沟通的亲密程度不同,可以将沟通划分为六个层次。

(1)表层交流:打招呼。
(2)浅层交流:谈事实。
(3)中层沟通:谈想法。
(4)深层沟通:谈感受。
(5)核心沟通:谈信念、价值观。
(6)心灵沟通:谈生命智慧和人生使命(梦想)。

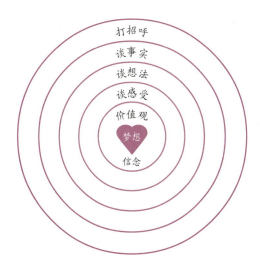

我们先来看一个职场中这六个层次的沟通案例,以便我们更加理解亲子沟通的六个层次的寓意。

从上图可以看出，职场上同事之间大部分的沟通都是在第一和第二层面，即打招呼和谈事实，也就是说主要是在理性层面上的沟通。

再深一点，比如公司创办初期的合伙人，就必须在第三层次进行沟通。大家要一起做一件事，就要有一个共同的想法。这个想法就是通过创业去实现共同的愿景。

第三层次的沟通也更多地是理性的交流，会有一些感想，但并不深刻，因为要做的事情太多，没有精力去彼此感受。

当公司创办一年半载之后，很多意料不到的问题会冒出来。在这个时候，如果合伙人之间还只停留在第二和第三层次上沟通，只是谈事实、谈想法，而不去感受彼此的感受，就容易出现问题。

特别是一些经营状况不好的初创企业，在这个阶段大家的心情都不怎么好，各种负性情绪（焦虑、恐惧、埋怨、担忧、委屈、低沉）就会冒出来，容易上演第一波的"分家"闹剧。

接下来，公司开始赚钱了，逐步走上正轨，但是，新的问题也会接踵而至。权力的分配、财富的分配、经营理念的不同、企业的发展方向等纠葛就开始呈现出来了。

合伙人之间不同信念价值观的冲突在这个阶段开始猛烈撞击，完全无法调和，于是，第二波的"分家"闹剧也将成为定局。起初信誓旦旦、同生共死的创业兄弟也只能伤痕累累地分道扬镳了。

能够逐步成长为大中型企业的民营公司多数都只剩下一个核心人物，那些不能认同"核心人物"信念价值观的人只能选择黯然离去，而那些接受和尊重"核心人物"信念价值观的人会选择留下来，继续追随"核心人物"，并尽力靠近"核心人物"的信念价值观，携手实现企业共同的愿景和使命。

可见，在职场中如果能与上下级同事有第四甚至第五层次的沟通，应该说是非常难能可贵的，而第六层的心灵沟通，就只能高山流水，可遇不可求了。

有意思的是，如果说职场中的人际沟通是从打招呼开始，然后层层递进，又层层出离的过程，那么，亲子沟通则恰恰相反，是一个层层出离的过程，至于能否再次层层递进，回到心灵的沟通，那就要看父母的表达、连接和沟通的功力了。

为什么亲子沟通是这样一个层层出离的过程呢？

因为婴儿在刚出生的时候，都是具足圆满的生命存在，本身就拥有着宇宙大爱的灵性意识，心灵完全是敞开的、接纳的，非常渴望跟父母，特别是母亲进行深度的心灵连接。

如果孩子在 0～3 岁跟母亲建立了安全性的依恋关系，那么这种母子连心的感觉就可以持续很长的时间（心灵连接与沟通）。

3～5 岁的幼儿，一般来说都是愿意跟父母表达感受的，饿了难受，会表达，渴了不舒服要嚷嚷，大人满足了要求就开心，大人指责、忽视就不开心，表现得很直接，也很形象。

当孩子长到 5～7 岁的时候，很多孩子还是愿意跟父母表达感受的，因为这个年龄的孩子本来就是比较情绪化的，表现也很直接，比如什么事情让我开心了，谁谁谁让我难受了，我喜欢这个同学，因为跟他玩我很开心；我还喜欢那个老师，因为她总是关心我，看见她我就高兴；我想要买这个玩具，因为别的小朋友也有，如果我没有的话，他们就不愿意跟我玩，好难过（谈感受）。

等孩子到了小学三四年级，开始不那么愿意跟父母谈很多感受的话了，因为他可能觉得那样有些幼稚，而且也有了更多个人的小心思。这个阶段的孩子，还是愿意跟父母谈想法和看法的，但情绪化的东西比之前要少多了，比如孩子可能会说：

妈妈，我不想上这么多课外班了，我需要多一点时间做数学和语文作业，因为我的数学是强项，不过语文是弱项，我想都加强一下。

爸爸，周末我想去公园玩，不想去海洋馆，因为海洋馆人太多了，老是排队。

老师，我可以提一个建议吗？能不能让咱们班的同学轮流做黑板报，这样集思广益，也许会更加精彩呢。

这个阶段的孩子还是愿意跟父母谈想法和观点的，也有一定的情绪表达，但当孩子进入青春期的时候，大部分孩子就连自己的想法和看法也不愿意跟父母交流、沟通了，这个时期的亲子沟通就进入了"谈事实"的层面，比如：

妈，我回来晚了，放学后跟同学多打了一会篮球。

爸，周末我不跟你出去攀岩了，我跟同学约好了去欢乐谷。

妈，老师让交35元钱，买一本学习资料。

如果家长跟青春期的孩子沟通、交流得还比较通畅的话，以上的对话可能就是常态，彼此还可以谈一些事实层面的东西。

假如遇上了非常反感家长的青春期的孩子，那可能连一些事实层面的对话都成了奢侈，基本上就只剩下了"打招呼"式的交谈：

妈妈：儿子，你回来了，一会儿就吃饭哈。

儿子：嗯。

妈妈：今天我做了你最喜欢吃的糖醋排骨。

儿子：嗯。

妈妈：还有茄子和豆角，你想吃哪个？

儿子：随便。

妈妈：那我就做一个豆角茄子条，一块炒的可以吗？

儿子：嗯，我都说了随便啦。

妈妈：好好好，你先休息一会儿。

儿子：嗯。

然后儿子走进自己的房间，"砰"的一声就把门关上了。整个交谈的过程，跟回家打个招呼没什么区别。

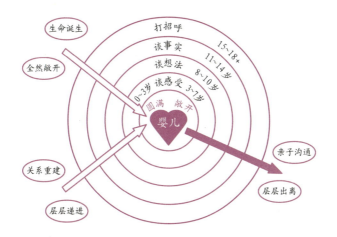

以上就是亲子沟通层层出离的过程图，基本上随着孩子的一步步长大，多多少少都得经历这样的亲子交流的转变过程。

但同时家长也要相信，亲子关系并不是只有这个单向的疏远的发展过程，也可以有再次层层递进的亲子沟通和交流，这就要看家长自身的成长和父母语言的转变层级了。

当家长可以深刻理解亲子沟通的六个层次和维度，自己也能在生活和工作领域熟练运用各个沟通层次的技能时，相信也能带领孩子从青春期的"打招呼"，逐步回归到"谈事实""谈想法"，然后更进一步"谈感受""谈信念价值观"，最终可以"敞开心扉"，交流更深层面的人生梦想和理想抱负了。

那么恭喜您成了孩子的心灵知己！相信您不仅可以为孩子的健康成长保驾护航，也能为他一生的人生旅程照亮一束光。

22 实操练习：如何跟孩子聊心事

如果孩子有了心事，他一定会表现出来的，特别是在情绪方面，都会表现出一些跟平时不一样的状态，比如眉头紧锁、表情郁闷、唉声叹气，或者沉默寡言、焦躁不安、气息难平等，这个时候，家长就要从上一节的亲子沟通六个层次的"谈感受""谈想法""谈事实"中来逐步摸清真相，帮助孩子调整情绪和心态。

首先，家长可以表达自己的观察和感受：

孩子，发生什么事情了？我看你好像有些郁闷？
孩子怎么了？看你好疲惫的样子，很累吧？
孩子，你生气了？看你好像很不开心啊？
看你唉声叹气的，什么事让你这么无奈？

当家长表达自己的观察和感受，说自己感受到了孩子的感受时，就发出了一个深层沟通的讯息，一般来说，孩子是非常希望家长可以看见自己的情绪、情感的表现的，当他感受到家长的关心和关爱时，也就更容易敞开自己的心扉，跟家长做更多的交流和沟通。

这就是共情的魔力！ 当孩子有心事的时候，一定要先共情（谈感受），再聊是因为什么事情导致了这样的状况发生（谈想法、谈事实）。

如果孩子还小（青春期之前），家长可以使用肢体语言，比如温柔抱抱、抚摸后背、握住孩子的小手，以及跟孩子坐在一起关切地望着他——这些表达关心和关爱的肢体语言比什么大道理都管用，孩子瞬间就可能破防了，就愿意跟你吐露心事了。

因此，要想跟孩子谈心事，家长就必须得有跟孩子共情、同理的能力，通俗地说，就是你得了解孩子、同频孩子、感受孩子的感受，并表达出自己深切的关心和关爱，**发出深层交流的讯息，**一起跟孩子进入聊心事的氛围之中。

请特别注意同理心不是同情心,而是两个人之间心心相印的同频共振,当孩子遇到挫折和困难时,您不只是理性地劝她"宝贝,别哭了,没什么大不了的",说实话这些安慰其实没什么用,而是要用更加开放的心态去感同身受,痛苦她的痛苦,难受她的难受,全然地陪伴着她的呼吸和情绪的起伏。

不知道这样的感同身受,这样的深度共情,有几个家长可以做到呢?

看完了这个小故事,家长朋友可能会想那家长该怎么做到同情心呢?你可以尝试做到这四句话,你的孩子一定会觉得您是世界上最好的亲爸亲妈,什么事情都愿意跟您分享、交流。

第一句话,把自己当成孩子。当你把自己当成孩子的时候,你就能够跟孩子心灵相通,更加了解孩子的所思所想,理解孩子的所作所为,在孩子最需要的时候给予恰当的帮助和支持。

把自己当成孩子,这句话说起来容易做起来很难,因为这需要父母具有很强的共情能力和同理心,而这恰恰是我们现在的家长最缺乏的。

第二句话,把孩子当成自己。当你把孩子当成自己的时候,你就能换一个角度看待孩子,尊重他是一个独立的人,他有属于他自己的思想和个性特质,更关键的是:你就会明白为什么很多时候你搞不懂孩子在想什么,可是你这个家长在想什么,孩子却门儿清,因为他太了解你啦!只要你稍微多留点心,你就会发现,现在的孩子个个都是小人精,你肚子里有几根肠子,是什么回路,人家早就清清楚楚明明白白,毕竟人家在你肚子里待了 10 个月对吧,所以想跟孩子斗智斗勇,恐怕您还远远不是对手,只不过人家愿意装傻卖萌,给你这个当妈的几分面子而已。

所以,千万不要在孩子小的时候觉得自己手握父母大权,威信爆棚,就可以肆意妄为,然后等孩子到了逆反期和青春期,把内心压抑多年的愤怒和委屈一股脑地爆发出来的时候,那可就为时已晚,来不及亡羊补牢了。

把自己当成孩子,把孩子当成自己,其实都不容易,虽然都是换位思考,却是高段位的你中有我,我中有你,同频共振,心心相印。

第三句话，**把孩子当成孩子**。这句话的意思是说，你要允许孩子像孩子一样地长大，你要了解孩子是处于什么样的心智发展水平，他需要什么样的心理营养和成长支持，比如0～2岁的安全依恋，2～3岁的第一反抗期，3～5岁的俄狄浦斯情结，7～9岁的第二叛逆期，你不要以为这是些多么专业的心理学词汇，这是孩子身心发展的必经之路，关乎孩子一生的底层程序，错过就难以弥补。

我们就拿3～5岁的俄狄浦斯情结来说吧，简单地说就是恋母情结，在这个年龄段的孩子，不管是男孩还是女孩，对母亲都有一种深深的依恋，如果这个时候父亲能够闪亮登场，给予孩子更多的关注和引导，那么对孩子的自我意识和性别意识的启蒙和发展将影响深远。

而如果缺失了父亲的关爱和引导，男孩的恋母情结可能会过度，甚至长大以后会成为妈宝男，女孩子就可能会产生性别意识的不清晰，会对异性有特别的兴趣或者排斥，以后谈恋爱的时候就容易走极端或者成为大叔控。所以呢，把孩子当成孩子养，才能为孩子每一步的健康成长保驾护航。

第四句话，**把自己当成自己**。也就是说家长要努力做好家长自己的角色，作为家长，你自己，首先也是一个独立的人对吧？你有你为人处世的界限，你跟孩子之间也有界限，孩子不是你，孩子也不仅仅是你的，孩子有孩子的天赋使命，您也有自己的人生梦想，每个人都是人类大团队中的一员。

您要相信，当家长能够做好自己的时候，孩子也就会自然而然地健康成长，而很多孩子之所以身心出了问题，多半都是家长"捣乱"的结果，因此，家长要陪着孩子一起成长，这个"陪"是"跟着"的意思，就是跟着孩子一起成长，这才是高质量的亲子陪伴。

所以，归根结底，想要跟孩子好好聊心事，就得既摆正自己的位置，又要跟孩子同理共情，难怪很多家长都跟我说：太难了，当个好家长太难了！我的回答是：**育人（教养子女）本就是世界上最复杂的系统工程**，没有最难，只有更难，因为每个孩子都不一样，每个时代也不相同。你之所以觉得很难，是因为你没有像高考那样发奋地学习和努力，然后考上父母大学认真学习，获得文凭，用专业的方法和大爱的情怀养育孩子罢了。

第二部分

必须要教孩子学会的实用表达技巧

第四步

教会孩子这些天天都在用的口才话术

23 让孩子学会打招呼——最划算的情感投资

我家小宝特别不愿意跟长辈打招呼,别人跟他打招呼,他也不回应人家,扭扭捏捏躲到大人身后,特别让人生气。有一次我带他出去玩,在路上遇到了邻居阿姨,人家笑嘻嘻地跟他打招呼,可他一声不吭就拽着我的衣服躲到后面去了,阿姨有点尴尬,更尴尬的是我这个做母亲的,别人肯定会觉得是大人没教孩子懂礼貌。

遇到这种情况,很多父母也无可奈何,只能用"这孩子有点腼腆",或者"这孩子有点胆小、害羞"来缓解这种尴尬。其实,即便孩子性格各异,有些孩子确实天生有点胆小,但都不应该成为"打招呼"这个事的障碍,因为"打招呼"这个事只要孩子会说话了,都应该能做到,关键看父母怎么引导。

为什么有些孩子就是害怕跟别人打招呼呢?

首先是父母有没有以身示范,乐于跟别人打招呼。

我们每天都会跟不同的人打招呼,出门遇见亲朋好友要打招呼,到了单位跟同事、领导要打招呼,人缘好、情商高的人一定是"招呼达人",因为打招呼是人际交往的第一步。

无论是在职场还是在生活中,哪怕是问个路,如果你不会打招呼,都不会顺利的。反之,如果你特别会打招呼,恭喜你,你一直在做世界上最划算的情感投资,你也一定是位处处受欢迎的高情商人士。

其次,孩子害怕跟别人打招呼,可能是缺少锻炼,没有经验,不知道该怎么开口，怎么称呼。这种情况下，父母就要耐心地跟孩子说清楚见到人该称呼什么，比如：

跟自己孩子同龄或年纪相差不大的小朋友，可以直呼其名，或者叫小名；

比自己孩子大的大中小学生，可以称呼：哥哥、姐姐，或者小哥哥、小姐姐；

看上去已经在工作的年轻人，可以称呼：叔叔、阿姨、老师；

年长的人，父母称呼叔叔阿姨的人，可以称呼：爷爷、奶奶、老伯伯、老师。

实在不知道称呼什么，也可以真诚地说：您好！

可以说，没有天生就不爱说话的孩子，也没有天生就害怕打招呼的孩子，这是家长需要了解的心理学常识。

孩子的一切行为都是习得的，也就是跟着爸爸、妈妈和其他大人、小孩学来的，因此，多带孩子出门，跟别的小朋友一起玩，扩大社交圈子；多鼓励孩子跟别人说话，即使说"错"了也不要责备，引导孩子跟不同年龄段的人交往，逐步增加孩子的自信心，培养其开朗大方的高情商性格。

还有，在条件允许的情况下，多带孩子外出旅行，古人说：读万卷书，行万里路，方可识人处事，增加见识。要知道孩子在年幼时养成的行为习惯，包括爱不爱跟人打招呼，能不能跟人和睦相处，很多都会伴随孩子的一生，成为孩子情商水平的基准线。

当然，也有些家长会说：既然孩子不愿意打招呼，那就不要勉强他，否则会造成更多心灵的伤害的。这种说法对吗？

我们来看一个实例：

> 朵妈带着五岁的女儿朵朵出去玩，在路上遇到了熟人，朵妈跟熟人打了招呼，也让朵朵跟熟人打招呼，叫"伯伯"。朵朵害羞地看看伯伯，又看看妈妈，几次欲言又止，就是叫不出来。
>
> 朵妈只好尴尬地说：这孩子比较内向、腼腆，不喜欢跟人说话，平时也不怎么出门，就这样，您不要见怪哈。
>
> 朵朵听到妈妈这样说，情绪一下子低落下来，把头往胸口弯下去，眼泪都快要流出来了，可是朵妈并没有发现女儿的变化，还是跟熟人聊了一会儿才分开。
>
> 跟熟人分开后，朵妈指责朵朵："你为什么不叫人？"还说下次见到大人一定要叫人，否则人家会说这孩子不懂礼貌的，连妈妈也会跟着丢脸。
>
> 就这样朵妈数落了朵朵半天，朵朵很不开心，又委屈又惭愧，可是朵妈却并没有察觉朵朵的心理变化，她并不知道这样其实适得其反，朵朵更加害怕见到熟人要打招呼这件事情了。

家长千万要记住：当孩子不愿意跟人打招呼的时候，先从父母自身找原因，你有没有用心教过孩子怎么跟人打招呼？**为什么要打招呼？**要理解孩子对于大人的陌生感和距离感，逐步引导孩子学会跟别人打招呼。

打招呼作为人际交往的一个基本习惯，是一种日积月累的过程，特别是对于孩子而言，多鼓励，多肯定，多引导，多示范，孩子也会慢慢学会打招呼的。

套一句流行语：没有学不会打招呼的孩子，只有不会教孩子打招呼的家长。

因此，孩子不愿意打招呼，就随他去吧——这样的说法可能会给孩子的未来带来很大的损失，为什么呢？请看下面跟打招呼密切相关的五个礼貌用语：

您好！
请您……
好的
谢谢！
再见！

家长可别小看这五个常见礼貌用语，这可是有着惊人的连接和疗愈力量的心灵感应词汇，如果你看过《零极限》这本书，就知道下面四个短句对于人类身心巨大的影响力，几乎可以疗愈我们所有心灵的冲突与创伤，那就是：

对不起
请原谅
我爱你
谢谢你

因此，孩子能不能坦然而轻松地跟大人打招呼，真的不是一件无所谓的事情。也许正是因为家长有"打不打招呼无所谓"的信念，才是导致孩子不爱跟别人打招呼的原因所在。

说到底，家长才是孩子不愿意跟人打招呼的"阻碍"，所以，想要改变孩子不愿跟人打招呼的"习惯"，就必须从家长自己的言行举止和信念开始转变。

没错，打招呼是世界上最划算的情感投资，也是性格养成、情商培养、社会交往的第一步，千万不要认为小孩子打不打招呼不重要，也许小孩子不打招呼容易被人理解和原谅，但这样的小孩长大成年后也往往不爱打招呼，当然也就不愿意跟人多交往、多交流，可想而知，这样的人，又怎么可能在充满挑战的人生旅途中发展得顺风顺水呢？

24 让孩子学会自我介绍——接纳自我很重要

如果说让孩子学会跟别人打招呼，是接受别人的起点，那么，让孩子学会自我介绍，就是接纳自我的起点，因为当孩子愿意向别人介绍自己的时候，就表明他愿意向别人展示自己，当然是展示自己也认同自己的部分，期望获得别人的关注和认同。

首先要说明一点：**自我介绍，就是向别人介绍"我是谁？"**

自我介绍往往作为开场白，可以直接给人传递"第一印象"，所以也是非常重要的人际交往环节。即使在学生阶段，也有许多需要自我介绍的场合，比如小升初、中考、高考，或者面试国外的大学，都需要自我介绍。

因此，尽早让孩子学会自我介绍是非常有必要的。记得我家儿子在小升初的面试环节，因为没有提前准备自我介绍，结果轮到他站起来自我介绍的时候，就说了三句话：我是谁谁谁，我今年12岁，我特别喜欢数学……然后，就没有然后了，不知道该说什么了。

反观那些提前准备好自我介绍的孩子，站起来落落大方，说起来伶牙俐齿，把自己的优势、特长、荣誉、获奖表达得清清楚楚、掷地有声，让我们坐在后面的父母心生惭愧，有点内疚没有提前帮孩子准备好自我介绍的小作文。

可见，孩子的自我介绍比家长想象得要来得早一些，有些幼儿园招生面试就需要孩子自己做自我介绍了。

那么，对于孩子来说，怎么做好自我介绍呢？

请家长告诉孩子，所谓**自我介绍，就是让别人知道你，了解你，记住你**，特别是要知道你叫什么名字，你有什么特点，你是一个什么样的孩子。

比如说小升初面试，是不少重点中学提前录取的环节，那些参加面试的中学老师，会特别仔细观察你的自我介绍，看你说话是不是流利，口齿是不是清楚，逻辑思维是不是清晰，还有你说话的神态是不是大方得体，回答问题是不是具体到位等。

因此，短短 1~2 分钟的自我介绍，可以表达出一个人很多方面的特点，是最高效展现自我的方式之一。

☆ 自我介绍都介绍些什么？

首先，不管在任何场合，自我介绍都不能太长，必须聚焦重点和把控好时间。

也就是说，要针对不同的场合，做符合这个场合需求的自我介绍。一般的**自我介绍都在 1～2 分钟**，所以要突出重点，言简意赅，把该说的清清楚楚地表达出来就行了。

我们来看一个小升初面试的"凡尔赛"自我介绍。

尊敬的各位老师，你们好！

我叫杨宇轩，今年 12 岁，是北京理工附小六二班的学生。

我从小就非常喜欢数学，数学成绩一直名列前茅，三年级的时候开始参加数理思维训练，五年级开始学习计算机编程，并参加了信息奥赛，获得了市级普及组一等奖。

同时，我也很喜欢艺术，从 5 岁开始学习钢琴，去年考过了 8 级，也经常参加学校和校外的文艺演出。

我也很喜欢体育，喜欢篮球和羽毛球，当然最喜欢的是跳远，因为跳远是我的长项，每次学校的运动会，我都会获得跳远比赛奖项。

另外，我从小学一年级开始，就一直担任班里的学习委员，热心为同学们服务，同学们有什么学习上的困难都愿意来找我，同时，我也尽自己所能支持老师的工作，获得了老师和同学们的肯定，年年都评上了三好学生，我非常感激我的老师和同学们给予我的信任和鼓励。

我的介绍就到这里，谢谢！

从上面这段自我介绍中可以看出，自我介绍很简洁，但又很"深刻"。

简洁的是一句话介绍完自己的姓名、年龄、学校、班级。

"深刻"的是把自己各方面的特长和优势都要表达出来，而且让人家牢牢地记住了他这个人的优势和特点。

☆生动有趣的1分钟自我介绍法

建议家长和孩子可以一起互动，玩玩"1分钟自我介绍法"，就是家长跟孩子轮流做自我介绍，每个人限定1分钟的时间，而且每次都要有变化，开始可以是比较正常、普通的自我介绍，比如我叫什么名字，年龄、学校、班级，有什么爱好，有什么特长。

然后进行第二轮的自我介绍，这次的自我介绍必须生动、有趣，甚至有点搞笑、好玩，目的是**让别人开心地记住你的名字和特点**，来看两个例子：

> 大家好，我叫赵国庆，因为我是十一出生的，我的父母觉得在国庆这一天出生，真的是很无上的荣耀，所以为我起名国庆。我弟弟叫建国，因为我父母觉得国庆之后就得建设国家，所以我和我弟加起来就是，哥哥庆祝国庆，弟弟建设祖国。

> 大家好，我叫高大鹏，今年高二，大家都看到了，我其实是女生，不过长得人高马大，所以我的名字让我有点尴尬。
> 我从小就不太认可自己的名字，经常被误认为是男生的名字，有一次我进女生厕所，结果有一个同学叫我：高大鹏，你来

了!吓得好多女生看着我以为是男生进来了,这让我很尴尬,也很困惑,不知道自己该上男厕所还是女厕所,所以常常搞得自己没有厕所上,只能憋着,当然,这是玩笑话。

不过因为这个名字,我常常觉得自己真的力大无穷,高大威猛,特别是参加了学校摔跤队之后,我感觉自己终于找到了最擅长的运动,现在我已经是摔跤队的队长了,有谁不服的,来找我:高大鹏!

25 让孩子学会提问——会说话从提问开始

过去,中国人见面都喜欢问:"吃了吗?"如果对方回答:"吃了。"双方就心领神会地点点头,算是相互打过了招呼。

现在,大家见了面,常常问:"最近怎么样?"回答不外乎是:"嗯,挺好的。""还行吧。""不怎么样。"也算是彼此的一个交流。

可是,这样的交流你得到了什么有用的信息呢?你知道是怎么"挺好的"吗?究竟有多好?好在哪儿?还有哪些地方不够好?为什么不够好?有没有可以量化的数据或者列举的实例呢?

所以,这种对话基本上属于打招呼,是最浅表的寒暄交流,是一种礼貌的连接和善意的表达,不是真正的有效交流。

同样，中午你问一个同学："你吃饭了吗？"

同学回答："吃了。"

你也是什么有用的信息都没有拿到对不对？因为你其实根本不知道同学中午吃了什么？好吃吗？跟什么人吃的？在哪儿吃的？环境好吗？花了多少钱……**你的脑海里完全没有"吃了什么"的图像，更不要说"怎么吃"的细节了。**

这就是我们平时交流的现状。

人类擅长用语言对话进行交流，殊不知这样很容易掉入沟通的误区和陷阱。

这也是为什么常常会有人感叹："我根本听不懂他在说什么！""我说了半天他竟然什么都没听懂！"的真正原因。

这是为什么呢？

这是因为我们人类的体验一旦转化为语言，许多"情报"就会被"删减"或者"扭曲"，导致交流的内容"变形"——说的人和听的人脑海中的图像完全不一样，各自都按照自己的理解去处理语言，又怎么可能有真正有效的沟通呢？怎么可能达到自己想要的目的和效果呢？

我们来看一个案例：

> 小宇是一个每天挤公交上下学的中学生，心里很羡慕那些爸妈开车送来上学的同学。
>
> 某一个冬日的清晨，小宇要去参加一个集体活动，为避免路上堵车迟到，他早早起床出门，结果提前一个小时到了活动现场。
>
> 他以为自己是最早的，没想到还有一个同学来得更早。

小宇跟他打过招呼之后，问他："你怎么来的？"

他回答："我老爸开车送来的。"

小宇心想：坐车来的多舒服啊，不用在寒风中走到公交站，然后倒地铁，再上来走一站地，辗转一路到达这里。

于是，小宇有点酸酸地问道："来得这么早，路上一定不堵车吧？"

没想到这个同学回答："堵车倒是不堵车，本来就是为了不堵车我和我爸才这么早出来的。我爸开的是辆十几年的旧车，如果堵车很容易熄火，冬天一熄火就可能打不着，瘫在路上，今天来参加活动，路远，我和我爸早早就出发了，没想到路上车真少，一路直达这么早就到了。"

小宇感叹道："旧车也是车啊，有车就是比没车强。你知道吗？我坐公交到这儿来，要倒两次车呢！早上那个冷哦，能把耳朵冻掉。"

同学也感叹："我们开车也比你好不了多少！我爸这辆旧车啊，经常熄火，噪声还特别大，全是汽油味，哼，其实我才不爱坐呢。"

小宇有些不解："那你爸干吗还开这旧车呢？早该淘汰了。"

没想到同学突然低下了头："这是我奶奶开了十几年的车，她去年去世了，我爸说，他现在才知道，奶奶以前天天开着这车去接送我，有时候想让我爸陪她去修车，我爸老说没时间，现在超级后悔，自打我奶奶去世，他就天天开着这车，舍不得换车呢！"

你看，两位同学一交流，才知道坐车和开车都不是我们想象得那样，很多的信息都在提问之后才显露出来。

是的，面对我们在语言交流过程中的那么多误区与陷阱，有一个既好用又简单的解决方法，那就是提问。

提问是澄清事实的重要手段——借助"提问"与"确认"，可以找回漏掉的信息，也可以"校正"和"澄清"被扭曲的情报，最大限度地"还原"交流传递的信息量，使对话双方脑海中的"图像"趋于一致，从而达到有效沟通、解决问题的目的。

我们再来看一个案例：

爸爸问王皓："明天要考试了，你复习得怎么样了？"

王皓回答："差不多了，没什么问题。"

爸爸说："那就好，这回只许成功，不能失败，前十名没问题吧？"

王皓回答："应该没问题。"

爸爸说："嗯，好好考，考好了有奖励哈！"

在以上王皓跟爸爸的对话中，其实是完全看不到实质性的交流内容的，就好像是隔空喊话，跟"吃了吗您？""吃了。"这样的问候没多大区别。

我们再来看一下妈妈会怎么跟王皓说这件事。

妈妈问："皓皓，明天考试了，复习得怎么样了？"

王皓回答："差不多了，没什么问题。"

妈妈又问："差不多是什么意思，还差哪些呢？"

王皓说："就是英文写作和阅读理解还需要再复习一下，有些单词还没记住。"

　　妈妈问:"那要不要我帮你听写一下那几个单词?"

　　王皓说:"行吧,不过得等我把写作和阅读复习完了再弄。"

　　妈妈说:"好,那你待会儿叫我,我也跟你一块学习一下那几个单词哈。"

两段对话一比较,差距就出来了。

同样是家长询问孩子复习的情况,爸爸其实只是想关心一下,妈妈才是真的要搞清楚孩子到底复习到位没有,所以妈妈用了好几个问句,把交流中漏掉的信息和可能被扭曲的情报都找到并澄清了,达到了检查孩子考试复习效果的目的,同时也巧妙地帮助孩子制定了晚上的复习重点,这才是真正有效的交流。

所以说,没有提问就没有真正有效的交流。

如果不会提问,也就不可能真的会说话,因为达不到交流的目的和效果。

那该怎么办?当然是赶紧学习提问的方法,特别是四种常见的提问方式。

☆四种常用的提问方式

在现实的人际交往中,我们会经常用到哪些提问方式呢?一共有四种常见的提问方式,它们是:

(1)封闭式提问。

(2)开放式提问。

(3)选择性提问。

（4）聚焦式提问。

我们来看一下这四种提问方式有什么不同。

1. 封闭式提问

封闭式提问通常使用"是不是""对不对""要不要""有没有"等句首包含一个动词的语言结构，这个动词有肯定或否定的趋向，而答案也通常为"是"或"否"的简单应对。

比如，你一直想推荐一本书给同学，就可以运用封闭式提问：

"芳芳，我昨天买了一本书，网上热卖的，你想不想看一下？"

当你需要同学帮助的时候，可以说：

"诚诚，你能帮我一个忙吗？"

封闭式提问适合于对话前期信息的了解和搜集，或者是对某些细节的澄清与强调。如果你想简短地获得想要的信息以便快速达到提问的目的，那么封闭式提问是一个较好的选择。

但特别要注意的是，**千万不能简单粗暴地用封闭式提问发问**，比如：把你最喜欢的玩具借我玩一天好不好？类似这样让别人有点为难的问题，最好不要用封闭式提问，而要用开放式提问。

2. 开放式提问

开放式提问通常使用"什么""如何""为什么""怎么样"等词

语来发问,为对方回答问题提供了更宽泛的空间和更多样的选择。

开放式提问在任何情况下都不能用"是"或者"否"来回答,至少要用一个完整的句子,更多的时候要用一段解释的话。

开放式提问促使说话者将他的答案进一步深入,分享更多内在的想法和感受,比如说:

"小明,看你今天愁眉苦脸的,发生什么事啦?"
"皓皓,你复习得怎么样了?"
"如果我们跟他一组,会出什么状况呢?"

人们喜欢开放式提问,是因为感受到被关注和被接纳,可以轻松自在地谈论自己的想法,充分表达自己的意愿,甚至分享自己的内心世界。

提问最主要的目标之一就是了解自己和他人的想法,希望通过进一步的沟通使双方脑海中的"景象"趋于一致。

开放式提问更多地是想要对方的表达,关注于对方的描述,给对方一个展示的过程,而不是一味地要结论,这样更容易形成有效的沟通。

所以说,**开放式提问是一种可以开启无限想象力和创造力的提问方式**,是一种深刻、睿智的交流方法,同学们在学习和生活中可以多用一些。

3. 选择性提问

选择性提问通常为"是……还是……""想要 A,还是 B"的句型，可以让回答者在两种（少数情况下有可能出现三种）答案中做出选择。比如：

"你是喝茶，还是喝咖啡？"
"今天你放学以后是直接回家，还是去小饭桌？"

也有人把选择性问题归入封闭式问题的范畴，认为选择性提问是封闭式提问的一种特殊形式，但这两者还是有实质上的差异的。

选择性提问是诱导性的，明确地发出了"邀请"，无论选择"A"或者"B"，结果都是"Yes"，都可以有下文；而封闭式提问是"鱼与熊掌不能兼得"，要不选"Yes"，要不选"No"，可能有下文，也可能没有下文，感觉相当不同。

"Coffee or Tea？（咖啡还是茶？）"这是很多西方人早上就会遇到的第一个选择性问题？可以说，生活中选择无处不在，如小到喝茶还是喝咖啡，大到"学钢琴"还是"学古筝"的选择。

要不要选择？敢不敢选择？如何选择？为什么要这么选？有人说，人生就是选择的总和，你觉得呢？

4. 聚焦式提问

聚焦式提问也可以看作是开放式提问的一种特殊形式，它不能用"是"和"否"来回答，但它的答案往往局限于某一个区域，比完全开放式提问的答案范围要小一些。

聚焦式提问是把问题集中在提问者关心的目标上，可以尽快获得所需要的信息，一般是在说话的过程中，就目标事件进行针对性的提问，不宜使用在谈话的开始和结尾。

聚焦式提问在交流中是很快捷很有效的沟通方式，可以很快把谈话引向一个具体的方向和范畴，**能够确认很多模糊的细节**，比如老师布置作业你没有听清楚的话，就可以多用聚焦式提问来搞清楚，比如说：

"您喜欢什么颜色的衣服？"

"你今天晚上有哪些作业要做？"

"提问者掌握主动权" 是一项著名的沟通定律，大意是通过提问，可以将谈话引向一个特定的方向。

比如说，老师问你：你以后想学理科还是文科呢？或者家长问你：你觉得你们的新班主任怎么样啊？这些问题都会让你的回答沿着他们设定的方向去说。

提问不仅能够控制谈话的方向，还能够准确地抓住问题所在。 正如上面我们所举的案例，爸爸妈妈通过不同的提问所了解到的孩子复习的具体情况是不一样的。所以说，提问是一种非常有讲究的有效沟通策略。

同时，**巧妙地提问也是一种说话的艺术**，几乎在所有领域的语言交流中，提问都是最重要的沟通方式之一。

在当今时代，人们对别人的话语非常敏感且信任度低，如果你足够真诚又擅长提问，那么，恭喜你，你一定会非常受同学和老师的喜爱，因为你愿意了解别人，理解别人，关注他人的所思所想。

那既然提问是一种艺术，是创造性的发挥，也就没有一定之规,没有条条框框的固定分类,你完全可以根据不同的说话对象和场合,运用不同的提问和沟通方式,灵活搭配,不拘一格。

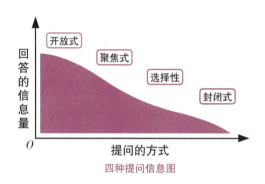

四种提问信息图

26 让孩子学会正面表达——赞美的时候这样说

赞美是一种爱的传递,一种正能量的传递,也可以说是换了一个角度赞美你自己,因为当你赞美别人的时候,不仅表明了你虚心、宽容、善于向别人取长补短的心思,同时也反映出你的内心充满了积极正向的能量,是一个既爱自己也爱别人的人。

因此,家长要多用赞美,**合适、恰当的赞美**,俗话说:好孩子是夸出来的——这句话蕴含着深刻的成长寓意。

很多家长都说,我们家孩子都被我们夸晕了,一点儿也接受不了别人的批评了，那我只能说：您所自以为是的夸奖太随意了，没有起到合适、恰当的激励作用。

当然了，我们也要注意，赞美不是瞎吹捧，一定要实事求是，不能太夸张，要恰到好处地赞美孩子。

那怎么才能恰到好处地赞美孩子、夸孩子呢？这里有一个小技巧，就是**要夸得具体，要夸到点子上**。

比如说我们看到孩子的一个女同学穿了件漂亮的新衣服，非常适合她，就可以说：琳琳，这件衣服你穿着真好看，跟你好配，这个颜色也很适合你呢。

这就是具体的夸奖，如果是不具体的夸奖，可能就是这样的表达：琳琳，你今天真漂亮，你总是很漂亮，阿姨好喜欢你哦。

如果你是琳琳，听到这样的赞美，是什么感受呢？

因此，当我们夸奖、赞美孩子的时候，如果这个**夸奖是针对孩子的行为表现，也就是可以用行为表现出来，而且是有现实画面（场景）感的**，就是一个恰当、合适的赞美。

因此夸奖要特别注意具体、聚焦，实事求是，真诚表达，而且孩子的行为是可以用眼睛看到、可以复述出那个具体场景的，当然也要让人听着舒服，并且欣然接受。

同样，家长也要告诉孩子：夸奖别人的时候，**第一个技巧就是要具体**。比如你想夸一个同学做了一件好事，你就夸他这件事情做得好就可以了，不要因为这个事做得好直接就说：你是个好人。

比如可以这样说：谢谢你给我倒了一杯水，或者：谢谢你把我的作业本从讲台上带给我。

这些事情都是很具体、很形象的，可以看得到的，而不是抽象的概念或者推测。

赞美要注意的第二点就是要真诚，是发自内心的赞美，而不是勉强的恭维。

你是真的欣赏对方，你才去赞美他的，而不是为了面子去赞美别人。当你内心有满满的正能量时，相信你一定是想把这些正能量传递出去的，你就会自然而然地去赞美别人。

赞美的第三个小技巧是可以拐弯抹角地赞美别人，也就是说你跟第三方去赞美他。

比如你要赞美 A，你可以找你们共同的朋友说 A 的好话——这种赞美是非常非常厉害的，当 A 知道你在背后还在夸他的话，他对你的印象一定是好得不得了。当然反过来说，如果你跟第三方去说别人的坏话，传到人家的耳朵里，那你们的关系一定会出现问题的对不对？

同样，如果家长能够跟孩子的老师多夸奖孩子的优点，通过老师传到孩子的耳朵里，那孩子不知道该有多高兴，因为他等于得到了两个重要人物的夸奖。

赞美还有第四个小技巧，就是夸奖要及时，要抓住恰当的时机，就是在他刚刚做完这个事情的时候，马上给他一个赞美，效果会更好。不能等这个事过去很长一段时间了，你突然想起来再去赞美他一下，那样他自己都没感觉了。

我常常跟家长说这样一句话：**夸奖孩子要及时，批评孩子要延时**——家长朋友，你现在明白这句话更深的意思了吗？

☆如何表达夸奖和赞美

当我们和孩子一起学习正面表达赞美的时候，我们可以由表及里地实践和应用。

首先，我们可以对人的外貌外表进行赞美，比如说：你看起来好帅呀，你的发型好酷啊，你的身材真健美，你的皮肤好白、眼睛好大等，所谓肤白貌美高大帅，这些都是外在形象的赞美。

其次，**更重要的赞美是关于内涵的赞美**，比如说：你很幽默，很开朗，我跟你在一块好开心呀！我一看见你就很高兴，你的性格好爽快，又会说话，还特别有耐心听我讲话，有你这个朋友我好幸运。

还有：我觉得你好有气质，好有才，能写出这样的作文；你好有魅力，居然把老师都镇住了。我发现你好热情，人缘好好，从来不发脾气，大家都喜欢你，我也越来越喜欢你了。

然后，还可以在学习或者其他方面进行夸奖，比如说：你学习这么努力，每天晚上都给自己加作业量，太了不起了！你画画儿画得真好，英语说得真棒，我要向你学习。

还有：你玩游戏简直是天才，你怎么做到的？带我一块儿玩呗。你学习又好游戏玩得也好，我真的好崇拜你呀！

☆ 高水平赞美别人的 FFC 法则

我们再来学习一个赞美别人的 FFC 法则，学习一下怎么高水平地表达对孩子的赞美。

所谓 FFC 法则，就是有三个要素。这三个要素是：

Feeling　感受

Fact　事实

Compare　对比

当我们需要赞美孩子的时候，先把你的感受说出来，再把事实说出来，然后做一下对比，就是一个恰到好处的高水平赞美。

这种赞美不仅你自己说得不假，是真心实意的赞美，而且别人还很爱听，听着非常舒服，因为你并没有夸大，也没有夸得很虚，而是实事求是地赞美，大家都很受用，比如说：

> 孩子，你居然把我的这个死机的电脑恢复启动了，它现在已经可以重新使用了，好厉害啊！我弄了半天都没弄好，以为这下可完了，里面储存的资料都要丢了，头都大了，没想到你一出手，十几分钟就搞定重启了，真不愧是电脑高手啊！

这就是 FFC 赞美法则，先说自己的感受，你能帮我把电脑重启并恢复使用，真的很赞很厉害啊！然后说事实，我弄了半天都没有弄好，说明这不是谁都可以做到的；最后是比较，没想到你一出手，十几分钟就搞定了！

听起来是不是很舒服又受用呢？

我们再来看几个 FFC 赞美法则的例子：

> 小宇，谢谢你帮我把这道题解出来了，真的很赞呀！其实这个题对我真的有点难，做了半天都没做出来，一问你就明白了，我有时候问别人，别人就不会像你这么细心地跟我讲怎么解题，谢谢你啊！

> 琳琳，我觉得你今天这件连衣裙穿着真好看，很有品味很有

范儿啊。因为这件裙子跟你的肤色和身材很搭,说实话这是我今年夏天看到的最别致的一件连衣裙呢。

小强,我觉得你英语的发音真不错,真标准,就像土生土长的老美在讲英语,很少能听到你这样的发音,其实我自己的发音就不太标准,你是怎么练出这么标准的发音的呢?教教我呗。

FFC赞美法则很简单,很好用,效果也很好,人人都爱听。其实说到底,**赞美别人最重要的还是自己内心的心态,你是不是真心愿意去赞美别人**,这才是最重要的。

因此,家长在引导孩子练习夸奖和赞美时,一定要以身示范,经常这样积极正面地夸奖和赞美孩子,让孩子多体验这种被赞美、被夸奖的多巴胺状态,同时也逐步养成孩子去赞美别人、夸奖别人的表达习惯。

家长不必担心孩子学会了夸奖和赞美,会去拍马屁、说假话,其实现在的孩子是很"吝啬"赞美和夸奖的,他们很尊重自己的内心,轻易不会去"讨好"谁。

俗话说:爱出者爱返,福往者福来,当孩子积极传播赞美正能量的时候,收获的惊喜将远远超出家长的想象。

27 让孩子说出负面情绪——愤怒的时候这样做

不管是大人还是小孩,都会有各种各样的情绪,包括负面情绪。小孩子还不懂得怎么去控制自己的情绪,完全是一个天然的表达,有什么情绪就表现出什么状态,高兴就连蹦带跳,哈哈大笑,生气就闷声不响,或者大喊大叫,有的孩子生气的时候还会打人、砸东西。

身为家长,帮助孩子认识情绪,逐渐学会控制情绪和正确地释放情绪,是自身成长的必修课。当然这不是一件容易的事,因为很多家长自己都没办法控制好自己的情绪,也不知道该怎么正确地应对负面的情绪，这又怎么可能帮助孩子去做到呢？

下面我们一起来学习怎么用语言的表达来应对和消除负面的情绪，特别是愤怒、生气的负面情绪。

首先，作为父母，一定要做好充分的心理准备，完全地接纳孩子的负面情绪，什么意思呢？就是既然负面情绪是每个人都有的，孩子也有七情六欲，那就要坦然面对，妥善应对对吧。

而且孩子的负面情绪都是自然而然流露出来的，是自然而然发生的，我们家长当然就要自然而然地去接纳，就像山上有一股溪流流淌下来，你是接受这个水流在流，还是堵住这个水流呢？堵不住的呀，只有接纳。

这个接纳有两层意思，第一个层面，接纳孩子的负面情绪，也就是开始跟孩子一起来面对这个情绪，让孩子知道**有情绪是正常的，重要的是，我们该怎么去应对。**

第二个层面的意思是：**当你接纳孩子的负面情绪的时候，其实你就已经开始帮助孩子来面对了。**

你可以想象一下，假如你的孩子回到家里面跟你说：妈妈，我不想上学了，再也不想去学校了，老师根本就不是一个公平的人，太偏心了，我再也不去学校了。

如果你的反应跟一般的家长一样，张口就说：你有病吧，你不去上学，那你一天到晚都干什么去呀，你以后长大了，考不上大学，你怎么工作，你怎么生活呀，扫大街都没人要你知道吗？

这就是大人直接的一个反应，一个逻辑，就是一听孩子说些幼稚的话，或者不中听的话，我就得先批评、教育他。

可是，家长却没有更深一层地思考：如果是这样一个直接否定加教训的反应，孩子怎么可能跟你再继续往下说他真正的一些想法呢？

因为你一开始就跟孩子站在了一个对立面，已经在批评、教育孩子了，完全没有关注和接受孩子的情绪。

孩子的情绪有很多的含义，特别是关于学校的负面情绪。

我们在前面的章节也说过，如果你的孩子在幼儿园，回家老是哭闹说不想去幼儿园了，一定要引起家长足够的重视。

即便是幼儿园本身真的没有什么问题，那孩子也需要很好的心理抚慰和调整，否则可能会给孩子造成长期的心理阴影。

如果你家孩子是小学生，也回来跟你嚷嚷说不想上学了，同样要引起家长的足够重视。你换个角度想一想，孩子愿意跟你嚷嚷，本身不就是一个相互交流的机会嘛。

当你完全地接受孩子的情绪以后，孩子就会放下戒备，跟你说出他不想上学的原因和事情的来龙去脉。只有先接受了孩子的情绪，跟孩子站在一个角度了，站在一个立场了，孩子才会告诉你更多的讯息，才有可能商量出正确的应对方式。

其实，家长首先应该了解的是：所有的情绪都是我们的好朋友，情绪本身是没有好坏的，但情绪作用于我们身心的结果是有正面和负面的影响的，情绪的发生是来告诉我们有些事情发生了，需要我们一起来面对。

我们都知道：孩子的任何负面情绪都有其正面动机。比如说当孩子说他不想上学了，那他的正面动机是什么呢？跟我们大人发泄不满情绪一样，背后都是期待、希望。

是的，心理学认为：**愤怒的背后是期待**——我期待你能做得更好，我期待学校做得更好，老师做得更好，可是这个老师太不公平了，这个学校不够好，所以我不想去了。

可见孩子是有期待的，但是这个期待有点理想化，就像我们成人一样，我们有时候对孩子发火：你怎么考这么差，你真笨！其实我们想说的是你应该考得更好，你不应该这么笨。

这就是一个期待，所以负面情绪它是有正面动机的，了解到这一点之后，家长就可以正面地去引导孩子了，让孩子把负面情绪说出来，对了，这句话最重要的一个字是：说！**把负面情绪说出来！**鼓励孩子说出自己的负面情绪。

家长可以这样引导孩子：

嗯，假如我被老师批评得这么厉害，我也可能不想上学了，同时，我有一点好奇，老师为什么要这么严厉地批评你呢？你能告诉我到底发生了什么事情好吗？我也想听听到底是怎么回事。

然后孩子就说：今天上午快下课的时候，我跟几个同学看了会手机，联系中午一起排练一个节目，就是明天要去学校参加比赛的一个节目，我们是要去给班里争荣誉的，但是这个老师不分青红皂白，非说我们违反了纪律，把我们的手机都给没收了，然后还让我们罚站，说这样的话就不让我们去演出了，这太不讲理了！让我们在班里丢大脸了！

当孩子这样说了以后，你就明白了，其实这里面有很明显的正面动机，他们几个同学是为了给班级争荣誉，他们是在沟通，他们有些着急，因为明天就要比赛了。但是他们在上课的时候看手机显然是不对的，这个时候就可以跟孩子来进行引导和沟通了。

首先要肯定孩子积极的一面：你们为了班级的演出，想抓紧时间排练是好的，但是在课堂上用手机交流，如果你是老师，你会怎么想呢？

老师当然是不高兴了！

不高兴会怎么样呢？

就罚我们呗。

就这样引导孩子把事情说出来，把情绪说出来——说出来就会好多了，即表达及治疗，表达的过程本身就是处理和释放情绪的过程。

当孩子通过说的方式把情绪表达出来之后，他的内心就没那么生气、愤怒了，也不会去哭啊，闹啊，摔东西什么的，更不会去搞破坏，或者是去打架什么的。

因为小孩子只是不知道该怎么面对负面情绪、消除负面情绪，他们经常是用体力发泄的方式来表达愤怒、生气的负面情绪的，我们经常在外面看到有的孩子在地上打着滚哭，赖着不走，玩命叫喊，就是要买那个玩具——他只是用这样的方式来表达自己的诉求和不满。

不光是在商场、餐厅看到孩子哭闹，在飞机上、高铁上，也经常会听到孩子的哭闹，这些孩子都是用惯了这种撒泼打滚的方式来表达情绪和诉求，除此之外，他们根本不知道还有什么更好的方式来表达情绪和诉求。

或者说，其他的表达方式在家长那里是无效的，没有用的，家长不会好好听孩子用语言表达的诉求,所以,孩子哭闹表达诉求和情绪的根源还是在家长的管教方式上。

请相信,假如家长能够从孩子小时候就用正确的语言和方式引导孩子表达出自己的负面情绪和感受的话,孩子就不会轻易哭闹,他就会更多地使用语言来表达诉求和不满,长大以后,他也会懂得管理自己的情绪,更容易成为情商高手。

☆怎么引导孩子把负面情绪说出来

家长可以这样问孩子:

> 孩子,你现在感觉怎么样啊?
> 我生气,我特别愤怒!
> 噢,有多生气,有多愤怒啊?
> 特别特别生气!
> 这么生气啊!那你想干什么?
> 我想摔东西,我恨不得把那谁揍一顿,恨不得跟老师吵一架!
> 还有呢?你还想怎么样呢?
> 我想跳,我想叫,还有呢?
> 那你就跳,就叫呗,注意安全就好,我跟你在一起……

当孩子大声地说出这些他想要发泄愤怒的方式时,实际上他就已经在发泄了,但同时又不会产生具体的破坏行为。

在家长的面前,孩子也不会过度地哭泣,过度地喊叫,过度地摔东西或者打砸什么的,也不会去搞破坏,因此,这是非常重要的情绪处理技巧：当孩子出现负面情绪的时候，家长尽量用语言去交流、化解，引导他把负面情绪说出来，而不是用破坏式的行为做出来。

孩子在气头上说：我不想上学了！我再也不会去学校了！但是，当他发泄完了，气消了，第二天还是会去上学的对吧？所以你得让孩子有发泄的机会和出口，让孩子的委屈和愤怒得到分享和化解。

不是有一句话是这样说的吗：高兴的时候与人分享，快乐就变成了两份，难过的时候与人分担，痛苦就少了一半。

其实孩子就是想跟家长说说这个让他觉得不公平的事情，只要家长听见了，重视了，还跟自己一起分析了，该肯定的肯定，该改正的改正，孩子也就消气了，第二天该上学还是会去上学的。

最怕的是让孩子一个人把负面的情绪憋在心里，发酵一晚上，第二天到学校去用武力释放，那才得不偿失，甚至会酿成大祸。

心理学强调：我们每个人的情绪都要有一个出口，而不是把情绪都压抑在心里，或者去伤害别人。知道了这一点，相信家长就更加了解了，孩子的语言表达力有多重要。

有时候，通过分享、沟通和表达，坏事也能变成好事呢，因为所有的困境和坎坷，都是上天给我们的成长功课，都可以让我们跟孩子一起学习到许多的人生道理。

28 让孩子学会表达需求——请人帮忙这样说

孩子上了小学以后，难免会遇到一些突发状况，有时会遇到困难，需要请人帮忙。

这种情况家长在教育孩子的时候，要特别注意分两个环境：一个是在学校里面，一个是在学校外面。

先说学校里面，如果孩子在学校里面碰到了困难，或者想请同学、老师来帮忙的话，相对比较简单，只要用比较礼貌的语气，或者商量的语气来跟别人提出请求就行了，比如说：

> 婷婷，你能帮我一个忙吗？我妈让我今天早点走，她在学校门口等我呢，麻烦你帮我记下作业，然后转发给我好不好？

在同学和老师之间，这种帮忙多半也都是跟学习有关的，在这种情况下，家长可以引导孩子建立这样的一个信念，那就是**同学之间是可以帮忙的**，只需要把帮忙的事情说出来就好了。特别是请老师帮忙，你可以这样跟老师说：

> 老师，今天那个数学题我没有听懂，能不能请您抽个时间帮我再讲解一下，我放学之后可以去办公室找您吗？

一般来说，老师都是非常乐意尽力帮助学生的，当然可能安排在自习的时间或者下课的时间，只要学生能够诚恳地提出来，老师都会想办法满足的。

这是在学校里面，请同学或者老师帮忙，可以说是相对简单、安全的一件事情，但如果是在校外请陌生人帮忙，那就比较复杂了。

☆在学校外面遇到困难怎么求助

当孩子在学校外面碰到了困难，该怎么去找人帮忙呢？

首先，家长需要了解的是：如果孩子在学校外面确实遇到了困难需要找人帮忙，那么必须特别注意的是：**绝不能去找看上去不值得信任的陌生人帮忙。**

假如事情紧急，非要找陌生人帮忙，让孩子尽量找以下公认值得信任的人：

比如马路上的警察叔叔，门口站岗的保安叔叔，或者让孩子进入一家银行、一家大的商店都可以，尽量去找那些穿制服的叔叔、阿姨，也可以找看上去比较慈祥的大婶大妈，这些人都相对比较热心，而且比较令人放心。

千万千万告诫孩子，不要随便找个大人就开口说出自己的困难，如果被周围的一些居心叵测的人听到，可能会有危险！

要知道，当孩子在外边遇到困难需要找人帮忙的时候，他就已经处于一个困境了，这个时候孩子很容易因为恐惧、害怕、着急、无助，做出一些并不安全的行为，所以一定要提前给孩子讲清楚，在外遇到困难时，该怎么请人帮助。

这是最起码的安全教育，孩子一定要学会保护自己，这也是最重要的亲子教育，没有之一，必须让孩子尽早意识到并铭记在心的自我最大的责任，就是保护好自己！

这就需要家长提前给孩子做好这方面的实操训练和应急预案，而且要不断跟孩子强调生命安全意识，让孩子对学校之外的社会有一个起码的戒心。

以下是我亲身经历的一个小学生在外面遇到紧急情况时，找我帮忙的真实案例，虽然事情过去了很久，但现在想起来依然历历在目：

十几年前，在一个春季的下雨天，我在北京清华园附近办完事准备回家，因为雨下得越来越大，根本打不到车，天越来越黑，人越来越多，我就开始找附近的公交车站，准备坐公交倒地铁回家。

我打着一把伞，匆匆忙忙地走在下班的人群中，突然，有个小男生在我面前拦住了我。他大概也就是二三年级的样子，穿着一件薄薄的雨衣，浑身在哆嗦。

他拉住我的衣服，有点着急又有点无助地对我说：阿姨您好，您能不能帮帮我，我找不到回家的公交站了，您能帮我找找吗？

我赶紧半蹲下来拉住他的手，说：孩子你别着急，我可以帮助你的，你先说说是怎么回事？

他说：我找不到回家的公交站了，我晕了，因为下雨，人很多，天又黑，我找不到公交站了，我不知道该往哪儿走。

说着说着，小男孩有点哽咽了，看得出他有点害怕了。

我赶紧安慰他说：没事儿的，现在阿姨跟你一起找，你先告诉阿姨你要坐多少路公共汽车回家呢？

小男孩说：我要问问我妈妈才知道，我记不清楚了，平时都是妈妈开车来接我的，今天妈妈有事来不了，没想到下雨了，也打不着车，阿姨你能先借我手机打个电话吗？我已经半个多小时没有跟我妈妈联系了，她一定特别着急。

我一边暗暗感叹这个小男生真懂事，自己迷路了还在担心妈妈牵挂他，一边让他把妈妈的电话号码告诉我，然后接通了他妈妈的电话。

我先跟他妈妈简单说了当下的情况，让他妈妈别着急，孩子跟我在一起呢，然后把手机给小男孩，让他问一下妈妈回家的准确路线。

这小男孩一看就训练有素，他跟妈妈说：妈妈，因为下雨，天一下子就黑了，我迷路了，找不到回家的公交站了，你告诉一下阿姨我该往哪个方向坐车，到哪站下？

小男孩说完把手机还给了我，我请他妈妈把回家的公交路线发给我短信，然后带着小男孩找到了对面不远的公交站。

因为马路特别宽，夜幕中车流穿梭，有点眩目，而且必须要走过街天桥，确实不太好找。

我陪着小男生一直等到公交车驶来，我说要不要阿姨陪你坐到转车的地方？小男生说：不用了阿姨，我妈妈会在那里等我的，谢谢你阿姨！

在这个小男孩求助的过程中，我们可以看到几个比较重要的点：

第一是要学会打招呼，而且要学会找面善的人帮忙，这个方面请相信孩子的直觉，他自己会感觉到谁可能会帮助到自己，同时应该没有危险。

第二要学会说礼貌的语言，并且清晰地表达自己的诉求，比如说：

> 阿姨，我能请您帮个忙吗？我和妈妈走散了，能不能借您的手机给我妈妈打个电话。

第三点要注意的是，**让孩子在任何紧急的情况之下，都要尽快联系上自己的爸爸妈妈**，让爸爸妈妈尽快知晓孩子的情况，以便一起应对。

> 重要的话要反复跟孩子强调：
> 任何时候走散了，或者遇到紧急、危险的事情，
> 都要**第一时间**联系爸爸妈妈，
> 让爸爸妈妈尽快知晓情形，一起应对。

第四点就是**让孩子尽快回到父母、家人的身边**，或者到附近的警察局、派出所，或者大型商场找穿制服的人，确保自身的安全。

总之，孩子遇到紧急情况时找人帮忙这件事，是需要跟孩子提前做一些学习和训练的，包括语言表达、行动诉求以及尽快到达安全地带等，当然，尽量不要让孩子在外面处于孤立无援的地步，这也是家长需要慎重考虑、及时关照的。

29 培养孩子的幽默感——学会化干戈为玉帛

中国人历来都不那么在意幽默,但实际上幽默对于一个人是非常重要的,因为人的一生会遇到各种各样的困难和挑战,有时候甚至会陷入绝境,面临这样的情况,一个人最重要的应对武器是什么呢?

是心态,也就是你怎么去看待这个困难、这个挑战、这个绝境,这个时候幽默感尤其重要,为什么这么说呢?

因为真正的幽默感,是指一个人在经历非常大的挫折,或者面临人生的巨大挑战时,还能够"诙谐"面对,化干戈为玉帛,即便已经狠狠地摔倒在地,也能够用力地爬起来,弹弹身上的尘土,诙谐地说:刚刚跟地心引力完成了一个大大的拥抱,呵呵这算是今天的功课吗?

是的,真正的幽默就是这样,无论发生什么危机,我们的内在都充满着强大的正能量,不仅能随遇而安、巧妙化解,而且还能在关键的时刻力挽狂澜。

幽默绝不是搞笑,而是巧妙化解尴尬和危机的心灵武器,它是如此神奇,可以化痛苦为挑战,也可以化危机于无形,因此,幽默感是一个人非常重要的优秀品质,是开心工作、轻松生活的心理滋养品。

幽默感源于一个人内在的强大自信心,是日积月累的乐观主义信念的彰显,**心理学把"幽默"的心理防御机制归类于"成熟的防御机制"**,要知道在108种心理防御机制中,只有"幽默"和"升华"两种防御机制被归类于成熟的心理防御机制,可见,具有"幽默感"的人相对来说心智更加成熟,思维更加多元,处理问题更加巧妙和艺术。

既然幽默感这么重要，是心智成熟的象征，那该怎么去培养年幼的孩子也能逐渐拥有幽默感呢？

☆讲笑话培养幽默感

培养幽默感可以先从听笑话、讲笑话开始。先听笑话，看笑话，比如听相声、看喜剧片，然后模仿笑话，再有意识地学着讲笑话、练习脱口秀等。

大家都知道脱口秀是集幽默和搞笑为一体的现场表演，在整个的表演中一直要与观众互动，自黑，要时不时有笑点，自己还不能笑，要让大家笑，笑得猝不及防，笑得发人深省，这与幽默的表达同工异曲。

但是，我们已经再三强调了，幽默绝不是单纯的搞笑，而是由外而内，再由内而外的语言表达的超高境界，只不过我们学习和训练幽默感的时候，也可以从搞笑入门，逐步领略幽默感深邃的寓意和功力。

有人说，世界上的一切，除了发明创造，其他都是模仿，学习幽默从搞笑入门，只是起始阶段。当你和孩子一起听多了笑话，看够了喜剧片、脱口秀，慢慢地你和孩子也就会潜移默化，体会到那种笑中有泪、笑中有寓意的感觉，就可以逐步学习和模仿了，这是培养幽默感的第一步。

☆培养积极乐观的心理素质

第二步是要打造孩子坚强的心理素质，因为**幽默感实际上是一**

个人心理素质的综合体现。

前面已经提到了，心理学认为我们人生在世，会有很多的心理防御机制，但只有两个防御机制是积极的、成熟的防御机制，其中一个就是幽默。

当我们培养幽默感的时候，也就是在培养我们的心理素质，而且是抗挫的心理素质和坚韧的心理素质。

我们要能够把那些尴尬的事情、难过的事情、暴露我们缺陷的事情，还有困境和绝境，都能用另外一种方式幽默地表达出来。

比如说，你有个同学老迟到，有时候你等他的时候会不好受，但如果你是个幽默的人，你就可以跟他说：哥们儿，我真高兴你没有开家航空公司，否则旅客天天都要找你投诉！

意思是你这样老迟到，如果你开航空公司的话，飞机就会经常晚点，旅客就会有意见，会投诉。这样既把你想说的话说出来了，别人也能接受，还觉得你挺幽默的，以后肯定会想办法改正。

又比如说，假如有同学找你打架，非逼着你出招，你不想跟他打，你就可以说：哎，你知道吗？我老爸告诉我啊，千万别跟猪摔跤，因为跟猪打架的话，自己也会弄得脏兮兮的。

这样比喻的意思是只有猪喜欢把自己弄得脏兮兮的，你看，谁还好意思跟你打架，谁也不想当猪啊对不对？

☆练习幽默的表达方法

为什么说培养孩子的幽默感，可以为孩子的成长保驾护航呢？

因为一个孩子，如果小小年纪就有了幽默感，那可是不得了的优点，家长就可以放心地让他自己去成长，去闯荡"江湖"了——

信息发达时代，学校也早早就是社会江湖的一部分了对吧。

既然孩子已经上学，就说明他已经有足够的内在力量可以面对挑战和挫折，还可以跟别人轻松交流和沟通了。

其实幽默感也是孩子们与生俱来的心理特质呢！

我记得在我儿子小的时候，有一次我们一家人去公园游玩，然后看见路边有一个"五行算命"的机器，就是把你的名字和生日都输进去，就可以输出一张你的五行算命结果纸张来。

最主要的就是算出你的"金木水火土"缺什么，有什么，我拿到我的一看，说我缺火。我就随口说到：哎呀原来我缺火。

然后我儿子在旁边就俏皮地说：妈妈你缺火吗？我怎么不觉得你缺火啊，你的火挺大的啊。

他说完我们一家人都笑了起来，我真没想到，这个小屁孩能说出这么幽默的话来。当然我知道他的意思是说，有时候我对他管得有点严厉，有时候脾气有点急，当妈的都知道，那是情不自禁、身不由己啊！

不过孩子这样的一个幽默表达，也让我自己有所自省。我想：如果孩子真的有这样的想法，那自己是不是要注意一点呢？

所以，幽默的交流反而更容易触动人心，如果能在亲子沟通的过程中，父母更多一点幽默感的话，相信一定会相处得更轻松、更和谐。

我还记得我儿子的一个同学，叫昊天，他在刚上初中的时候，就强烈要求住校，但父母特别不希望他住校。

我有点好奇，因为一般都是家长希望孩子住校，但孩子不愿意住校，毕竟住校受约束多很多，没那么自由。

因此，我就问昊天：你为什么要坚持住校呢？其实你家离学校也没有那么远啊？

没想到他的回答震惊了我，他幽默地说：因为我想让我爸能够好好工作，我也能好好学习。

听他这么一说，我更奇怪了，旁边他妈妈"呵呵呵呵"笑起来了。

我问他妈妈笑什么呢？他妈妈说：因为只要昊天放学一回家，只要他爸在家，就要拽着孩子下棋、打牌，跟孩子玩儿，不让孩子做作业，说孩子在学校学了一整天了，该轻松一下了，作业没什么可做的，相信孩子都会了，是吧儿子？

可是昊天自己觉得，以前小学倒是无所谓，做不做作业都能考满分，但现在上初中了，肯定要更加努力学习了，可是他又不能说老爸你耽误我学习了，所以他就想先住校，周末再回家，老爸你好好工作，我也好好学习，咱俩周末再下棋、打牌。

这实际上也是一个小小的幽默表达，大家都更容易接受一些改变，其实也看得出来，昊天的父母也是具备幽默素质的家长，遇事都是可以开开心心沟通交流的心态，这对于孩子的影响肯定也是潜移默化、逐步深入的。

> 好的幽默都有双层的含义，
> 它并不是直接表达出来的那个意思，
> 背后的寓意一定更令人回味。

我们已经知道了，培养孩子的幽默感，可以从讲笑话入手，还有就是可以让孩子自己编笑话、讲笑话，特别是把负向的事情说出正向的感觉，还要好玩、有趣，这就离幽默不远了。

在这个过程中，需要家长配合孩子收集很多的笑话，练习很多的笑话，跟孩子一起编写一些笑话，渐渐地你就会发现，孩子的话风什么时候变得这么幽默、风趣了呢？

30 实操练习：培养幽默感的两个亲子互动小练习

幽默感的确是一种高境界的表达，同时也是一种生活的调味品，如果在人际交往中缺失了幽默感，就好比《西游记》里没有了猪八戒，那将是多么无趣而单调的场景啊！

家长和小朋友们可以想一想，如果《西游记》里面没有了猪八戒这个角色，你还爱看吗？或者说，看的时候是不是少了不少乐趣呢？

其实除了猪八戒，孙悟空也是非常幽默的，他经常帮助师父唐僧从沮丧、受挫中振作起来，还时不时逗师父开心，在《西游记》第七十四回里，就描写了这么一个场景。

> 话说唐僧师徒四人正在西行的路上走着，忽见一座高山拦在眼前，唐僧心中有点忐忑，就对悟空说道：你看前面这山，十分

高竿,不知道是不是有路可以通行啊？

悟空笑道：师父说哪里话,古人说"山高自有客行路,水深自有渡船人",肯定有路,咱们继续往前走就是了。

唐僧一听,宽慰很多,就带着徒儿三人继续往前走。

行不多时,就远远看见一位老者,银丝摆动,脖子上挂一串珠子,手里拄着一根龙头拐杖,站在山坡上对他们喊道：西进的长老,你们不要再往前走了,这山上有一伙妖魔,就等着吃人哩!

唐僧一听,大惊失色,吓得一个晃悠跌下马来,摔在草地里哼哼,悟空连忙上前把唐僧搀扶起来,说：师父莫怕,师父莫怕,有我呢!

长老定定神儿,说：你们都听见了,那老者说这山里有吃人妖魔,你们谁去问个仔细,到底是啥情况啊？

悟空说：师父,我马上就去。

唐僧说：你相貌丑陋、言语粗俗,怕吓着人家,还是算了吧。

悟空笑着说：那我变个俊些的去问他？

唐僧说：你先变了让我看看。

悟空念着秘诀,摇身一变,变成了一个干干净净、眉清目秀的小和尚,他抖一抖身上的锦衣,摆个姿势问唐僧：怎么样师父,你看我好看吗？

师父大喜,连连夸赞：变得好,变得好!

旁边的猪八戒有点酸了,说：怎么不好,你这么一变,把我们都比下去了,老猪我就是滚上二三年,也变不得这么俊俏呢。

于是悟空小和尚就前去询问老者,那老者见他生得俊雅,就心情愉快地把自己知道的情况细细地说给悟空听，让悟空迅速掌握了妖魔的讯息。

可见，满满的幽默感不仅让悟空可以宽慰师父"山高自有客行路，水深自有渡船人"，还可以在大敌当前、前途未卜的情况下通过变身逗师父开心，化解师父的胆战心惊，并顺利完成了收集情报的重要任务。

因此，培养孩子的幽默感，像悟空一样遇山开路、遇水架桥，在人生的旅途中化解心魔，自强自救，也是非常重要的本领呢。

下面就请家长和孩子玩两个培养幽默感的小练习吧。

☆幽默感小练习一：脑筋急转弯

第一个是"脑筋急转弯"的小练习，大家都知道脑筋急转弯往往思路清奇，出其不意，可以绕开习惯思维和推理，从另一个角度思考问题，既可拓展思维，又可曲径通幽。

生活中的脑筋急转弯泛指一些不能用通常的思路来回答的智力问答题，属于文字游戏的一种。这种文字游戏有个明显的特点，就是题面看起来很普通，但答案却十分搞笑或十分气人，有时还会间接起到讥讽和"指桑骂槐"的作用，一经破解，往往令人忍俊不禁，所以脑筋急转弯也可以作为幽默感培养的小练习。

以下是几个脑筋急转弯的例子，网上有超多的脑筋急转弯题目，感兴趣的家长可以去搜集一下，跟孩子一起多做一些脑筋急转弯的练习。

问：婵婵是奥运会跳水冠军，可是有一天，她站在跳台上却不敢往下跳，为什么？

答：因为下面没有水。

问：有一个字，人人见了都会念错，这是什么字？

答：是"错"字。

问：小明带100元去买一套65元的文具，但售货员却只找了5元钱给他，为什么？

答：因为小明给了售货员70元钱。

问：一个人在太阳下走路却看不见自己的影子，为什么？

答：因为他撑了一把伞。

☆幽默感小练习二：比喻

比喻是一种常用的修辞手法，是利用跟甲事物有相似之点的乙事物来打比方说明甲事物的文字游戏，比如说林黛玉的玻璃心、黑旋风李逵，让人一下子就明白了这两个人的个性特点，林黛玉有一颗多愁善感像玻璃一样脆弱的心，而李逵行事却像黑旋风一样勇猛、迅捷，这样的比喻是不是更容易让人理解呢？

为什么练习比喻可以培养幽默感呢？因为幽默往往就是来自错位，来自张冠李戴，来自正话反说，反话正说，来自比喻（特别是隐喻），来自一个冲突矛盾的戏剧化，这些机缘巧合，阴差阳错，都是幽默最容易出彩的地方。

下面是几个自带幽默感的比喻和隐喻。

天上的星星亮晶晶,好像很多眼睛看着我,我得认真做作业,免得星星去告密。

中午食堂开饭了,同学们像热锅上的蚂蚁一样挤成一团,都想早点打上饭。

下雨了,雨滴就像千万个伞兵,从空中跳下来,簌簌簌地安全降落在地面上。

一上课我脑海里的瞌睡虫就开始"工作"了,我的眼皮就像有千斤重,睁不开了。

著名作家林语堂曾经说过:
"现实如果是一面墙的话,
那**幽默**就是理想主义者的脑门
与这面墙之间的一块**海绵**,
不至于让你碰到墙上感觉太疼"

第二部分

必须要教孩子学会的实用表达技巧

第五步

教孩子必须学会的危机应对与求救行动

31 跟孩子说清楚,保护好自己就是最大的责任

如果世界上有家长操心排行榜,咱们中国孩子的父母肯定名列前茅,不过奇怪的是,中国孩子的家长似乎都具有障眼法的特殊本领,那就是一叶障目,不见泰山。

这个障目的一叶,就是学习成绩,只要孩子成绩好,那就是心肝宝贝儿呱呱叫,倘若孩子学习不好,成绩倒数,那就是闹心的笨蛋加傻宝。

在这样的风气之下,家长对于孩子的主要责任就变成了让孩子好好学习,天天向上,而孩子似乎也只有一个主要任务和目标,就是好好学习,成绩优异。

在这样的社会风气之下,家长和孩子都严重忽略了作为生命个体存在的孩子,其实**最重要的教育应该是生命本身的教育**,而生命本身的教育,最重要的就是让孩子清晰地知道:**爱护生命,我有责任**。

特别是在当下青少年抑郁症、空心病节节攀升的时代,如何让孩子从爱护自己开始培养起责任心,也就是自己对自己负起越来越大的责任,的确是社会和家庭所面临的当务之急。

说到责任心,好像有点大,我们很多大人都不见得有多少责任

心,当然也就从来没有考虑过孩子该承担什么责任,这是家庭教育的缺失,也是社会导向的偏轨,现在,是时候回到孩子责任的本身,教导孩子究竟要对自己负起什么样的责任来才对。

那么对于生命安全教育而言,孩子们要有什么样的责任心呢?

简单地说有三个方面:首先,第一个方面,**要让孩子了解自己对自己的生命安全是有重大责任的**,要让孩子知道,他自己对自己的健康成长负有非常重要的责任!

甚至可以说:**对于自身的安全和健康,是孩子要负有的最重要的责任心,没有之一。**

比如家长要常常叮嘱未成年的孩子:

> 孩子,如果你在外面受到任何的伤害,遇到任何让你的身体健康受到危害的事情,你都要回来告诉父母,这是你和父母共同的责任,我们一定要共同面对。

这些话如此重要,应该尽早让孩子清晰地了解,而且熟稔于心、深信不疑。

如果您稍微了解一下前些年频频发生的"亲子园事件",您就明白为什么要未雨绸缪了。一些年幼的小孩在幼儿园遭遇虐待,回到家却没办法告诉父母。为什么呢?一方面是孩子语言表达的局限,中国的孩子都不太擅长表达负面(不好)的事情,从来没有受过这方面的教育,即使宝宝心里苦,也不知道该怎么跟家长说出来。

第二个方面是第一个方面的延伸,因为孩子清楚了解自己对自己的生命安全和健康成长负有重大的责任,所以,**假如有别人伤害他或者威胁他,他必须要说出来,寻求帮助,得到支持,这是他自己的责任。**

但事实上,我们的孩子大都不知道自己有这个责任,因为没有得到过这方面的专业而系统的培训教育,也没有从家长那里得到清晰而明确的告诫和引导。

> 必须尽早让孩子知道,他对自己的生命安全负有重大的责任!如果有人要伤害他或者威胁他,他必须要说出来,寻求帮助,得到支持。

在美国,对孩子进行安全教育,是家庭教育必不可少的一部分。网上有很多不同版本的美国孩子安全教育规条,我简单归纳总结了一下,主要包括以下几点:

1. 允许孩子向成年人说"不"

为了让孩子有明确表达自己意见的勇气,父母从小就要避免习惯性地替孩子说话,**要让孩子可以用坚定的语气来表达自己的意见。**

在生活中,家长要多找机会让孩子练习用强烈的身体语言和坚定的语气表达自己的意愿来保护自己。例如,假如有大人触摸他们穿着的背心、短裤覆盖的地方,就要坚定地用"不"来拒绝成年人,包括老师和熟人的要求。

告诉孩子,必要时可以大声呼救,父母不会怪罪他们,因为这是他们的权力,也是他们的责任。

2. 让孩子相信自己的直觉

在保护自己安全的时候,孩子的"恐惧因素"具有强大的作用,父母可以告诉孩子,如果他们觉得自己面临危险,可以立即离开,不管在任何情况下,父母都一定会支持他!

3. 确保孩子知道如何拨打110

确保孩子知道自己的姓名、父母的姓名、家庭电话号码和地址。教给孩子在紧急情况下拨打110电话的方式:明确告诉110接线员**"我在哪儿,我需要帮助"**。

如果当时的情况不允许多说话,就摘下话筒放在一边,以便警察追寻孩子的行踪。

这一点我解释一下,请家长一定要相信现在的孩子都足够精灵和聪明,完全可以记住自己的姓名、家长的手机号码等信息,当然,如果能提前加以强调和训练,孩子面对危机会更加应对自如。

4. 训练孩子的应变方法

遇到危险马上:放下手中的东西,大声叫喊,并奔跑逃离。

告诉孩子,不要一个人去偏僻的地方,尽量走大路,一旦碰到危险,可以**丢掉任何携带的东西,大声叫喊,并快速奔跑。**

如果可能,可以跑到就近的成年人身边,比如带孩子玩的女性身边,大声尖叫**"救命啊!这不是我的爸爸!"**。

如果被陌生人带走,也要大声叫喊,并拼命抓住周围固定的物体，比如车门、自行车扶手等。也可以踢绑架之人的腹股沟、眼睛，或躺在地上，不要轻易让绑架之人抱走。

告诉孩子：**如果在有危险的情况下，你为了保护自己而伤害了别人，父母永远不会责怪你。**

5. 不跟陌生人说话

不喝陌生人的饮料，不吃陌生人的糖果，不要陌生人的任何东西；遇到危险可以打破玻璃，破坏家具。

遇见危险完全可以自己先跑，可以只顾自己，不要管别人！

不保守坏人的秘密，可以骗坏人，同时，一定要尽快想办法脱身，远离坏人。

以上这些安全应对规则，其实也是孩子情商的一部分，因为识别危险环境，保护自身健康，无疑是孩子社会适应性的重要能力。

关于生命安全教育的第三个方面的责任心，就是要告诉孩子：**不能去伤害别人（在这里特指未成年人），也不能损人利己。**要让孩子逐步知晓善恶之分和对错是非。

当你告诉孩子他不能去伤害别的小伙伴、好朋友，还有同学的时候，其实也是在告诉孩子：你有保护自己健康成长的责任，别的小朋友也有这样的责任，因此你不能随意去招惹别人，抢别人的玩具，没事找事跟同学打架，时刻要牢记：**人不犯我，我不犯人。**

> 让孩子保护好自己的同时，也不能去伤害别的小朋友

那该怎么跟孩子进行生命安全的具象教育呢?

首先是要经常性、反复性地强调:**孩子,你对自己的生命安全和健康成长负有重大的责任!** 要以各种方式让孩子明白这个重要性,特别是对上幼儿园和小学低年级的孩子,一定要不厌其烦地"唠叨",哪怕孩子觉得家长是个话痨也认了。

还有可以通过经典的童话故事不断地加强这样的信念,比如多给孩子讲讲"小红帽与大灰狼"的故事,或者是"小兔子乖乖"的故事,这些故事都是经典中的经典。

这些故事在表达什么呢,都是在引导孩子要学会保护自己,要把自己的健康安全放在第一位。

所以经典的童话故事里,都凝结着古往今来关于孩子健康成长的**生命智慧**。

更重要的是,当孩子从小就知道自己对于自己的安全负有重大责任的时候,他的自我价值感也会大幅提升,他就会想:哦,我对我自己有很大的责任呢,爸爸妈妈说了,我的生命安全比什么都重要。

当孩子有了这样一个信念之后,他一辈子都会珍爱生命,远离坏人,因为他的人生价值观的雏形里面,已经对生命价值有了很深刻的烙印,那就是:他值得好好保护自己,他值得好好地活着,他值得爸爸妈妈和其他长辈的精心爱护和抚养长大。

家长可别小瞧这个心智底层的程序,有了这样"人间我值得"的信念,以后遇到什么坎坷和低谷,都会支撑孩子坚强地"活下去",并且努力"活出健康的自己",而这些基本的生命智慧启蒙,恰恰是抵御现代日益增多的抑郁症和空心病的强大心武器。

因此，珍爱生命，远离坏人，最好从 3～6 岁就要开始教育和引导，让孩子在内心觉得自己是有价值的，这个内在的价值感对他今后的自尊、自爱、自强是非常重要的。

近年来青少年的心理状况越来越令人担忧，发生了不少跳楼、跳江，甚至集体自杀的惨痛事件，有些成年人遇到绝境也会采取一些极端的方式放弃自己的生命，其实这些惨案的发生，大都跟幼年、童年时期没有建立起内心充足的自我价值感和**"我很重要"**的信念息息相关。

心理学认为，自我价值感是一个人活出自我的必要条件，只要孩子从小就觉得自己很重要，那么，他就自然而然会拥有更多的自信和正能量，就会真正对自己负起更大的责任。

童话里都凝结着健康成长的生命智慧

32 教孩子学会拒绝，允许孩子跟成年人说"不"

我们已经确认了孩子可以跟成年人说"不"，可以拒绝成年人不合理的要求，有些家长可能会有些疑问：**到底什么时候孩子可以跟成年人说"不"呢？**

上一节我们已经列出了美国孩子安全教育规条中的一部分，比如有大人想要触摸孩子背心、短裤覆盖的地方时，孩子就要坚定地用"不"来拒绝成年人，包括老师和熟人的要求。

必要时还可以大声呼救，父母不会怪罪他们，因为这是他们的权力，也是他们的责任。

关键是该**如何界定成年人合理的请求和不合理的请求呢？**

首先，我们要跟孩子清晰地划分出安全的区域和不安全的区域，也就是孩子可以比较自由地说话、表达和行动的安全场所，以及不能太随意地跟陌生人说话和交流的场所。

一般来说，安全的场所包括家里、幼儿园、学校和一些正规的学习、培训、比赛、活动等场所，都是孩子跟孩子在一起学习知识技能，或者参加一些主题活动的场所，学校老师或者爸爸妈妈给报的名，由家长亲自接送或者学校组织来回班车接送。

除以上之外的其他场所，都可以被列入对孩子不太安全的场所，比如商场、超市、公园、景区、餐馆、酒店，街头巷尾以及马路上等，特别是孩子独自走路或骑车上下学的路上，必须时刻让孩子提高警惕，注意安全，也尽量不要跟陌生人说话。

特别需要提醒家长的是，在孩子上学的校门之外，也属于不安全的地带，也就是说，**孩子学校的校门，就是典型的安全的区域和**

不安全区域的分割标志。

因此,学校内外,对于孩子的安全保护来说,完全是两个环境。

在学校里面,同学之间是完全可以相互帮忙的,因为这是一个安全的范围,只是要用礼貌的语气表达需求就行了,比如:

朵朵,你能借我抄一下今天老师布置的作业吗?谢谢啦。

子轩,麻烦你去老师那儿取数学作业本的时候帮我也拿一下。

而只要踏出校门,孩子就进入了一个不安全的区域,我们在第28节中详细说明了,当孩子在校外遇到困难,需要请别人帮忙的时候,该找什么样的人,说什么样的话,如何安全地达到请人帮忙的目的。

在这里,我们特别要分析一下,如果在校外反过来有大人找孩子帮忙,孩子该怎么应对?

首先,家长要对孩子说清楚,当别人请你帮忙的时候,一定一定要切记三点:

第一点,不认识的大人找你帮忙,坚决不理,尽快离开!

道理很简单,你根本不认识这个大人,你跟他不熟,他找你帮忙,一定是居心叵测的坏人。

咱们用脚趾头想想都知道,一个大人遇到困难,怎么可能请一个孩子帮忙？大人都解决不了的困难，小孩子又怎么可能帮忙解决呢？

因此，不管是什么样的大人找孩子帮什么样的忙，包括但不限于问路、帮忙找东西或者找地方、看东西、借东西等一切事项，都不要搭理，而是要迅速离开！

第二点，如果是孩子认识的大人找孩子帮忙的话，让他们去找其他大人帮忙，或者马上告诉爸爸妈妈，让爸爸妈妈来帮忙处理。

我们已经知道了，大人遇到困难一般不可能去找一个小孩子来帮忙，除非孩子的爸爸妈妈在场，比如大人说：小朋友今天请你帮我一个忙，你的声音很好听，帮我录一个小童音好不好？这是可以的，如果孩子的爸爸妈妈同意，就可以当场完成。

但是，如果爸爸妈妈不在场的话，即便是认识的大人找孩子帮忙，也要让孩子请他们去找其他大人帮忙，或者马上告诉爸爸妈妈，请爸爸妈妈来帮忙处理。

还有第三点，就是孩子的同学或者同龄朋友请孩子帮忙，应该怎么处理呢？

告诉孩子，如果是同学，只帮助跟学习相关，或者跟同学之间玩耍相关的事情，比如说借个作业呀，带个文具呀，一块去打球，帮忙定个场地呀这些简单的事情，尽量不要做超出自己能力范围的事情，比如不要轻易借钱给同学，也不要轻易答应同学去做一些校外不确定好坏的事情，特别是不能答应同学去打架，去欺负别的同学！

遇到这些不合理的请求，一定要学会拒绝。那怎么拒绝呢？也很简单，就拿拒绝跟同学去打架这件事情来说吧，就可以套用以下这个两步话术。

首先说：抱歉，这个事情我不能帮你的忙。

然后把理由说给对方：我不能跟别人去打架，因为我不想受伤，我也不想把别人打受伤，有什么问题你们可以坐下来好好谈谈，如果需要，也可以找老师来帮忙说一说。

再举一个例子，假如有同学找你借钱，你可以这样说：对不起，我自己的这些钱是我妈妈给我用来买参考书的，我不能借给你。

当然借钱这个事情也不能一概而论，倘若真是有必要的话，也不是完全不能答应的。比如同学带头募捐一些善款，如果你有余钱，也可以量力而行。但假如你觉得这件事不是一个正常要求的话，你一定要学会拒绝。

☆让孩子记住该怎么帮别人忙

首先是大人的忙不能帮；其次是同学和朋友的忙，只帮学习相关的忙，或者是跟玩耍、游戏相关的忙，也就是说，只能力所能及地帮忙做一些事情，不能超出自己的能力范围之外；另外，如果是自己不愿意去做的事情，或者是感觉不好的事情，尽量都不要去帮忙，至少要搞清楚事情的真相之后再说。

因此，不要小瞧"帮忙"这个字眼，说起来简单做起来其实很不容易，它实际上是一个有关人际交往和人情世故的大学问，作为未成年人，我们还没有那么多的社会经验，辨别不了事情的真伪与是非，那就先管好自己，知道自己在外遇到困难该怎么向大人求救帮忙，同时也要知道，在什么情况下可以帮别人的忙，什么情况下要果断拒绝帮别人的忙，请记住：**不应该帮的忙，一定不要帮**，否则就会越帮越忙，或者帮了倒忙，还不如不帮。

33 遇到危险，确保孩子会拨打 110 和 120

一天晚上 9 点多钟，片区民警接到一个报警电话，打电话的是一个 6 岁的小朋友，他告诉民警："爸爸妈妈今天晚上不在家，我一个人有些害怕，刚才有一个男人敲门，说是我爸爸妈妈今天晚上不回家了，让他来陪我，我不知道该怎么办，打爸爸妈妈的电话也没人接……"

小男孩能够准确地说出自己家的地址、地标位置、父母的手机号、自己的姓名等信息，虽然声音有点发虚，但情绪还算稳定，这应该是一位受过基本训练，知道在遇到紧急情况时，该怎么打电话向警察求救的孩子。

首先，父母要**让孩子牢牢记住危机时刻的求救电话：110**，要郑重地告诉孩子，**110 报警电话是 24 小时开通的**，并且公安局还规定，警方在接到"110"报警求助电话后，到达现场的时间最迟不得超过8分钟。

当孩子需要公安机关的帮助时，要尽可能利用这个最简单的求救渠道，特别是当孩子遇到以下几种情况时，要尽快想办法拨通"110"报警求助：

（1）当人身安全遭到暴力威胁时（包括遭遇校园欺凌时）。

（2）当属于自己的物品（财产）受到不法分子抢夺时。

（3）当遇到危险、危难和灾害事故需要帮助时。

（4）当自己迷路、走失又联系不上爸爸妈妈时。

同时，要让孩子掌握以下110报警时说话的要点和表达方式：

（1）要尽量对紧急救援人员提供详细的信息，讲清楚自己的姓名，多大年龄，什么原因报警，自己所在的位置，或者附近有什么标志物等，以便救援人员顺利到达。

（2）在接线员没有让孩子挂断电话前，不要挂断电话，直到救援人员到达——孩子需要知道一直有可以帮助他的大人在陪伴着他。

（3）要确保孩子向接线员清晰地说出自己的姓名，并尽量保持镇定，接线员也会重复孩子的姓名，以便救援时迅速找到孩子，孩子也能尽量配合救援行动。

（4）让孩子把父母的姓名和手机号也清晰地告知接线员，以便警察可以尽快联系到家长。

第二个需要让孩子记住的紧急求救电话是医疗急救电话：120，也就是有人突发疾病，或者身体严重不适，不能自行前往医院看病的时候，就可以拨打这个120电话。

比如只有孩子和老人在家的时候，老人突然发病，或者意外受伤，意识不清，不能说话，孩子就要尽快拨打120急救电话，救护车很快就会到来，救护人员就能及时抢救老人，或者将老人送往医院。

120医疗急救电话也是24小时开通的，有需要随时随地都可以拨打。

在训练孩子拨通120电话时，要跟接线员讲清楚病人所在的位置、性别、年龄和生病情况，如果实在不能准确说出这些信息，可以大致地描述一下附近的具体情况和事情发生的状况。

比如在什么小区，什么街道，周围有什么商场，有什么标志性建筑，是爸爸妈妈、爷爷奶奶，还是其他人发病或受伤了，大体上是什么症状表现等，尽量让孩子不要惊慌，简单明了地把自己知道的情况都告诉将接线的叔叔阿姨。

第三个需要家长提前告知孩子的紧急求救电话是火警电话119。**如果不幸遇到火情，需要尽快拨打火警电话：119**，当然是确保自己安全的前提下。

拨通119电话时，要跟接线员说清楚着火的准确位置，如果实在说不准在哪里，也可以大致描述一下着火点周围有什么明显的标志，以便消防车能够顺利到达。

同时也尽量让孩子说清楚是什么着了火、火有多大、有没有人被困住等，以便消防人员提前做好施救方案。

另外，还要让孩子知道，除了火灾，如果遇到其他的自然灾害或者抢险救援工作，也可以拨打119消防电话。例如：水灾、地震、危险化学品泄漏、建筑物倒塌、人们遇险求助等。

因为"119"本身发音就是"要要救"的意思。

在古代"1"念作"幺"，跟"要"同音，"119"就是"要要救"，这也是消防电话被定为"119"的含义，因此，**当你遇到需要救援的时候，就可以拨打119，当然也可以拨打110和120。**

所以，哪怕孩子只记得一个报警电话，110或119，遇到困难都是可以拨打的，但也要告诉孩子注意不要没事打报警电话玩，那是要负法律责任的，因为你占用了公共资源，可能导致真正有需要的人得不到及时的救援。

要想教会孩子正确地使用报警电话，首先是要训练孩子遇到紧急情况时

不要紧张，要尽量保持冷静，特别要叮嘱孩子在拨打报警电话时，**一定要首先保证自己的安全，然后再拨打报警电话。**

同时一定要让孩子记得父母家人的准确信息，比如父母或亲属的手机号、家庭地址等，当遇到突发危险事件时，除了报警，还要火速告知家长。

但一定要告诉孩子，**千万不要将这些信息告知陌生人，只是在求救的时候告知相信的人**（比如警察、医生、消防员、老师等）。

现在，就赶紧把家庭的联络信息卡建立起来吧，顺便把报警电话也写在上面，让孩子背下来，如果孩子忘性大，就把这张联络卡放在书包里备用吧，当然，除非紧急情况下警察或者老师需要，这张卡片是不能给其他任何人看的。

家长联络卡

爸爸：吴毅想 136××××7825
妈妈：许芳欣 158××××2918
爷爷（奶奶）电话：139××××1102
家庭住址：观澜花园小区9号楼
就读学校：北京中关村第三小学
公安报警电话110　医疗报警电话120
火警及灾害报警电话119

34 心理援助热线，也要让孩子了解清楚

现在的孩子越来越敏感，心理上也似乎越来越脆弱，其实这是人类从身体到心灵的进化使然，也是时代的大趋势，因为毕竟现在大部分人都已经解决了身体的衣食温饱问题，接下来必然是精神层面和心灵层面的"心理营养需求"出现井喷。

世界卫生组织（World Health Organization，WHO）早在20世纪末就指出：在21世纪，**抑郁症可能会成为人类的第一大疾病**，也就是说，精神健康和心理健康在未来将成为比生理健康更为严重的问题。

中科院心理研究所发布的《中国国民心理健康发展报告（2019—2020）》显示，在2009—2020年期间，我国青少年的心理健康状况呈现不容乐观的发展趋势，抑郁检出率居高不下，高达24.6%的青少年有抑郁状态，其中轻度抑郁检出率为17.2%，重度抑郁检出率为7.4%，这就意味着，平均每4个大中小学生中，就有1名学生受到抑郁状态的困扰。

这其实是一个莫大的悲哀，在物质已经足够丰富的当下，**我们的孩子居然这么不快乐！**

我想，这与孩子们从小在应试教育之下长大，父母对孩子的要求过于单调（只着眼于学习成绩）且不善言辞，平时对孩子的语言交谈中充斥着"暴力沟通"是分不开的。

其实，现在的孩子都是来自宇宙的新芯人类，他们都带着自己的天赋使命降临人间，都拥有超强的心灵感应能力，但是，他们似乎不那么适应地球人间的传统生活方式。

第五步｜教孩子必须学会的危机应对与求救行动

我们在本书的开篇第 2 节就说过了，现在的孩子肯定不是为了扩大物质时代的成果而来的，更不是为了吃吃喝喝醉生梦死而来的，反之，他们终将摒弃物质时代的生存方式和思维模式，重新建构新的时空秩序与未来世界。

而神奇的语言，就是他们创建新纪元的核心武器，可是，我们的家长大人们却听不懂，也看不懂，或者说感应不到新一代小孩的心灵语言和感性讯息。

十几年的青少年心理辅导经历让我遇见过不少处于抑郁状态的大中小学生，他们都会表现出一些共同的特征，就是话很少很少，声音很小很小，眼神呆滞，表情木讷，浑身上下没有活力，就像一个个泄了气的皮球，那么萎靡不振，令人心痛。

更可怕的是，很多已经处于抑郁状态的孩子是不愿意跟家长诉说自己心境低落的状态的，更不会主动要求家长带自己去医院看病，这一点不奇怪，如果孩子跟家长沟通顺畅，交流没有障碍，孩子又怎么可能逐步发展到沉默寡言、忧心忡忡的抑郁状态呢？

诚然，可以理解的是，现在的家长也是压力山大、自顾不暇，不是忙于工作，就是觉得自己的孩子"懒"，甚至有些家长根本不愿意面对孩子已经抑郁了这个现实，自以为是地认为孩子就是矫情，就是想偷懒，就是"不想"好好学习，不想承担自己的责任。

那么，就请家长早点把有关心理救济和心理援助的途径告诉孩子吧，学校的心理老师也应该有意识地宣传一下青少年心理援助热线的专业组织和联系方式。既然周围的大人们无法给予孩子们有效的心理支持，那就让那些有需要的孩子在陷入泥潭的时候，可以向外界精准地发出"SOS"的求救信号吧！

☆ 青少年心理援助热线电话：12355

"12355"青少年服务台是共青团中央设立的青少年心理咨询和法律援助热线电话，由各级共青团组织建设和维护，各省都有这个青少年专属的心理服务热线，孩子们可以放心拨打。

请务必让您的孩子或者学生记住这个求助电话，当他需要的时候，也许一个电话就能让他解开心结，悬崖勒马。

为什么心理援助热线这么重要呢？我们先来了解一下心理援助热线可以做些什么。

百度百科上的定义是：心理援助热线是一种行之有效、相对方便经济的心理健康教育及心理咨询和心理危机干预的途径，在改善来电者负性情绪和减轻自杀危险程度上有即时和短期的干预效果。因其私密性强、便利快捷，正被越来越多的人接受和采用。

12355心理援助热线的服务对象主要包括受到焦虑、抑郁等情绪问题、家庭子女问题、人际关系问题、精神心理疾病等困扰的青少年人群。

心理援助热线除了提供心理健康教育服务、为处于心理危机状态的个体及时提供心理支持、咨询和干预服务之外，还可建议有需要的青少年寻求进一步的治疗。

☆ 全国心理危机干预热线汇总

疫情这几年给青少年带来的心理影响不容小觑，联合国儿童基金会在2021年的年度旗舰报告《世界儿童状况》中警告说：儿童和青少年可能会在未来的很多年感受到2019冠状疫情以来对其心理健康的深远影响。

报告中提到：根据最新的可用估计数据，全球 10～19 岁的青少年中，每 7 人中就有超过 1 人被诊断出患有精神障碍，20% 的人表示他们经常感到沮丧或对做事没有兴趣。

情绪低落、社会退缩，对什么事情都感到没有兴趣，这些都是抑郁症的一些典型症状，同时，该报告还指出：**疫情会引发心理应激反应，特别是神经系统的过度应激反应。**

虽然说是应激反应，但实际上疫情以来已经成为很多人几乎每天都在经历的常态，孩子们更是在此起彼伏的停课、网课、复学、核酸检测中，感到身心状态变得越来越"冻结"。

"冻结"的身心状态在心理层面常见的显现就是抑郁心理和抑郁症状。

孩子们因为可以选择的改善行为很有限，就导致了他们在长期压力状态之下，更容易进入"冻结"的身心状态。

身心"冻结"的主要表现为：自闭，回避，抑郁，颓废，自卑，感知迟钝，麻木不仁，无心学习，缺乏上进心等。

研究发现，在疫情期间，很多青少年和幼儿心理健康的风险因素大幅增加，身心"冻结"的孩子越来越多，而家长却并不能及时知晓孩子们到底发生了什么情况。

所以，确实有必要让孩子早点知道全国或者当地的心理危机干预热线，关键时刻可以帮助自己，也可以帮助到别人。

仅仅在 2022 年上半年，我就遇到了好几次青少年心理危机干预事件，有的我自己可以马上进入远程的心理危机干预之中，因为比较了解孩子的情况，可以因势利导让孩子的心情平复下来，同时立刻联系孩子的父母家长，一起帮助孩子脱离极度的负面情绪状态。

而有的青少年心理危机事件，因为求救者是正在发生危机事件的孩子的同学的同学，或者朋友的朋友，我没办法得知危机事件的当事人更具体的讯息，包括其父母家长的电话，到底发生了什么事情等，就只能告诉帮忙求救的学生，把心理危机干预热线赶紧发给对方，另外，想办法联系上家长或者老师，因为是未成年人，必须尽快让家长知道这个危险正在发生。

当然，如有情况十分危机，比如自伤行为正在发生或即将发生，也可以拨打110报警热线，寻求警察叔叔的帮助。

> **孩子会报警或者打热线电话求救，本身就是表达能力的体现，也是社会适应能力的提升。**

因此，遇到青少年心理危机事件，特别是跟生命相关的危机事件，一定要做好以下三件事：

（1）请当事人尽快拨打心理危机干预热线（汇总如下图）。

（2）尽快帮忙联系当事人的父母或者其他亲属，如实在联系不上，也可以联系班主任老师（辅导员）或者心理老师；情况相当危急时，应当报警寻求帮助。

（3）尽量温和地陪伴当事人说话，多沟通交流，表达关心，让当事人相信"至少还有一个人确实很关心我！还愿意一直陪着我！"

全国心理危机干预热线汇总

若电话有变更或接不通,请随时打当地114查询

【全国24小时心理危机干预热线】电话:400-161-9995

【学生专线】400-161-9995 按1

【抑郁专线】400-161-9995 按2

【生命热线】400-161-9995 按3

【中国心理危机干预中心救助热线】电话:010-62715275

【北京市危机干预中心】电话:010-82951332

【上海市危机干预中心】电话:021-64383562

【广州市心理危机干预中心热线】电话:020-81899120

【南京市危机干预中心救助热线】电话:16896123

【杭州市心理研究与干预中心救助热线】电话:(0571)85029595(24小时)

【武汉市精神卫生中心咨询热线】电话:(027)85844666(027)51826188

【深圳市心理危机干预热线(康宁医院)】电话:(0755)25629459

【天津市心理危机干预热线】电话:(022)88188858

【四川省心理危机干预中心热线】电话:(028)87577510/87528604

【重庆市心理危机干预中心热线】电话:(023)66644499

【青岛市心理危机干预中心自杀干预热线】电话:86669120

【石家庄市心理危机干预热线】电话:(0311)6799116

【长春市心理援助热线】电话:(0431)86985000

35 网络有骗局，尽早给孩子上网立下规矩

暑假期间，12 岁的小学生丽丽，在家中玩大人手机时被网络上一个陌生人拉进了一个名叫"某某明星首次 QQ 线上直播"的群，进群后一个陌生人冒充直播间工作人员，以需要丽丽帮其公司解冻 6 万元资金为由，先后向丽丽进行了 6 次 QQ 视频通话，诱导丽丽进行了修改密码、扫脸验证等一系列操作，最终转走了丽丽监护人名下账户内的 25987.65 元。期间，监护人面对丽丽要求改密码、扫脸等系列操作时，均未引起警觉和重视，以为只是小孩弄着玩。直至后来发现自己手机上的钱没了，再三询问下才发现自己的孩子遭遇了网络诈骗。

同样是 2022 年暑假，初一的小赵同学闲在家中玩手机时，在网上添加了一名 QQ 好友，又通过扫描该好友朋友圈的二维码加入了一个名为"福利 24"的 QQ 群，群内有个昵称为"助理 002"的人告诉小赵："恭喜你，抽中了 888 元现金奖，但需要登记个人信息。"小赵告诉对方自己只有 13 岁，对方却以"未成年人领取导致对方公司账户被冻结了 6 万元"为借口，要求小赵使用监护人手机操作，帮助对方公司解冻。小赵未将此事告诉监护人，私自拿着母亲的手机按照对方的引诱进行了操作，先后向对方不同账号转账共计 49999 元。

以上两起针对未成年人进行网络诈骗的案例都是警方正式通报的真实事件，实际上近年来网络诈骗犯罪越来越猖獗，不仅不少成

年人会中招,年少无知的未成年人也成了骗子们作案的新目标,因为未成年人涉世未深,又充满好奇,真的是一骗一个准。

特别是许多孩子在家长不知情的情况下,擅自给游戏充值、领取免费皮肤、登录直播平台为主播打赏等,或是被骗子以"中奖"或"刷单返利"为诱饵,哄骗使用父母的手机进行转账的事件层出不穷,不仅给家庭带来了经济损失,也给社会安全与稳定带来了隐患。

因此,**是时候给孩子订立上网交友和付费、充值的规矩了**,家长自己也要更多关注孩子的上网学习和游玩的细节,千万不要把父母的网上支付渠道和密码随意告诉孩子,任由孩子操作。

以下是**未成年人的上网规则示范**,供家长参考执行:

(1)来历不明的电话、短信、链接一律不看、不理、不点。

(2)坚决不理睬网上故意搭讪的陌生人,在网上只跟熟悉的人聊天,跟不熟悉的网友只玩游戏,不涉及交友或交易。

（3）不贪图小便宜，不轻信中奖、赚外快等诱惑，对于任何理由的转账、汇款要求，坚决不听、不信、不转账。

（4）在网上不向别人借钱，也不借钱给别人，这些多半都是网络诈骗，因为名字和头像都可以轻易篡改。

（5）需要充值或者买游戏皮肤等钱款支付，必须征得大人同意，并请父母进行真伪核查之后亲自操作执行，**原则上每次充值或者付费不超过100元人民币。**

（6）父母不要让孩子知道大人的支付密码，更不要轻易设置免密支付，同时也要关注孩子自己的微信账号、支付宝账号的余额动态。

（7）因为实名制上网已经显示了年龄，除此之外，坚决不告诉任何陌生人自己的真实性别、所在城市、就读学校和年级、家庭住址，以及父母、家庭的任何信息。

（8）家长要定期对孩子上网所使用的电脑、iPad、手机等电子产品进行检查，最好仅保留学习必要的App，经不明链接或二维码下载的App一律予以卸载，并跟孩子温和地进行解释和说明。

天上不会掉馅饼，网络处处是陷阱
不听不信不转账，坚决不理陌生人

相比起网络上比比皆是的经济诈骗，女孩子更要警惕网络的色情诈骗。

因为女孩子天生就比男孩子心思敏锐、多愁善感，特别渴望得到更多的"爱"与关怀，很容易在网上被别有用心的人诱导和利用，一步一步掉入色情诈骗的陷阱。

12岁的小朵在某社交平台认识了一位名为"阳光少年"的网友。他们喜欢玩一样的游戏、看一样的漫画，小朵觉得他比爸妈更关心自己，更懂自己。渐渐地，小朵陷入自以为是的"网恋"陷阱，无时无刻不在期待着、等待着"阳光少年"和她聊天，听她倾诉，给她买漫画书。

然而，"阳光少年"开始一次次以"爱"之名，要求小朵发送裸照。两周后，"阳光少年"变本加厉，开始诱骗小朵裸聊，甚至以在网上散布小朵的裸照和视频进行威胁，要求小朵与其发生性关系。好在小朵在万分恐惧之下求助父母，并在父母陪同下到派出所报警，这位"阳光少年"才露出本来面目——竟是36岁的猥琐大叔，这位色狼大叔将因猥亵儿童罪受到法律的制裁。

11岁的小红在网上认识了16岁的小磊，俩人很快就谈起了恋爱。小磊让小红给自己发隐私部位照片，称这是感情最好的证明，小红经不起小磊的软磨硬泡发了照片。两天后，小磊约小红开房发生关系，小红表示自己太小不想那么早尝试，小磊遂威胁小红要对外公开隐私照片，并要求小红提前转给他开房费用，由他在网上订房，并继续索要裸照。小红因惧怕小磊，再次向小磊发送隐私照片两张，转款600元。直到小红父母看到了二人的聊天记录，才发现小红被骗的情况，随之报警。

以上两起针对未成年人女生进行"情感骗局"或"色情诈骗"的案例也是警方正式通报的真实事件,我自己在近年来的青少年心理辅导中也发现,即便是小学低年级的女生也可能遭遇网络的"色情诈骗",因为心智尚未发育成熟的小女孩其实也非常渴望被关注和呵护,而这些可能陷入网络色情欺诈中的女生们,很多都是在现实的家庭中有父爱的缺失,或者内心的情感需求被忙碌的父母所忽视。

因此,我们也要特别提醒家有女儿的家长们,还要另外给**女孩子订立以下的上网交友规则**(家长和孩子须共同遵守):

(1)不要轻信所谓的网恋,那些不靠谱的甜言蜜语都是欺骗,**女孩子没满 18 岁之前坚决不能网恋**,特别是不要被诱惑以"爱"的名义发裸照或者进行裸聊,后患无穷,影响深远。

(2)无论在网上聊得多么知心,也坚决不能答应跟网友见面,女孩子单独与网友见面十分危险,很容易受到侵犯。而且奔现多半会失望，只会受骗加上当，网上和现实不一样，好男儿都在学习、运动各种忙。

（3）女孩子如果在网上被威胁，一定要及时告诉父母，由父母陪同报警最妥当。

（4）父母对青春期的女孩子要进行适当的性教育和价值观教育，并建立良好的亲子关系和沟通渠道，赢得孩子的信任，关注孩子的情感需求，合理安排孩子的上网时间，了解孩子在网上的学习和游戏情况，教会女孩子学会自我保护，避免误入歧途。

36 面临坏人纠缠，果敢离开或大声呼救

这部分的开篇就郑重说明了"孩子最重要的责任就是保护自己的安全"，那么，在出现危险情境时，我们也一再强调，孩子一定要在确保自己生命安全的前提下，才能去打报警电话，或者联系家长。

比如突遇火灾，不管是大人还是孩子，首先要尽快逃离火灾现场，快速跑到外面安全的地方。特别需要提醒的是，**发生火灾时是不能乘坐电梯的！**

因为火灾发生时，电梯容易因为突然断电，而将乘坐电梯逃生的人困在电梯厢内；同时火场的烟气涌入电梯井时极易形成"烟囱

效应"，电梯里的人随时会因浓烟、毒气熏呛而窒息丧生。

所以低层住宅的人可以迅速走楼梯逃到楼外空旷的地方，而高层住宅的人来不及逃离家门，就可以紧急寻找暂时避险的地方，能到阳台就尽快到阳台，或者打开窗户挥舞鲜艳的物品，发出信号，等待救援。

假如**遭遇地震，也是不需要报警的**，最重要的是尽快跑到空旷安全的地方避难，如果住在高楼来不及下来，也不必惊慌失措，找个坚实的桌子或床底下躲起来即可。

在数千年应对自然灾害的过程中，人们总结出了不少防范经验，国家也制定了许多应急预案和响应措施，感兴趣的家长可以跟孩子一起去寻找和探讨一下，这些跟大众生活息息相关的灾害防范知识，不仅可以促进孩子对社会和自然的了解和思考，同时也可以增加亲子沟通的多元性和实践性。

而且，通过学习这些应对灾难的逃生技能，可以给孩子一些面临"天灾人祸"时极其重要的启迪和警示。

是的，天灾固然可怕，可人祸更加隐秘！但天灾人祸都是灾祸，它们的危险都是极具杀伤力的，都属于十分危险的突发情境。

那么，面对"坏人"的祸害，身处险境，我们该告诉孩子怎么做呢？

首先，跟远离自然灾害一样，一定要让孩子尽快脱身，尽快离开危险境地，跑得越远越好！

因此，**当孩子面临坏人的纠缠时，一定要不理不睬，果断离开！**

因为我们已经知道了，没有什么大人的事情，是需要孩子帮忙的，除非孩子的父母在场。

另外，如果孩子已经被坏人"控制"了，比如被劫持了，被威胁了，也要在求救的同时见机行事，尽快找到脱身的机会。

如果是在人比较多的地方遭到坏人劫持、伤害等暴力侵害时，可以大声呼救，引起路人关注。如果路上没人，或者坏人过于凶狠，也不要硬跑、硬拼，先冷静下来，机智地与坏人周旋，以便寻找机会脱身并报警。

☆ 人贩子特别害怕大声喊叫的孩子

3岁的小义和爷爷在家门口踢球，到了饭点，小义的爷爷便准备带着小义回家吃饭了，没想到皮球滚到了旁边的水沟里，小义说要把皮球洗干净再回家，爷爷也没想太多，就一个人先进家门了。而就在小义洗皮球的时候，一个中年妇女见四周无人，直接冲了上来，抱起孩子就要跑！

小义情急之下，就朝着远处一个陌生男子大声喊道："爸爸！快来！我在这儿！"中年妇女听到后，吓得赶紧把人放下，撒腿就逃。实际上，小义并不认识那个陌生男子，但是人贩子最害怕的就是被人发现，一旦被发现，他们就会自顾自逃跑，因为他们害怕被抓住，害怕被抓去坐牢。

因此，父母一定要尽早教会孩子，遇到人贩子的时候，一定要大声向周围人求救。人贩子最怕的就是大声喊叫的孩子，而**那些一**

直闷不作声、不敢喊救命的孩子,才是他们最喜欢的类型。

还有一点需要特别注意的是,孩子呼救的时候也是需要技巧的,比如**选定一个最强壮的人或者最热心的人求救,效果会更好**。

比如刚好看见有青壮年男性,穿着黑色的衣服,就可以喊:"黑衣服的叔叔救救我!"这样目的明确,直接把责任指定给了一个人,这个人会更清晰目前的情形,从而做出救援的行动,同时对周围的人来说,也会更愿意帮助他伸张正义。

切记!遇到劫持或拐卖,可以让孩子通过破坏周围人的财物来吸引注意力。

如果孩子是在热闹的地方遭遇劫持,可以故意"使坏"破坏周围人的财物,来吸引更多人的注意力,比如将路边摊的货物撞倒,用脚踢汽车的车门,或者直接抢夺路人的手机,扯掉别人的衣服等,都是很好的方式。

这时路人感觉到自己的财务受到损害,就会追着孩子不放,这样孩子自然就更容易得救。至于对他人造成的损失,完全可以之后由父母出面解释和赔偿,相信大家都会理解并好好沟通的。

可见,教孩子学会说话,勇敢表达,不仅在正常的人际交往之中非常有用,同时,在面临危险的时候,也可以让坏人害怕,从而化险为夷。

总结一下面临纠缠或劫持,孩子正确应对的两个应急方法:

(1)如果可以脱身,就果断逃离,并大声呼救。

(2)故意破坏他人财物,引发更多人的关注。

37 单独在家不开门，独自在外不理陌生人搭讪

相信很多家长都给自己的孩子讲过"大灰狼和小兔子的故事"，我到现在都记得小时候经常听父亲唱的那几句"小兔子乖乖，把门儿开开，快点儿开开，妈妈要进来……"

不过现在的孩子独自在家面临的陌生人危险情境愈发严峻了，因为很多小家庭都是"父母+孩子"的组合，父母都要工作，孩子放学以后或者周末有时候只能一个人在家待着，在一些治安不是那么好的地方，难免会有坏人上门想干坏事。

其实爸爸妈妈都会反复跟孩子强调：

不要给陌生人开门！

不要给陌生人开门！

不要给陌生人开门！

不管他是谁！！！

孩子当然是频频点头，满口答应，甚至对反反复复的提醒感到厌烦，但是，当小朋友一个人在家，真的遇到陌生人敲门的时候，大部分小朋友都经不起"考验"，三骗两哄就把家门打开了。

网上有不少"测试"孩子独自在家是否给陌生人开门的视频记录，家长出门前左叮咛右嘱咐"不要给陌生人开门"，然而测试的结果令家长目瞪口呆，6岁以下的孩子100%经不住陌生人的哄骗，全部给陌生人开了门，甚至还有陌生人轻而易举就骗走了"妈妈落在家里的手机"。7～9岁的孩子也有60%以上的孩子会经不

住诱骗,给陌生人开了门。

在一旁自信满满"观战"的家长瞬间心理崩塌,欲哭无泪,**现在的孩子也太好骗了!**

是的,六七岁以下的孩子完全没有能力去辨别来到家门口的是好人还是坏人,有些小朋友也并不是一点警惕性都没有,但只要听到敲门的人报出妈妈的名字,基本就破防了,不仅开了门,还表现得礼貌热情,这些孩子真的是太单纯、太善良了。

因此,我们不仅仅要告诉独自在家的孩子:不要给陌生人开门,还要不断强调和训练:独自在家的时候,也不要跟敲门的陌生人说话!

只要孩子回答陌生人的问话,孩子就会被大人"牵着走",比如:

请问这是某某某(孩子父母的名字)的家吗?
我是你妈妈的朋友,你妈妈让我送个东西过来,你开门收一下好吗?
我是楼下的邻居,你们家漏水了,我可以进来检查一下吗?
我是查水表的,你开一下门,我看一眼就走。

因此,不管孩子是独自在家,还是独自在外面,都不要随便跟陌生人说话!

特别是8岁以下的小孩子,一定要斩钉截铁地告诉孩子这个规矩,让孩子记住以下的这些话:

不要接受陌生人的任何东西!

不要吃陌生人给的任何食物!

不要上任何陌生人的车子!

不要帮任何成人要求的忙!

不要跟任何陌生人走!

不要跟陌生人说话!

其实我在写下这么多"不要"和"陌生人"的时候,内心非常悲怆,想着这些可爱而单纯的孩子们因为少数人的无良,便不得不关闭自己对陌生人友好的心门,这是何等的无奈啊!

这可能也是这本教孩子学会说话的书里面,为数不多的"限制"孩子说话的章节吧。

这些限制,不仅仅会让孩子失去对陌生人的信任,也会导致孩子失去对社会的信任,甚至不仅仅是孩子,连我们大人不也被一再告诫:不要随便跟陌生人说话!所以很多成年人也活得小心翼翼,生怕受骗上当。

所谓害人之心不可有,防人之心不可无,在教养孩子的过程中,我们不得不提高警惕,防患于未然,因为社会上的骗子真的是无孔不入的,国内如此,国外也如此。

网上有不少国内外做的"你的孩子是否会上陌生人的车"的测试,令父母大跌眼镜的是,即便是十岁左右的孩子,大都毫无戒备地就上了陌生人的车,只要司机说一句:我认识你们的妈妈。

而他们的父母却自认为已经给孩子们做足了功课,反复强调了自我保护的意识，常常告诉孩子：不要随便和陌生人说话、不要拿陌生人给的东西，不要上陌生人的车，因此，家长们都相信自己的孩子无论如何都不会上陌生人的车，结果却被啪啪打脸。

因此，**不仅仅是要反复告诫，而且要反复训练**，孩子们只有经历过这样的实操训练之后，才能真的变成他们的神经意识和肌肉记忆，才能在危险的情况下，具有条件反射式的应对措施，一朝被蛇咬，十年怕井绳，相信那些触过电的孩子，绝不会轻易再去摸电源插头的。

☆ 哪些人是陌生人？

当我们跟孩子强调不要跟陌生人说话的时候，孩子们心里其实是不太明白这个"陌生人"的含义的，特别是随着孩子的逐渐长大，社交圈会越来越复杂，自然也需要跟越来越多的陌生人打交道，比如去买根雪糕，或者买包辣条，这些时候难道也不能跟陌生人说话吗？

而且，在社交中孩子们也可能会困惑：爸爸妈妈不让我跟陌生人说话，可我碰到过这么多的陌生人，他们也不是坏人呀，哪儿像爸妈说的那么危险啊！事实也的确如此，放眼整个社会，肯定还是好人多得多的，对吧。

那到底什么样的人是陌生人？什么情况下才能跟陌生人说话呢？

也许，我们可以给到孩子一些更加细致的解释。

首先，我们来看一下孩子认识的人有哪些？

爸爸、妈妈、爷爷、奶奶、姥姥、姥爷、学校或者幼儿园的老师。

陌生人有哪些，包括但不限于：
- 没见过面的路人，任何场合中不认识的人；
- 医生、警察、保安等穿制服的人；
- 地铁站、火车站、机场、商场、游乐场的工作人员；
- 酒店、饭店的工作人员以及摊贩人员；
- 爸爸、妈妈也不认识的人；
- 爸爸、妈妈认识的亲戚、朋友、同事、邻居、熟人。

是的，你没有看错，最后一条是"爸爸、妈妈认识的人"！

因为不少儿童受到伤害的案例，都是熟人作案，尤其孩子小的时候，我们还是需要提高警惕的，不怕一万，就怕万一，最好把爸爸、妈妈认识的人也先归在陌生人一类，要让孩子知道，如果家长不在场，即便是熟人，也不要随便听他们的话，不能让干嘛就干嘛，也绝对不能跟着这些人走开。

☆什么场合可以跟陌生人说话

简单地说，可以分两种情况：一种是家长在场，另一种是家长不在场。

当家长在场且被允许的情况下，孩子可以和任何陌生人说话。

比如来家里的客人、小区的邻居、医院的医生和护士、机场安检的安保人员、饭店的服务员等，只要家长在场，同时也允许孩子跟他们说话的情况下，孩子是可以和陌生人打招呼并说话的。

当家长不在场的时候，要确认身份之后，再跟陌生人说话。

比如有时候父母确实上班忙,来不及接孩子,就会委托同事或朋友帮忙接一下,这种情况下建议家长提前跟幼儿园或者学校的老师说一下,说清楚接孩子的人的姓名、性别,如果能用微信发一张照片就更好了。

要提前告诉孩子,如果有陌生人说认识爸爸、妈妈,你不能轻易相信,如果不得已要跟陌生人交流,那就可以询问陌生人这样一些问题:

你认识我妈妈对吧?那我妈妈叫什么名字?我叫什么名字?我妈妈的手机号码是多少?

好吧,就算你都答对了,请你跟我妈妈打个电话确认一下吧,谢谢!

孩子,请你记住:
不要接受陌生人的东西!
不要吃陌生人给的食物!
不要上陌生人的车子!
不要跟任何陌生人走!
不要跟陌生人说话!

请注意,尽量让孩子在开放且人多的地方跟陌生人说话,不管孩子之前是否认识这个人,都要让他给爸爸或者妈妈打个电话,并且让孩子接听电话得到确认,得到家长的允许,才能跟他走。

当然也有些特殊情况之下的例外,我们在前面的章节也说过,如果遇到紧急情况或者困难情境,孩子是可以向"靠谱"的陌生人寻求帮忙的,但那是危机情况之下,是不得已而为之的自救,不能跟平时的正常人际交往相提并论。

在下一节,家长可以带孩子实操一下,如果孩子走丢了该怎么办?

38 实操练习:在人多的地方走丢了该怎么做?

为了训练孩子在走丢的情况下跟陌生人打交道的交流表达能力,家长可以跟孩子玩两个实操游戏。

第一个实操游戏是带孩子到超市或者商场去,跟孩子假设一个场景:

宝贝,假如你跟爸爸妈妈逛超市的时候,突然找不到爸爸妈妈了,该怎么办呢?

首先,家长可以先扮演孩子,示范如何找到穿制服的店员、保安、前台等相对"靠谱"的陌生人,**并向店员或保安求助,请他们打电话给爸爸妈妈**,并待在原地等爸爸妈妈过来。

然后,让孩子实际演练两遍这个场景,一次找保安、一次找收银员,并练习说出以下的话:

阿姨(叔叔)好!我找不到我妈妈了,我妈妈肯定着急了,麻烦您给我妈妈打个电话行吗?跟她说我就在这儿等她,谢谢您!

这个练习既可以帮助孩子记住在公众场合，谁是相对可靠的陌生人，同时也可以教会孩子遇到危险该如何采取行动和清晰表达。

第二个实操游戏可以在游乐园进行。

很多公园和大商场里面都有孩子们玩的游乐园，有时候孩子玩着玩着就跑到别的地方了，父母找不见孩子，孩子也记不得原来是在哪里玩了。

同样跟孩子假设一个场景：

宝贝，假如你在游乐场玩着玩着，突然找不见爸爸妈妈了，该怎么办呢？

同样的，家长首先要扮演孩子，示范如何求助游乐场的保安、管理员或者售票员，**请他们打电话给爸爸妈妈**，自己则待在原地等爸爸妈妈过来。

另外，也可以示范求助其他带着孩子玩的阿姨，请别的孩子的妈妈打电话给自己的爸爸妈妈，自己待在原地等爸爸妈妈过来。

然后，让孩子实际演练这两个场景，一次找保安或者管理员，一次找其他孩子的妈妈，并练习说出以下的话：

> 叔叔（阿姨）好！我找不见我妈妈了，我妈妈肯定着急了，麻烦您给我妈妈打个电话行吗？跟她说我就在这儿等她，谢谢您！

有必要提醒的是：虽然现在到处都是摄像头，孩子在外面的安全得到了一定的保障，但家长还是不能掉以轻心，毕竟道高一尺，魔高一丈，永远不要低估坏人干坏事的手段，时时刻刻"看好自己的娃",培养孩子"防范陌生人"的意识,抓住生活中每一个可以实践和教育的时刻,让孩子在每个年龄段都能学到最适合自己的自我保护常识和实用技能。

请记住,孩子的安全永远是家长和孩子自己最大的责任,没有之一。

当然,我们也期待整个社会越来越重视孩子的安全问题,每个大人都保有一颗善心,在遇到需要帮忙的孩子时,伸出你的援手,奉献一点爱心,给孩子一份及时的援助和支持,共同给孩子们打造一个安全、健康、友善、和谐的成长大环境。

第二部分

必须要教孩子学会的实用表达技巧

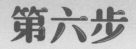

第六步

教孩子使用自己轻松擅长的表达方式

39 表达方式有很多，你家孩子擅长哪个

人生即分享，分享即沟通，沟通即表达，表达即治疗。

这是我非常欣赏且受用的四句话，短短几个词就把"沟通"对人生的重要性表达出来了。

从心理学上来讲，沟通泛指信息的传递和交流的过程，而语言的沟通是指人与人之间通过语言的表达进行思想与情感的传递和反馈，在人际交往的过程中，既有语言的沟通，也有非语言的沟通。

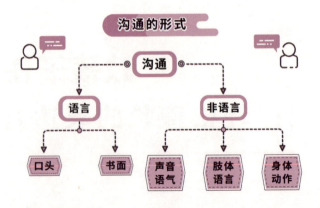

从上图我们可以看到：语言沟通包括口头沟通和书面沟通，非语言沟通包括声音语气、肢体语言和身体动作三个部分，这些都是我们必须要探索和学习的内容。

口头语言的交流确实很重要，但口头语言并不是表达自我的唯一方式。非口头语言，甚至非语言的表达方式，例如绘画、写作、音乐、舞蹈、戏剧、游戏、活动等，都是自我表达的方式或媒介，它们以一种可以"意会"的非语言沟通方式来进行交流和表达，同样可以充分地展示一个人的内心世界，不用"言喻"就可以让人领悟到所表达的情绪情感，以及对这个世界的认知和看法。

是的，"表达"的范畴远比我们想象得更加宽泛，无论是语言表达，还是非语言表达，还有艺术表达，都是表达。

可以说，**一切皆表达**，无论是你的口头语言、书面语言、还是你的动作、你的装扮，你爱吃的食物、你心仪的颜色、你交往的朋友、你喜欢的动物，还有你家居的摆设和书架上的书……无不透露着你跟这个世界的人、事、物的关系和连接，表达着你内心的喜好和情绪情感的点点滴滴。

是的，表达无处不在，万物皆在表达，因此，孩子们的表达方式也并不仅仅只有语言表达这种形式，而是有着各种各样、千奇百怪的表达方式。

比如说**艺术表达**，琴棋书画就是具有丰富信息量和强烈感染力**的表达**，要不然为什么那么多人爱听音乐、爱唱歌？青少年为什么那么喜欢追星呢？因为那些在舞台上熠熠生辉的明星也是孩子们梦想成为的人——谁不想让大家都关注我、喜欢我、爱戴我？这是人的天性，也是人的社会属性，特别是正在社会上寻找自己未来角色的青少年，从偶像的身上可以"看到"自己想要的某些特质。

关键是，表达方式有很多，您的孩子到底最擅长哪一个呢？

这是家长需要尽早发现的孩子的"天赋"特长，因为也许那就是孩子的天赋使命所在，也是让他能够最开心努力的所在。

二十一世纪是心灵成长的世纪，"心世纪"的孩子都是来自宇宙的新芯小孩，拥有心灵感应的"超感"能力，他们大都喜欢艺术，有些孩子超级喜欢画画，有些孩子特别喜欢唱歌，还有的孩子喜欢下棋，有的孩子喜欢数学——没错，**数学也是美学，而且是万事万物的基础美学**，如果你不相信，那就去看看那些充满神奇魔力的数学公式好了，也许会让你的审美发疯的，因为实在太美了！

我在养育自己的孩子和做青少年辅导的十几年时间里，发现很多数理思维强大的孩子，同时也是音乐（乐器）高手。在我儿子就读的北京海淀某重点中学（理科）实验班的同学们，几乎个个都身怀绝技，有钢琴八九级 N 位，黑管、萨克斯管八九级 N 位，围棋、国际象棋高手 N 位……甚至他们班在高三参加合唱比赛还获了奖；更不要说几乎每位同学都有五大奥赛的金银铜牌傍身，德智体全面发展，令人自叹不如而又钦佩有加。

所以，艺术的表达也是锻炼孩子语言表达很重要的方式之一，试想一下，假如孩子在琴棋书画某一个方面成了高手，参加比赛也好、上台表演也罢，不都是在与更多的人进行表达和沟通么？而且，从当众表达改变人生，这是很多成功人士都验证过的至理名言。

同时，孩子在学习艺术表达的时候，还可以促进学习的进步，其实**所有的学习都是相通的**，学习音乐和美术，同样会遇到困难和瓶颈期，而无论学习什么，都需要在进阶的过程中不断磨炼坚忍的意志和知难而上的抗挫力。

问题是，如何才能发现自己的孩子究竟有哪些"天赋"特长呢？

很简单，就是六个字：观察、交流、体验。

☆如何发现孩子的天赋特长

1. 观察

家长从小就要注意观察孩子对于不同事物和活动的兴趣，因为不同的孩子对事物的兴趣千差万别，有的孩子喜欢音乐，在幼儿园甚至更早的时候，就对旋律和音符有近乎完美的感受，听几遍能准确地唱出每个音符，节奏感也特别好，那这样的孩子就是有音乐天赋的孩子，他们的听觉功能特别强，属于听觉型的孩子。

甚至有的幼童可以拥有所谓的"绝对音感"，就是能够在没有基准音的提示之下，正确地听出钢琴上随意出现的音，辨别音的正确率达到70%以上，就视为具有绝对音感，这样的孩子是老天赏饭吃，家长可不要拦着孩子接这个金饭碗。

有的孩子喜爱美术，不管在什么环境中，他们都能随意地画起来，纸张、墙面、地上，甚至皮肤上、衣服上都是他们的画纸，各种涂鸦，各种"乱画"，对颜色特别感兴趣，对绘本、动漫看得是津津有味，而且具有神奇的创意脑洞，经常画出一些"匪夷所思"的作品，令人啧啧称赞，这样的孩子视觉感知能力非常厉害，天生就具有一定的美术设计和创作天赋，属于视觉型的孩子。

还有的孩子两只小手特别灵活，超级喜欢折纸、泥塑、积木、拼图、缝纫、乐高等手工活动，随便刷个视频看个造型就能自己折出令人惊艳的作品，拿起彩泥就能创造出匪夷所思的各种物品，对自己特别喜欢的东西爱不释手，没事就拿起来把玩，这些孩子多半是属于皮肤感觉（触觉）能力比较敏感的人，属于感觉型的孩子。

家长必须要首先搞清楚自家的孩子会更倾向于哪一种感知系统：听觉型、视觉型、感觉型，还是复合型？然后因材施教，扬长补短，尽早培养孩子的一技之长。

从学习的角度来说，有的孩子记忆力超强，对读过的书、看过的画过目不忘；还有的孩子诗词能力很赞，出口成章，这些都是未来学霸的苗苗，值得好好培养。

我儿子刚上小学的时候，就喜欢捧着一本《数学大世界》看得津津有味，于是我们家长就轻而易举地发现了孩子的兴趣点，在数学方面给予了他更多的倾斜培养，结果也算皆大欢喜，数学、物理、编程都成了儿子的长项。

因此，**注意观察孩子的兴趣所在和行为特点，是发现孩子天赋特长的第一要点。**

当然，并不是所有的孩子表现出来的兴趣都一定是天赋特长，比如喜欢玩电子游戏，就不能简单地划为爱好特长，而是要看孩子是怎么玩游戏的？他对哪些游戏更感兴趣？他是如何评价这些游戏的？他在游戏中学到了什么等，如此才能更清楚地知道孩子是喜欢游戏的表现形式，还是沉迷于游戏的感官刺激和奖赏机制。

还有，现在不少孩子都有所谓的"多动症状"，其实这些多动的孩子很多都是"身怀绝技"的新芯小孩，需要特别的引领和管

教，找到他们的天赋特长，并花力气开发他们的内在潜能，慢慢地，这些孩子就可以"慢下来"、稳下来，逐步适应社会规则，发挥出他们的潜能特长。

2. 交流

家长要经常与孩子一起交流一起玩，走进孩子们的游戏王国和心灵世界，自然就会更加确定孩子的才能和兴趣，并加以正确地引导和培养。

如果你跟孩子交流的时候，发现孩子是个"小话痨"，总是喜欢"唧唧呱呱"地跟大人说个不停，甚至有时候声音太大了搅得大人们都没法说话，还特别善于记忆诗歌和富有韵律的电视解说，喜欢讲故事、唱儿歌，绘声绘色，非常动听，那么，这样的孩子就很可能具有超常的语言表达能力，将来当个作家、主播什么的比较得心应手。

还有些孩子特别善于认路，很小的时候在小区里玩，就能找到回家的路，这类宝宝在大街上走路也很少迷路，经常会指着某些地方说："这个地方我来过。"这样的孩子就具备较强的空间感应力，想象力也很丰富，比较喜欢画画和玩 3D 游戏，好好培养这方面的特长，也许以后可以在元宇宙的世界里大展身手。

当然，还有些孩子特别喜欢带有运动性质的玩耍，比如骑三轮车或者操控滑板车的时候得心应手，急拐弯都会控制得很好，这样的孩子身体协调性不错，可以尝试体育运动方面的特长；另外一些孩子从小就喜欢踢足球、打篮球，或者跳操、跳街舞，这些都是孩子兴趣特长的表现，家长在观察和交流中要搞清楚哪些是孩子跟风玩玩，哪些是孩子真心喜欢，以便更多地了解孩子的潜力所在。

3. 体验

如果家长想进一步"检验"孩子的天赋特长，就可以带孩子去各种兴趣班体验，在专业老师的带领下，了解孩子那块"长板的高度"，也可以找专业的心智教练来测评孩子的心智特点和发展状况，根据孩子的实际情况制定有针对性的培养方案。

一般总说，孩子的天赋特长在童年早期，甚至在幼儿期就显现得很充分了，只是没有被家长及时发现。因此，发现孩子、了解孩子，尽早培养孩子的天赋特长，练就"童子功"，这是家长应该特别用心的地方。

比如韩国的"花滑女王"金妍儿，3岁就开始滑冰，7岁就穿上冰靴走上了职业训练的道路，当时就有人跟她妈妈说："我看她骨骼清奇，天生就是花滑的料。"

虽然这听着有点像电影《功夫》里面的调侃，但金妍儿确实因为童子功的无比扎实，成就了她雄霸世界花滑顶峰多年的传奇，是花样滑冰史上第一位集冬奥会、世锦赛、大奖赛总决赛、四大洲赛、世青赛冠军于一身的女子单人滑全满贯得主，也是花样滑冰史上第一位突破200分大关的女子单人滑选手，她在职业生涯的所有比赛中从未下过领奖台，并先后11次打破花样滑冰世界纪录，在"花滑沙漠"的韩国，一个人成了花滑国家队。

可想而知，如果不是老天赏饭吃，而且金妍儿在她妈妈的全力支持下接住了这个金饭碗，两个人一起经历了长达数年的艰苦卓绝的专业训练，可能就没有金妍儿的传奇了。同样也就没有羽生结弦

（4岁启蒙）、苏翊鸣（4岁开始滑雪）、谷爱凌（3岁开始滑雪专业训练）这些"天才"们在2022北京冬奥会上的精彩表现了。

天赋＋努力＋抗压抗挫＋专业训练，从来都是通往成功的天梯，但如果搞错了天赋，后面的"努力＋抗压抗挫＋专业训练"可能就是人生的陷阱。假如谷爱凌的母亲没有在孩子3个月的时候带她去滑雪场玩，发现了谷爱凌的运动天赋，引导她定下宏伟目标，坚持长期的专业训练，而是跟普通妈妈一样只是一味地想让孩子好好学习，将来上个好大学，恐怕谷爱凌的人生轨迹就完全不同了。

当然，如果您非要说"我的孩子就是个普通人，没有什么特长"，那就只能说，首先该"破框"提升的可能是家长，特别是需要全面提升家长琴棋书画的艺术修养，以及体育锻炼、户外活动的运动修养，否则耽误孩子的就是家长，因为即便是个普通的孩子，他也一定有自己的梦想，拥有与梦想息息相关的潜能资源，而能不能发现孩子的天赋特长，激活孩子们内心的种子，激励孩子活出自己的真我，达成自我实现的使命，关键就得看家长是不是合格的"伯乐"了。

40 琴棋书画音美体,艺术表达很神奇

我们都听过高山流水的传奇故事:

> 春秋时代,琴师伯牙擅长抚琴,子期擅长听琴,当伯牙抚奏江河流水时,子期就感叹:"浩浩乎水哉!"当伯牙弹奏攀登高山时,子期就赞叹:"巍巍泰山哉!",两人心灵相通,结为知音,后来子期因病去世,伯牙非常痛惜伤感,于是摔破了自己从不离身的古琴,从此不再抚弦弹曲。

为什么伯牙要摔断古琴,不再弹奏高山流水了呢?因为他知道,再也没有人像子期那样听得懂自己何时弹奏高山,何时抚奏流水。是的,音乐的音符,在一些人听起来只不过是一串串高低不同的音律,唯有心灵契合的人,才能领悟其中的意境。

因此,高山流水的千古传奇不仅告诉我们"知己难觅",也传递给我们这样的信息:音乐也是一种可以相互沟通的方式,而且似乎比语言更加深沉。

这就是艺术表达的神奇魔力!

所谓"艺术表达"就是通过艺术的形式表达人的情绪情感,同时表达出人与人、人与自然、人与社会、人与宗教、人与科学等之间的关系和感受。艺术表达的关键在于作者通过观察、体验、想象、创作,运用艺术语言的形式塑造艺术形象和艺术作品,进而为人们呈现一个真、善、美的崭新世界。

古往今来,艺术的修炼跟体育运动一样,都很讲究童子功,莫

扎特 5 岁开始作曲，6 岁举办第一次独奏音乐会，8 岁创作第一交响曲，10 岁创作第一部歌剧；门德尔松 7 岁以管风琴演奏而扬名立万，10 岁时就为《诗篇 19》谱曲，17 岁时完成了《仲夏夜之梦》序曲，被称为莫扎特的后继者。世界上很多著名的音乐演奏家，几乎都是四五岁学琴，七八岁公开演出，10 来岁就誉满天下了。

我国古代也有数不尽的天才儿童，方仲永 5 岁就能写诗题词，李贺六七岁就能吟诗作对，蔡文姬 6 岁就能辨弦音（完全没学过），曹冲 7 岁称象（堪称考试现场），这些神童事迹都成了千古流传的佳话。

可能有人会说，人家都是天才，没法比，其实**每个孩子都有天才的一面**，只是需要有人去发现和挖掘罢了。试想一下，假如让莫扎特学数学，门德尔松搞化学实验，他们也成不了大科学家对吧？所以，发现孩子对于艺术的敏感和擅长一定要趁早，<u>自古英雄出少年</u>，无论是琴棋书画，还是运动舞蹈，都是越早学习越好，因为 12 岁以前的孩童大脑，还处于非常活跃的成长期，更容易塑造潜意识的艺术神经回路，受益终身。

假如您的孩子实在不善语言表达，性格相当内向，具有艺术生的敏感特质，那也没关系，并不是每个人都只能用口头语言的表达方式跟别人沟通，**有些人生来就是要用不同的表达形式跟这个世界交流的**，比如梵高、莫奈，比如伯牙、子期，我们每个人的内心都有一个与众不同的世界，看不见摸不着，却深深地影响着我们在现实世界里的一言一行。

心理学一直致力于探索人类的内心世界，很多曾经看似不可思议的"怪人"其实是活在他们的内心世界里，只是他们向世人表达自己的方式与普通人不同。所谓"众人笑我太疯癫,我笑众人看不穿",说的就是这个意思。

而艺术本身就是一种神奇的语言,当我们看到一幅喜爱的画,听到一首喜爱的歌曲的时候,我们的心头都会涌起一些情愫,感受到一种美的享受。

所以,如果孩子不爱说话,就让他学画画、学乐器,或者学书法、学下棋吧,这些艺术表达的方式都可以帮助孩子更好地与他人、与这个世界交流沟通。

口头表达不是唯一跟他人和世界交流的方式,内秀的孩子可以尝试一下自己最擅长的其他表达方式。

你可以对孩子说:琴棋书画音美体,总有一款适合你,孩子,请你相信,上天为你关闭了一扇窗,也一定会为你打开另一扇门,很多自闭症的孩子能够随手画出惊世骇俗的画作,不少盲人都具有音乐表演的惊人天赋,每个孩子都具有无限的可能性。

现在,越来越多的孩子打心眼里喜欢画画、唱歌和表演,这是时代发展的必然,毕竟人类已经进入了一个芯的纪元,地球村也进入了一个更加看重审美的时代,来自宇宙的新芯人类将继续更新我们人类交流、沟通的各种语言和非语言的表达方式。

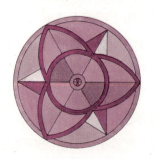

41 心理涂鸦，一幅画胜过千言万语

说到绘画，其实人类是先有图画，然后才有文字的，小孩子也应该是先学绘画，再学文字的，因为在六岁以前，负责形象记忆和形象活动的右脑先于负责语言表达和逻辑思维的左脑发育，左脑是意识脑，右脑是潜意识脑，绘画能够充分地表达我们的潜意识。

一幅图画胜过千言万语——图画或者图像传递的信息比口头语言丰富得太多了。哪怕是随手的一幅涂鸦，其画面的布局、用笔的轻重、细节的描绘、颜色的搭配，都无不投射出作者的内心世界，传递着作者特有的个体信息和特定意义。

绘画的表达甚至可以穿越时空，从史前的壁画到敦煌的莫高窟，我们都可以感受到千古事、万人情，与远隔数千年的古人对话和交流，从中汲取艺术表达所带来的神奇的疗愈力量。

是的，表达即治疗，表达即成长，其实**我们每一个人都需要更好地表达自己**，所以才有那么多的直播和连麦互动，但是，我们要用自己最擅长的表达方式，才能更好地展现我们的内心世界，表达出我们对这个世界的感受和觉察。

先申明一点，我们在这里说的绘画艺术表达，就狭义而言，包括但不限于心理涂鸦、情绪涂鸦、儿童艺术心理启蒙等，并不完全是传统意义上的让孩子学美术、学画画，而是**利用绘画进行表达、沟通的一种心理调节的方式**。

说到心理涂鸦和儿童艺术心理启蒙，就不得不提到一位特殊的心画家，来自中国台湾的康耀南老师。

康老师毕业于台湾中原大学心理学系，曾在美国俄亥俄州立大

学深造并研究艺术治疗,长期致力于艺术心理分析的推广和培训,被认为是中国本土艺术心理分析领域的顶级大咖,他创作的两本专著《涂鸦心世界》和《艺术心理启蒙——开启儿童的心灵之窗》堪称业内里程碑式的作品。

我有幸自2012年跟随康老师学习心灵绘画和艺术心理分析,获益匪浅并数次拜访他独自在北京昌平郊区的"画室兼住宅",深为康老师在漫长的岁月中专心致志、独具匠心地把心理学与绘画创作有机融合而独树一派所折服。

当然,在多年的青少年心理辅导实践中,我也会把从康老师那儿学到的关于心灵绘画、情绪涂鸦以及艺术心理分析的知识和技能尽可能地多应用,也取得了不少值得分享和推广的实战成果,比如很多来我这里进行心理素质和学习力提升的小朋友(幼儿园和中小学生都有),无论是一对一还是夏令营培训班的孩子,都需要经常听着阿尔法脑波,专心致志地涂画静心曼陀罗,让孩子的心脑在无意识的协调中更加整合。

同时,几乎每个学生也都在我这里体验过情绪涂鸦,这是一个释放的过程,与静心曼陀罗的涂画恰恰相反,一动一静,相辅相成,孩子们都非常喜欢,而且创意多多,常常令我惊喜连连,自叹弗如。

之所以说了这么多的心灵绘画和情绪涂鸦的资讯和过往,也是想跟家长朋友们分享:作为一名心理咨询师和心智教练,是如何跟孩子们进行沟通、连接的,而孩子们又是怎么跟我表达、交流的。很显然,一个成人(我)是没有办法跟一个小孩子过多地讲道理的,即便我是一名专业的心理咨询师,也不可能跟小孩子讲那些专业的术语，必须得用小孩子也明白的方式进行专业的辅导和矫正。

而**心灵绘画和心理涂鸦无疑是非常适合大人跟孩子沟通、交流的"心神器"**。不少孩子经过一段时间的艺术表达练习，身心状况得到了明显的改善，情绪更加稳定了，专注力更强了，学习力也提升了，说话、交流更有"智慧"了，甚至有的孩子还能够去帮助其他同学处理人际关系的问题了，有理有据有节有行动，就像个"小心理咨询师"一样，让人感到心理滋养的神奇，所以，我经常跟家长感叹：心理成长过的孩子就是不一样啊！

是的，孩子们心灵的图像蕴含着他们想要表达的千言万语，在这里，选几段康老师书中的文摘，让大家也感受一下原汁原味的心灵绘画"创始人"的观点和理念：

> 绘画超越了语言、文字、年龄的限制，通过作品的色彩和图像，反映了自己的想法、感受和情绪的模样，涂鸦的过程就是内在自我的觉醒和表达。

> 涂鸦的绘画形式避免了各种美学的束缚，它没有任何的脚本，而是无意识地顺应灵魂的活动与心灵的感应来释放自己的情绪和情感，充满着可贵的本能性、幻想性、原始性和单纯性，让我们内心巨大的能量转化成创作的源泉。

> 曼陀罗（mandala）是圆圈的梵语，是一个自性化的本能空间，也是个体的宇宙世界。它在中国有天圆地方之说，以阴阳二极的太极图作为代表，象征着无限的心路变迁和能量的转变。

创作曼陀罗的过程就是一个让自己集中意念的过程，每一次的涂画都能拓展我们的创造力和想象力，让我们在行进中获得身心的净化和平衡，在艺术心理领域，这是一种动态的冥想修行。

儿童艺术心理启蒙是提供一个以儿童为中心的艺术创作环境，让儿童按自己的兴趣去玩耍，以此来了解儿童的心理反应、想象空间和审美表现能力，最重要的是"让孩子做自己"。

在这里特别值得强调的是：儿童艺术心理启蒙完全不是传统的学美术、学画画，而是让孩子自由创作（培养创新能力），并学习为自己正在做的事情负起责任（建立责任感），同时也更加用心于自己的"运筹帷幄"（训练专注力），从而增强自己掌控自己的自信心。

儿童艺术心理启蒙给孩子提供更多的选择权，允许更多的允许，赋予更大的权力，用"你可以的""你做得很好""你自己决定"……让孩子自然而然地表达出自己的心声。

正如康老师一再阐述的，儿童艺术心理启蒙与传统的美术教育学习有三大显著的区别：

1. 主题是开放的

先引导孩子画出来，完成作品之后，再让孩子赋予一个主题。

比如在看到孩子画完以后，就可以问孩子：宝贝，我看到你画了好多花，还有树和小溪流，你可以告诉我这幅画的名字是什么吗？如果孩子说没有名字，你就可以引导说：那你可以给这幅画起一个名字吗？

2. 媒介不受限制，可以是孩子任意自选的材料

可以用各种不同的素材来创作，只要孩子觉得有必要这样展现出来即可，比如彩笔、蜡笔、橡皮泥、彩纸、折纸、沙子、积木……都可以，孩子的想象力和创作力往往超乎我们的想象，所以大人千万不要限制孩子自主选择创作媒材。

3. 过程是不教而教的，创作是随心而欲的

家长不要去教孩子画画，而是要引导孩子自己创作，也就是说，家长不是指导者，也不是老师，而是扮演支持者、欣赏者和辅助者的角色，以便完全让孩子自由发挥，创造出他想创造的独一无二的作品。

因此，在对孩子进行艺术心理启蒙的学习过程中，我们可以发现儿童的独特性，因为他们常常都是画心里所想的，而不是画眼睛所看到的，所以我们不能以成人眼光，做先入为主的视觉化印象解读。

我想，这也许就是我们鼓励和培养小孩子的创新、创作能力的伊始吧。

当然，不同年龄段的孩子有不同层次的心智表达，在幼儿园主要以涂鸦为主，大班的孩子可以自发地展现一些几何图形，比如三角形、长方形和各种不同的圆圈造型，这是自发的手眼协调动作，说明他们的大小肌肉活动和精细动作控制得到了练习和发展。

小学 1～3 年级的儿童已经发展出具象化的表征，会把现实世界中所看见的东西画出来，但通常都是一个没有深度的三维空间中的二维世界。有些孩子还会画出类似 X 光透视的画面，似乎可以看见"里面"的各种东西。这个时期孩子的艺术表现是非常有创意的、不受逻辑推理约束的，可想而知，这种"超越现实"的创作，也许就只能在这种完全不受限制的艺术心理表达中才能被看到吧。

对于孩子而言，自发性的创作是符合他们心智发育的有效叙事方式，因为他们还不能具有成人的逻辑思维能力，不能够用语言充分地表达自己的情绪、想法或信念，当他们用绘画的方式来代替语言的表达时，就让我们大人更容易了解他们的身心发展状态，更加理解他们的所思所想，帮助他们在更多的学习领域中发挥自己多元的创作能力和自我效能。

42 跟孩子一起唱歌，脑波音乐传递快乐

音乐对于孩子们来说，那可是一种奇妙的存在，现在很多孩子都对音乐有着超乎寻常的喜爱，不仅喜欢听音乐，还喜欢刷流行歌舞的短视频，不少中小学生都有自己心仪的歌舞明星，这一点也不奇怪，因为每个时代的青少年都是这么过来的，只不过不同的时代有不同的音乐时尚和流行歌舞而已。

为什么音乐能让我们如此喜爱甚至沉醉呢？

这是因为音乐不仅能够让我们体会到不同的情绪和情感，比如说轻松的、欢快的、哀伤的、激情的、恬静的音乐，都可以让人们感受到非常细腻和具体的情绪情感，而且，音乐还可以诉说心情和

心事，让人产生共鸣和共情，比如那些喜气洋洋的节日音乐，就会让我们感觉幸福满满的过节气氛扑面而来，而那些伤情的思念音乐和歌曲，就会让我们也情不自禁地想念起那些离我们而去的亲人和朋友。

就像我们在前面说过的"高山流水"的故事一样，音乐的琴瑟和鸣不仅可以让人彼此惺惺相惜，而且还会有一种"终于有人懂得我心"的感叹，有一种找到了灵魂知己的欣慰感。

所以，音乐对于人与人之间的交流、沟通具有神奇的作用，有时候仅仅通过音乐，就能知道你在想什么，我在想什么，两个人之间就会产生同频共振和微妙的亲和力。

在亲子关系的互动中，**音乐也是一种非常奇妙的媒介，家长可以轻松地使用这个媒介，对孩子进行讯息的传递和心态的调整**。特别是有一种叫作"阿尔法波"的音乐，可以让家长在教养孩子的过程中事半功倍，效果明显。

简单地说，"阿尔法波"的音乐就是**可以让我们的大脑进入浅催眠的音乐**，就好像大脑进入了似睡非睡的状态，这个时候孩子的大脑处于非常放松的状态，敞开了潜意识的大门，很容易接受暗示和指令，同时也是一种非常安详、舒服的临睡状态。

跟大家分享一个真实的案例：

> 有一个刚上一年级的小男生，有些多动的症状，不管白天还是晚上，都精力爆棚、活力满满，整得老师和家长叫苦不迭，特别是晚上不愿意睡觉，一直折腾说睡不着，父母拿他一点办法都没有，又不想让孩子吃药，只好给他找心理咨询师试试看。

我在跟这个小男生做心理辅导的过程中，有意识地植入了音乐疗法、绘画疗法和沙盘游戏，其实这些都是跟孩子互动的媒介，因为这么小的孩子也没办法讲道理，而且道理人家小孩子也听过太多，心里也明白，只是行为上约束不了自己。我的目的之一就是要"寻找"对他最有效的改变偏差行为的"神器"，比如音乐、比如绘画、比如运动等，每个孩子的兴趣点和"穴位"都不一样，但一定有最"痒痒"的地方。

后来，我尝试让孩子的父亲每天晚上在孩子准备上床的时候，就开始循环播放一首非常轻柔、放松的"阿尔法波"音乐，营造一种平静、舒适的睡眠环境。没想到，过了一个多月，孩子的父亲告诉我，现在孩子晚上一定要听这个轻音乐才能睡觉，不放都不行。

更神奇的是，现在孩子只要一听到这个音乐，就马上进入准睡眠状态，有时候在车上放这个音乐，孩子在后座也很快就可以睡着，所以开车出去旅行的时候也不用担心孩子在车上闹腾了，这位父亲说：真的很神奇很管用啊，没想到一首音乐能让孩子改变这么多！

当然，合适的音乐确实有神奇的功效，但也需要在心理辅导的过程中先让孩子接受这样的安排，然后循序渐进地进行尝试和强化。其实这个小男生并不是那么喜欢音乐，唱起歌来也是五音不太全的那种，所以我开始植入音乐治疗的时候也是抱着"试试看"的想法，没想到效果居然这么好。

通过这个案例，我也更加坚信孩子大脑的可塑性是一种巨大的资源，音乐脑波对于很多孩子的脑神经都可以进行合适的刺激，以显著改善孩子的心理状态和行为模式。

因为我本身也是国际认证的催眠治疗师导师，从事催眠治疗也有很长时间了，在儿童青少年的心理辅导和学习力提升的实践中，越来越觉得音乐、绘画这些艺术表达的疗愈手段，对于大脑处于快速发展期的中小学生具有很好的适用性和改善作用。

比如，在孩子临睡前的这段时间，家长可以跟孩子轻轻说话，在孩子放松、敞开的大脑里面植入积极、正面的语言，用催眠式沟通的亲子互动方式改变孩子的拖拉墨迹，引导孩子变得更加自信、更加有勇气。

你可以在孩子睡前（躺在床上的时候）温柔地跟孩子这样说：

> 孩子，睡觉了，慢慢进入梦乡吧，今天晚上你会做个好梦，你会看到自己在梦里是那么的自信、勇敢，你会一天天长大，变得越来越自信，越来越勇敢，会做的事情越来越多……

> 宝贝，睡觉觉了，你会睡得很香、很甜，每天在睡觉的时候，你都会长大，都会有变化，你会变得越来越懂事，越来越主动，会自己收拾看过的书本，会自己收拾玩过的玩具，做这些事情的时候你会很开心，因为你正在一天天地长大……

请家长注意：在睡前跟孩子进行催眠式沟通的时候，最好是放着轻柔、平静的背景音乐，或者是刚刚讲过绘本，让孩子带着画上的情景入睡。还有，睡前的催眠式沟通不是一天就能见效的，一般至少需要七天半个月左右才能见效,家长朋友不要着急,要有耐心,慢慢养成习惯,假以时日,你一定能欣喜地看到孩子的变化。

当然,每天睡前给孩子说的话、暗示的语言可以有所不同,但在一个阶段里(2~4周),最好是围绕一个方向的改善发出指令,比如近期想改变孩子的自信心和勇气,那就围绕着这个主要方向发出暗示和鼓励。过一段时间以后,再换一个方向的诉求,同时也换一些催眠的语句,让孩子能够清晰地接受到父母的暗示和引导。

☆音乐是跨越年龄和种族的心语言

音乐是人类共同的精神财富,它跨越了年龄、种族和国界,是我们人类集体潜意识的一种交往的符号和心灵的语言。

有一位意大利的女歌剧演员,请一些来自国外的朋友在饭店里吃饭,这些人都不懂意大利语。女歌剧演员拿起一张纸读给大家听,声情并茂,动人心弦,客人们都感动得哭了。虽然他们并没有听懂是什么意思,但都被女演员的声音深深地感染了。其实呢,女演员念的不过是饭店的菜单而已。这就是声音的魅力,更准确地说是对语声语调、情绪传达、心灵感应等灵活运用所产生的强大感染力。

毋庸置疑,**声音就是一种能量**,在我们说话、唱歌的时候,会传出一种声波,带着一种能量,进入对方的耳朵和身体里。如果你的声音情感充沛、抑扬顿挫,富有感染力,就会传递出一种正向和谐的能量,让人神往,令人陶醉。

心理学家对在妈妈肚子里的孩子进行了音乐刺激的实验，发现从孕期到新生儿，再到一岁左右的婴儿，对音乐都是有反应的，他们似乎都在用心聆听，而且在多数情况下，当婴儿哭闹不安的时候，播放一些具有轻快节奏的抒情乐曲都可以使婴儿安静下来，并逐渐进入睡眠的状态。

更神奇的是，越是婴儿熟悉的音乐，这种效应越明显，说明孩子对音乐的喜好在很早期的时候就形成了记忆的脑回路，这也从另外一个角度验证了"音乐胎教"确实是有一定作用的亲子互动方式。

小孩子对于音乐的感应真的是超出了预期，再跟大家分享一个真实的案例：

> 我的一个小辈亲戚，3岁多的时候在儿童医院做了一个阑尾炎的手术，麻药劲儿过了之后，就疼得一直哭，一直哭，唉，这么小的孩子做手术，确实会感觉很疼很害怕。她妈妈不知道该怎么办，于是我就请他妈妈用手机循环播放一首适合镇定孩子情绪的轻音乐，并让他妈妈一只手握着孩子的一只小手，用另一只手时不时轻轻地抚摸孩子的额头，不一会儿，孩子就停止了哭闹，身体也渐渐安静下来，然后就安稳地睡着了，起伏的小肚皮也放慢了节奏，看起来睡得非常香甜，似乎再也没有伤痛的刺激了……当然，整个夜晚，轻柔的音乐都一直在孩子的周围缭绕，没有停歇……

其实这也是一个典型的利用音乐进行浅催眠的场景，当孩子听到轻柔的音乐声，感受到妈妈的手一直握着自己的小手，他就可以放心睡觉了，因为他知道妈妈会一直跟他在一起，陪伴他度过这个疼痛的时刻，有了妈妈的爱，那些疼痛也就减轻了不少，甚至渐渐地感觉不到了。

所以，**音乐是可以帮助家长处理很多亲子困境的**，比如孩子做作业的时候，也可以放一些轻柔的音乐，让孩子的大脑神经放松下来，你不用担心孩子的注意力会受影响，现在的孩子都有一心二用的能力，何况这种浅催眠的音乐，恰恰是可以帮助孩子集中注意力的呢。

还有如果孩子比较胆小、羞怯，也可以用一些音乐或者歌谣来改善，比如跟孩子一起玩拍手歌游戏：

> 你拍一，我拍一，一个小孩穿花衣
> 你拍二，我拍二，两个小孩梳小辫儿
> 你拍三，我拍三，三个小孩吃饼干
> 你拍四，我拍四，四个小孩写大字
> 你拍五，我拍五，五个小孩敲大鼓
> 你拍六，我拍六，六个小孩吃石榴
> 你拍七，我拍七，七个小孩坐飞机
> 你拍八，我拍八，八个小孩吹喇叭
> 你拍九，我拍九，九个小孩交朋友
> 你拍十，我拍十，十个小孩站得直

家长和孩子可以创作自己的拍手歌版本，比如：你拍一，我拍一，一只孔雀穿花衣，你拍二，我拍二，两只花猫在画画，你拍三我拍三,三只小羊在爬山……激发孩子说话和表达的兴趣和好奇心。

您也可以跟孩子玩拍手问答:什么动物蹦蹦跳?小白兔蹦蹦跳;什么动物汪汪叫,小狗小狗汪汪叫;什么动物喵喵喵?小猫咪喵喵喵;什么动物咯哒咯哒,老母鸡下蛋咯哒咯哒……

可以想象,假如家长能跟孩子一起玩这些快乐的游戏,孩子该有多么开心,亲子氛围该有多么融洽,这样高质量的亲子陪伴,不仅会让孩子的身心健康成长,也会让孩子的表达更加丰富多彩。

你拍一,我拍一,一个小孩……
你拍二,我拍二,两个小孩……

43 跟孩子一起运动，磨炼意志增长见识

持续几年的新冠疫情，宅在家里的人们一窝蜂地爱上了跳操，刘畊宏的直播间粉丝突破了一个亿，这可不是一个小目标，而是彰显了人类这个大物种就是地球动物家园成员之一的本质，我们的身体需要运动，我们的身心需要律动（有节奏的活动），我们从来就不是动物的主宰，而是智能动物的一种类别。

既然是动物，就无须赘述运动对于孩子身心健康发展的重要性了，这些道理地球人都明白，当然，家长朋友们更明白。

如果家长稍微注意观察一下的话，就知道孩子打小就非常喜欢出去玩，对外面的世界充满好奇，记得我儿子不满周岁，还不会走路的时候，只要一听到"出去玩"，就开始在大人的怀里手舞足蹈，面朝大门，咯咯地笑，开心得不得了。所以"出去玩"是孩子的天性，对孩子来说，到很多地方去玩，在玩中学习、在玩中探索、在玩中试错，就是成长的主旋律。

在这里，我们想重点说一下玩和运动，或者户外活动对于孩子表达的重要性。

我们来看一个网上的热点报道：

"90后"爸爸带4岁女儿，71天从东莞骑行到西藏，结果怎么样了？

2020年疫情突如其来，宅在家里的"90后"爸爸阿斜决定带4岁的女儿兜兜骑车去西藏。

他们骑着自行车从广东东莞出发，一路去往拉萨，用车轮一圈

圈地丈量山河，历时两个多月，完成了四千多公里的旅行，看遍了沿途的绝美风景，吃遍了沿路的特色美食。

乖巧的兜兜带着好奇的目光和问不完的问题，跟着爸爸经历了一路的磨难考验，自行车的车轮，登上高海拔地区，一路艰险，无时无刻不在考验着兜兜的小心脏。

每当兜兜沉默时，阿钭都会关心地问，路上是否有点无聊？

兜兜总是奶声奶气地回答："**跟爸爸在一起，我一点也不无聊。**"

兜兜特别喜欢看夜晚天空的星星，而越是在大城市，星光越是稀少，在离开城市之后，常常能看到夜空中璀璨的星辰，犹如漫天闪闪发光的宝石，令人着迷、沉醉。

更神奇的是在青藏高原，这个号称能"摘星星"的地方，伸出胳膊的时候，仿佛能跟天上的神灵和星星握手。

在进入西藏的路上，很多骑行进藏的人，都热情地跟兜兜打招呼，跟阿钭分享旅途的快乐和经验，大家都很喜欢活泼可爱的兜兜，认为这小姑娘聪慧又机灵，在旅行中尝遍酸辣苦咸的兜兜，真的很了不起。

爸爸阿钭也沿路拍下了一段段的视频，想着等女儿长大之后，拿给孩子看，希望兜兜学会坚持，勇敢面对遥远的路途。

无独有偶，西安单亲爸爸带 4 岁半儿子骑行去西藏，网友却吵翻了天！

也是在疫情期间，西安 32 岁的张爸爸带着 4 岁半的儿子从西安骑行去拉萨，历经 77 天到达拉萨，路途中，他们遇到了各种极端天气，还有许多野生动物，张先生说，这些都是儿子不曾见过的，儿子却很喜欢。

此次骑行，既锻炼了身体，又开阔了视野，张先生的目标是带儿子走遍全国。

看着视频中，父子二人戴着安全帽和遮阳墨镜，穿着酷酷的防风服，再加上经过改造的骑行车，一路确实很拉风。

可是**网友却分成了两派**，支持派觉得这样既锻炼了孩子的身体，磨炼了孩子的意志，又开拓了孩子的眼界，增强了父子感情；反对派认为这就是过度冒险，家长置孩子的生命安全于危险的境地，不值得羡慕，更不值得效仿，特别是不少妈妈跳出来说：比起旅游式教育，安全和健康更重要。

也许，这就是父亲和母亲，或者说男人和女人教育孩子的不同，爸爸们可能更擅长带孩子走万里路，而妈妈们更愿意让孩子读万卷书，我的看法是：没有好坏也没有对错，只有选择和结果。

因为每个孩子都是独一无二的存在，都有自己的个性发展所面临的问题，要不要旅行、跟谁旅行、怎么旅行，相信父母都有自己的深思熟虑，比如，下面这个青春期叛逆孩子的爸爸，在面临孩子厌学无法管教的时候，辞职带孩子开房车游走中国的做法，应该可以给我们一些启示。

> 同样是在疫情期间，徐爸爸因为儿子厌学，便辞去工作，贷款买了一辆二手房车，从辽宁出发前往丽江，带着厌学的儿子开房车游走中国，日夜兼程50多天，1万多公里，徐爸爸觉得千值万值，儿子也觉得收获满满，父子俩从开始的冷漠相处，到互换

真心，轻松交流，已经形成了父子上阵，齐心协力应对困难和挑战的合作同盟。

徐爸爸接受记者采访的时候说："以前他一天到晚就想着玩游戏，不听父母的管教，在学校上课注意力也不集中，甚至会因为作业的事情撒谎，后来干脆就不想上学了……"

这让一向看重孩子品格的徐爸爸开始自我反省，他认为可能是因为自己经常向孩子说教，扮演着严父的角色，才让本就叛逆的孩子和他的关系更加疏远了。

于是他想带着儿子来一场男人与男人之间的旅途，用切身行动，去了解儿子，将他拉回正轨。

就这样，他们两个人，一辆车，开启了属于两个人的旅程。

儿子刚开始的时候玩心大，只觉得路上的风景新鲜有趣，但渐渐地，通过长时间相处，儿子看到了不一样的父亲，也逐渐学会了给父亲分担压力。有时候开了一天车，爸爸晚上做完饭之后觉得累，他就会主动揽下洗碗的活。

"让他刷碗做家务，这事以前在家里可不会发生。"徐先生语气中透着一股欣慰。

旅行中每经过一个有文化底蕴的城市时，徐爸爸都会带孩子去参观，"我会用一些奇怪的问题吸引他，然后让他通过自己的观察了解，然后给我讲。"徐先生说，在这样的引导下，他发现孩子即便是在叛逆期，只要让他对事物保持好奇，学习根本不是什么难事，而且还发现了孩子对摄影的爱好。

儿子也渐渐学会为父亲操心了，"有时候操心操得我都有点烦。"徐先生笑着说。

儿子会为两人规划行进的路线,判断哪条路上货车少。车上物资有什么缺乏的,儿子也会记下,协助徐先生去买。父子俩在"相依为命"的日子里看到了不一样的彼此,都在对方身上或多或少看到了自己的影子,二人之间的感情也在旅途中更加深厚了。

从前徐先生在家里一直扮演着严父的角色,导致儿子也不敢和他亲近。现在孩子也会主动和父亲拥抱,撒撒娇,跟家里人也更加愿意沟通和交流了。

当然,旅行之后,儿子已经迫不及待想要返回校园,开始以新的面貌投入学习之中了。他说:"学习是为了更好地探索世界,我想和父亲一样做一个有学识、正直的人,就算学习苦,我也会吃这个苦的。"

近年来独自带孩子骑车旅行或者徒步旅行的父亲越来越多,网络上一搜居然有3 000多万条!奶爸带娃出游渐成流行之势,我想,这也许是在应试教育之下,面对沉迷于手机、游戏的孩子们,或者在疫情之下愈发迷茫、无助的孩子们,**觉醒的父亲们开展的一场破釜沉舟的"自我救赎"的行动吧**。

读万卷书、行万里路、阅万千人,这是我们很多人都心心念念的人生计划,人生本就是一场身心的体验,一场灵魂的游戏。有条件的,或者迫不得已的家长,确实可以早点带孩子历经千山万水,丰盛内在心灵,活得更明白和有动力;没有条件的,或者没有那么必要不得不远行的,也可以在周末或者节假日,带孩子在周边或者郊区旅游,做一些户外亲子活动,也是可以给到孩子非常有爱的心灵滋养的。

最关键的是，历经千山万水，见识更广，对社会了解更多的孩子，都会更加自信和阳光，在人际交往中也会更擅长表达和交流，不仅会更加适应各种社会规则，也会更加勇敢地面对困难和挑战，在塑造心智和健全人格的关键时期，获得更加全面的身心体验，发展出健康、正确的世界观、人生观和价值观。

44 实操练习：在大自然中丰富孩子的五感表达

艺术都是源于生活，源自大自然的馈赠的，而我们感受大自然的美丽，感受艺术的魅力，都是通过我们的五感，也就是视觉、听觉、味觉、嗅觉和触觉来感受这个缤纷世界的，同时，这五种感觉也是人类生存下去的必备基本技能。

著名教育家蒙台梭利认为：儿童通过五种感官来体验自然环境中的各种形、色、声等，并由此形成记忆、想象和思维。

脑科学研究也一再表明，孩子的脑神经在关键的婴幼儿和儿童期的发展无比重要，三岁看大七岁看老，孩子的脑神经回路一旦"形成和固化"，就很难重塑和改变。

因此，在孩子成长的过程中，必须尽早训练孩子的五感，而最好的五感训练就是在广阔的大自然中，通过最生动的颜色、声音和不同的质地，让孩子在认识和了解大自然一草一木的过程中，感受万物有灵、山河有情的天地乾坤，在风、雨、雷、电和阳光灿烂、碧海蓝天的情境中，吸收成长的养分和心灵的力量。

这就是**大自然的五感训练法**，简单地说，就是让孩子多进行户外活动，并有意识地让孩子用语言交流和艺术表达的形式，在大自然中刺激五种感官（眼睛、耳朵、嘴巴、鼻子、手脚皮肤），从而锻炼五感，提升五感，获得充分的五感体验。

大自然五感训练法不仅仅可以帮助孩子提升表达能力，而且还可以刺激脑细胞产生更多的突触连接，激发潜能，促进孩子的智力发展和身心平衡。毕竟我们的应试教育更多的是在教室里面上课，回家也是在房间里面做作业和刷手机，严重禁锢了孩子们跟大自然的连接和身心互动。特别是幼儿园、小学阶段的孩子，平时绝大部分时间都在室内，缺少了真实的生存体验，感觉离大自然很远很陌生，逐渐失去了好奇心和探索的欲望。

因此，强烈建议家长朋友们在节假日多带孩子到大自然中去，哪怕是在小区周边的花园和草地，也可以引导孩子做一些感受性训练，逐步通过五感的拓展表达，让孩子在语言和艺术的敏感期接受大自然的刺激和脑回路的塑造。

☆大自然五感训练法

1. 视觉

视觉是孩子（也是人类）感知外界信息的最基本的方式，孩子会通过色彩、形状、大小、多少、高矮、胖瘦等各种不同来认识物体，家长可以有意识地拓展孩子的视觉表达，比如：

孩子说：公园里有好多花啊，真好看！

您就可以问孩子：宝贝，你看到都有什么颜色的花呢？

孩子说：有红色的、粉色的，还有黄色的、紫色的……

（让孩子边说边指出来不同的颜色）

您可以接着问：你知道红色的是什么花吗？粉色的是什么花吗？黄色的、紫色的又是什么花吗？

孩子可能会说：我只知道红色的是玫瑰花、粉色的是康乃馨，黄色的和紫色的我不知道是什么花。

您可以先肯定孩子说出来的认识的花的名称是对的，然后跟孩子一起通过"识花"小程序来学习孩子不认识的花种和特性。

在这里举一个小例子，家长可以引导孩子说出更多视觉方面的表达，比如：

孩子，你能说出来玫瑰花和康乃馨形状有哪些不同吗？

你可以形容一下黄色的郁金香长得有点像什么吗？

你看看这些花的叶子都是什么样子的呢？仔细看看叶子上的纹路，它们都有哪些不同呢？

如果孩子已经上了小学，还可以让孩子用视觉的语言拓展句子的表达：

这是什么？这是玫瑰花。

加数量：一朵玫瑰花。

加颜色：一朵红色的玫瑰花。

加地点：公园里有一朵红色的玫瑰花。

加时间：夏天的公园里有一朵红色的玫瑰花。

加动作：夏天，我在公园里看到了一朵红色的玫瑰花。

加心情：夏天，我很开心地在公园里看到了一朵红色的玫瑰花。

2. 听觉

让孩子们在大自然中聆听各种声音，本身就是一种身心的放松和疗愈，对孩子的智力发展同样具有非常重要的作用。

家长可以在户外活动或者野外旅行中，利用大自然中的任何事物的声响来引导孩子聆听各种声音，比如溪流的潺潺声，风吹过森林的咝咝声，还有雨落在地上的声音……

有条件的可以带着孩子去动物园跟各种动物"聊天"（当然要注意安全），学习并模仿不同动物的叫声和动作，绘声绘色地表现出动物的不同特征，这些都是孩子们非常喜欢的游戏。

如果父母一起带着孩子去动物园，或者跟别的小朋友一起玩，人数比较多的时候，就可以做一个模仿动物的团体游戏，这个游戏的规则很简单，就是每个人都轮流模仿一个动物的叫声和动作，然后其他人都必须跟着这个人模仿动物的叫声和动作，比如：

甲：我是猫咪，喵，喵，喵，喵

众人：我是猫咪，喵，喵，喵，喵

乙：我是小狗，汪，汪，汪，汪

众人：我是小狗，汪，汪，汪，汪

丙：我是麻雀，叽，叽，喳，喳

众人：我是麻雀，叽，叽，喳，喳

丁：我是小熊，嗷，嗷，嗷，嗷

众人：我是小熊，嗷，嗷，嗷，嗷

戊：我是老狼，呜，呜，呜，呜

众人：我是老狼，呜，呜，呜，呜

己：我是鸵鸟，嘎，嘎，嘎，嘎

众人：我是鸵鸟，嘎，嘎，嘎，嘎……

我是鸵鸟，嘎，嘎，嘎，嘎

3. 味觉、嗅觉和触觉

想要带孩子在大自然中体验味觉、嗅觉和触觉，莫过于来一场郊外采摘活动了，又简单又实惠，不仅玩得开心，还能带回家一堆苹果、萝卜、草莓、蜜桃……

采摘活动可以让孩子零距离亲近土地，感受大自然的神奇，原来平时吃的水果蔬菜是这样长出来的！在采摘过程中，让孩子亲自动手去摘，动脚爬树，并仔细观察植物的枝干、叶子、果实、生长方式等，了解不同植物的生长特点，让孩子的五感完全沉浸在大自然的"劳动课"里。

让孩子仔细摸一摸，了解果实的手感和质地，是滑溜的还是粗糙的；再认真闻一闻果实的气味，是什么味道的，然后亲口尝一尝采摘的果实，感受不同的滋味，哪些是酸的，哪些是甜的，哪些是苦的。孩子们的嗅觉和味觉都是非常敏感的，自然就会有特别深刻的味觉和嗅觉体验。

这样一个采摘活动下来,孩子们的视觉、听觉、味觉、嗅觉、触觉全部调动起来了,自然是大大丰富了语言表达的素材,写作文都会更加得心应手了,是不是很简单又很划算呢?爸爸妈妈动起来,赶紧安排一次农家采摘吧!

水果蔬菜,八戒最爱

第二部分

必须要教孩子学会的实用表达技巧

第七步

提升孩子的声音魅力，
抑扬顿挫自信表达

45 给孩子的声音做个诊断——了解孩子的声音特点

相由心生,声如其人,声音可以说是我们的第二张"脸面",是一个人形象的一部分,会说话,声音又好听的大人和孩子都更招人亲近和喜欢对吧。

不过好听的声音是需要练习和美化的,就像我们的脸、我们的身材一样,都是需要好好保养和修饰的。那该怎样进行声音的练习,以美化孩子的声音呢?

首先,我们要对孩子的声音有一个诊断,诊断什么呢?主要是听听他的声音有没有比较严重的问题,特别是**发声是不是正常的**,这个非常重要,因为错过了语言矫正的关键期,这些问题可能导致孩子以后的表达都会不顺畅。

当孩子上了幼儿园或者小学,那就说明孩子说话已经说了挺长时间了,作为家长,应该尽早发现孩子说话有没有比较严重的问题,比如发声是不是正常,吐字是不是清晰,节奏是不是合适等,家长可以通过有意识的观察,得出一个初步的诊断。

一般来说,衡量一个声音的特点可以有数十种指标,不过对于孩子来说,我们可以重点从以下五个方面来进行声音的基础诊断。

☆声音的大小（一）

第一个诊断的是声音的大小，请家长仔细听听孩子日常的说话声音：声音是特别大特别洪亮呢，还是特别小特别细弱呢？

如果是特别小的声音，比如孩子说话的时候，声音像蚊子嗡嗡似的，听起来很费劲，那说明声音的大小是有问题的。

而有的孩子说话的声音特别大，恨不得响彻宇宙，这样的声音就是大而响亮的。

声音的大小代表着孩子嗓子的开放程度，也就是说他的嗓子有没有打开，而要想练习演讲口才，嗓子一定要打开。

现在请你在一张白纸上写下**"声音的大小"**几个字，然后在下面画一条直线，在线的左端写上 0，在线的右端写上 10，意思就是如果孩子的声音特别特别小就是 1 分，声音特别大就是 10 分（详见本节插图：**声音特点诊断表**）。

请问家长，你给孩子打多少分呢？

特别需要说明的是：这个分数不是评价好坏的分数，而只是一个了解声音特点的分数，就是可以通过这样的一个简单的评量法，给孩子的声音特点做一个客观的诊断，没有好坏，只有了解。

下面的另外四个指标都跟上面声音的大小一样来进行评量操作，可以直接在"声音特点诊断表"上填写该项的得分。

☆声音的快慢（二）

第二个诊断的是孩子说话的时候，他的语速的快慢，这个也是非常重要的，因为关系到听话的人能不能听得清楚，听得明白。

有的孩子说话特别慢，有的孩子说话特别快，最快的那种，

BALABALA……会一直说不停,甚至都让人的听觉跟不上来,那他是 10 分。

有的孩子说话很慢很慢:我……今天……跟同学……借了……一支笔……停顿很长,半天话都说不完整,甚至有点结巴的,就打 1 分。

再强调一下,打分只是一个了解,不是评判,特别快的 10 分和特别慢的 1 分都是一个起始分数,都可以通过引导和练习来改进。

☆ 声音的节奏(三)

第三个诊断的是声音的节奏,它需要特别注意两个方面:

首先要注意的是声音是不是很平,也就是孩子说话的时候,他的声音大小、快慢都没有什么变化,从头到尾一个节奏,像催眠曲一样。

有时候我们听老师讲课,老师就一个节奏的声音:今天我们开始讲数学不等式,这个数学不等式主要是比较数字的大小,比如 5 大于 4,3 大于 2,嗡嗡嗡嗡嗡嗡嗡……一会儿同学们就昏昏欲睡了。

第二个方面要注意说话的节奏有没有杂乱,虽然我们的口语表达要有节奏的变化,但也不能变得太没章法,一会快,一会慢,一会高昂,一会低沉,完全由着感觉来,这也是不合适的。

测试孩子声音节奏的时候,可以跟孩子有一个几分钟的对话,或者让孩子先看一幅画或者一篇文章,然后花两三分钟讲讲他的理解,注意千万不要让孩子直接读文章,必须是聊天或者谈话,这样才能看出他的声音节奏的特点。

☆声音的清晰度（四）

第四个需要诊断的是声音的清晰度，也就是听听孩子的发声是不是清晰的，吐字是不是清楚的。

请家长尽量用普通话进行测试，当然如果方言让孩子的表达更通顺，也可以先用方言对孩子进行测试，以后再慢慢练习说普通话。

在语言表达的训练中，说好普通话当然很重要，但对于孩子来说，刚开始的时候不要抓住普通话是否特别标准不放，更重要的是先建立孩子表达的自信心，不要一开始就卡在普通话的发音上。

家长要相信孩子语言表达的巨大可塑性，在之后的口才练习过程中，逐渐通过练习各种诗词朗诵、文章朗读，让孩子自然而然地把普通话说得越来越好。

需要注意的是，在声音的清晰度诊断时，也要同时考察两个方面：

首先是他能不能**吐字清晰、发声清楚**，即使说方言也要看他吐字是不是清楚的，是不是每一个字词都能让人听得清清楚楚、明明白白。

其次是他说话的**整体表达是不是很清楚**，不管他的语速是快是慢，声调是高是低，关键是不是让人听得每句话都很清楚，层次分明，语义明了，比如问句是问句的语气，感叹句是感叹句的语气，也就是语句的表达也是令人舒适、清晰的，这才是声音清晰度的关键所在。

☆声音的流畅度（五）

第五个诊断的是声音的流畅度，这属于比较"高级"的诊断项目，因为它涉及发声的气息和声带使用的方法，而气息的练习是美化声音的基本功。

声音的流畅度主要是指孩子的声音是不是有好的连贯性和流畅性，有那种一气呵成的感觉。这一点实际上考察的是孩子讲话时的气息是不是通畅的，是不是足够的。

怎么诊断孩子声音的流畅度呢？请让孩子深深地吸一口气，然后一口气小声从1数到100，不换气，看他能数到多少。比如说，13456789……注意可以说得快，但是要让人听得清楚每一个数字。

如果孩子一口气数到100就是10分，数到80就是8分，数到60就是6分，以此类推。注意必须是一口气，而且声音要清楚明亮，要让人听得清楚。

至此，**孩子的声音特点诊断完毕**，五个维度的打分都出来了。

现在，你已经把孩子声音的五个基本特点都测试完了，都已经记在纸上了，你有些什么新的发现吗？**对于孩子的声音特点和表现力，你是不是了解更多一点了呢？**所以，诊断不是目的，了解才是正道。

不管孩子当下的声音是什么样的，家长朋友们都要坚信：好声音是练出来的！就像好成绩是学出来的一样，一分付出一分收获。只要家长坚定信念，跟孩子一起努力，就可以打开孩子的金嗓子，练出靓丽的好声音！

声音特点诊断表

46 教孩子开嗓发声——打开孩子声音的通道

提升孩子的声音魅力,是需要做许多实操的声音练习的,首先就是要打开嗓子,让孩子的嗓子能够发出正常音量的声音。

相信很多家长朋友和孩子都有这样的经历:早上起来的时候会感觉嗓子有点干,说话有点沙哑,使不上劲儿,不能一下子把话说得很响亮、很大声,其实就是嗓子没有打开,或者说嗓子还在睡觉呢。

打开嗓子就是要把嗓子激活,让嗓子开始正常工作,而且是高质量地去工作。特别是在练习口才表达之前,一定要先把嗓子从沉睡的状态中唤醒、激活,让它有适度的兴奋感,适度的期待感,就像我们跑步、跳舞之前也要压压腿呀,伸伸腰呀,做一些准备活动一样。

开嗓也是一个口才表达的热身准备,如果没有热身好,嗓子没有打开,不仅说话的声音会很小,甚至会有些沙哑,更不好的是,这个时候如果我们非要大声说话,就有可能伤害到我们的嗓子,甚至把嗓子给用坏了。

特别是对于 5～10 岁的孩子而言,嗓子还没有变声,声带都是比较细的,发声的各个部位也都没有完全发育好,家长要特别嘱咐孩子保护好嗓子,而科学的开嗓也是保护好嗓子的一个方式。

☆ 保护嗓子的方法

首先,我们说一下保护嗓子的方法,在开嗓的过程中怎么保护孩子的嗓子呢?

首先要注意**不要在吃过饭后马上就去练习口才表达**，一是脑部的供血不足，血液都在胃里面，另外嗓子在吃饭的时候也参与到了咀嚼吞咽的过程中，也有点累，也需要休息。

特别是在吃得太饱的情况下，放下饭碗就练习口才演讲更不好，你的各个器官，包括胸腔、横膈膜和饱胀的腹部都不支持你，也不可能练得好。

当然如果你只是垫补点东西，吃点零食喝点饮料，那就没关系，不会对你的声带产生不好的影响。

其次就是要注意在练习演讲口才的过程中，**随时要保持喉咙是湿润的**，也就是时不时就喝一点水，润润嗓子，为什么呢？

因为让喉咙保持湿润，可以让嗓子处于一个比较舒缓、放松的状态，在发声的时候显得声音不干涩，听起来显得声音更灵动、更水灵。

☆ 开嗓打开声音的通道

开嗓的第一个方法就是从现在开始，家长要允许孩子大声说话，大声嚷嚷，大声喊，大声叫，当然了，不是歇斯底里地那种嚎叫，而是夸张性地大喊大叫，让声音的穿透力更强。

比如，孩子可以大喊：爸爸！爸爸！妈妈！妈妈！我今天好高兴啊，老师表扬我啦……有意识地引导孩子把说话的声音放大，这是开嗓的一个方法。

当然，这是一个自由开嗓的方法，你可以跟孩子说："孩子，你可以说话的时候大声点，再大声点，我们在练习口才表达呢，声音要放出来，让大家都能听清楚。"

或者你也可以让孩子大声朗诵一段课文或者散文,或者读一篇文章,说一段英语,读一本书的片段,读什么不重要,**关键是大声!**

这里也需要稍微说明一下,既然是练习口才表达,阅读习惯的培养也是非常重要的,想要说话好听,同时还要有内涵,就需要大阅读量的支撑,不管是古往今来的经典名篇,还是现时当下的一些热点文章,都需要让孩子去关注、了解一下。

现在的大考小考、中考高考,都进入了"大语文时代",开放题越来越多了,阅读量成了支撑综合表达能力的基础工程,越来越重要。

下面带领大家做三个开嗓小练习,请大家关注"歆然悦读"或者"薛歆然"的视频号,跟着薛老师一起做这三个开嗓小练习,效果会更好。

首先来学一个发音,什么发音呢?就是汉语拼音的第一个元音字母"a"(啊)的发声。

先张开嗓子发出这个音"a",注意一定要把嘴张开,嘴角往两边拉,把"a"的声音发出来,大声发出来,请跟着老师的音频或者视频正确练习,大声发出这个"a"的声音。

第二个开嗓小练习就是**用这个"a"的发声来吊吊嗓**,在戏剧演员的训练中,有一种发声练习叫吊嗓,我们练习演讲口才也可以借鉴,让声音练习上楼梯,让嗓子更加地打开,同样大家可以跟着薛老师的音频或视频学习和跟练:aaaaaaaa……

注意吊嗓的时候尽量采用腹式呼吸,一定要有气息的助力,同时要注意不要太用力,不要把嗓子吊破了,练到自己的声音能够唱出正常音色的高度就可以了,毕竟咱们是练习口才表达,不是真的要当喜剧演员对吧。

第三个练习比较好玩,就是**把声音大声吐出来:"哈哈哈哈"**——请两脚分开,屈膝,两手叉腰,有点像青蛙的样子,然后把"哈"的声音从腹腔和胸腔里面吐出来(姿势如下图)。同样大家也可以跟着薛老师的音频和视频练习:哈!哈!哈!哈!哈!哈!哈!哈!哈!哈!哈!

47 带孩子练习说话的节奏——语速快慢彰显情感

我们在生活中每天都要跟人说话,都知道如果想吸引别人认真听你说话,那你说话一定要有感染力对不对,那怎么做到呢?

有一个简单的方法,就是把说话的节奏变化一下,让你的话显得生动、有趣。

比如老师让你读一首诗,你肯定要抑扬顿挫,时快时慢地读对吧,要不然你可以自己试着读一下下面这首耳熟能详的诗:

> 白日依山尽,
> 黄河入海流,
> 欲穷千里目,
> 更上一层楼。

你是不是也读得有些抑扬顿挫、时快时慢呢?

为什么要这样朗读呢?因为这样才能表达出诗的情感和意境,才能吸引人,让人爱听。

因此,说话的节奏、快慢、起伏,是练习演讲口才表达非常重要的方面,也就是说,在演讲过程中,你的节奏一定要有所变化。

那怎么变化呢?主要有两个方面:**一方面是语速快慢的变化**,就是说你的语速不能一直是一个节奏,不能跟催眠曲一样,让人听着犯困。

有时候还需要一些停顿,一些故意的留白,让听众有一些思考的间隙。

另外一方面,**还要有情感的变化**,情感要有起伏,有激动、兴奋的高亢,也有舒缓、轻柔的讲述。

当然,节奏不仅仅是指快慢和情感的变化,也要彰显出整体的表达感受,除了增加吸引力和感染力之外,也要让人感到丰富性和多样化，让人听着有一种享受的感觉，这才是口才表达的魅力所在。

因此，口才表达其实也是一种集大成的艺术表达。

☆三种最基本的表达节奏

简单地说，我们说话有三种最基本的节奏。

第一种是**轻快的节奏**，什么叫轻快的节奏呢？就是说它的语调是轻松的，语句的尾巴是上升的，说话有点快，但是让人感觉是轻盈的、愉悦的，就好像小豆子在跳动，听起来好像在跟熟人聊天一样。

比如说：我一进书店，天哪，怎么这么多人啊，原来我一点都不孤单，有这么多人都跟我一样，周末都在书店里度过……

轻快的节奏、语调一般适合表达轻松愉快的事情，或者是宣布一些好消息，当然性格开朗的女生可能更多会是这种说话的节奏和语气。

第二种节奏就有些不同了，叫**舒缓的节奏**。

舒缓的节奏一般都比较稳重和缓慢，它的语句的尾巴一般是往下走的，比如说：我们今天开这个会呢，是为了跟大家传达一下目前新冠疫情的防控情况，以及接下来疫情可能的发展态势……

舒缓的表达，它的语调是往下的，语气是稳重而缓慢的，表达出一是一、二是二的中正感，比如说我们在大会上做一个报告，或者是念一篇深刻的文章，就适合用这种舒缓的节奏和语气。

第三种节奏是**适中的节奏**，就是既没有那么轻快，也不是那么舒缓，而是一种适中的调性，好像不快不慢，不疾不徐，淡淡如白开水的感觉。

如果说轻快的节奏像一杯甜甜的饮料的话呢，那舒缓的节奏就有点像茶，适中的节奏就像白开水，喝起来似乎没有什么味道，但其实天天都在喝，天天都在用，所以我们也要让孩子从适中的节奏开始练起。

如果孩子平时说话有点快，就引导他有意放慢一点节奏，如果平时说话有些慢吞吞的，就要适当加快一点语速。

一般来说，适中的表达是一分钟的单词量在 250～300 之间，当然这个也因人而异，我们不一定要拘泥于这个数字，关键是我们要知道，声音的节奏可以轻快，可以舒缓，也可以适中。

同时我们的情感可以高昂，可以低沉，也可以淡定，但是，一定要吐字清晰，语气连贯，而且要与所表达的内容相一致，让人感觉你的语言表达形式虽然多姿多彩，但是互为相融，并不冲突。

为了让大家理解在演讲中节奏的变化给人带来的不同感受，建议大家可以在网上搜一个"超级演说家"节目的小选手杨心龙的演讲片段，这个演讲的主题是《我们喜欢什么样的父母》，相信你和孩子一定能感受到他在演讲中是如何运用这个节奏和情感的。

☆一个简单快速的声音节奏小练习

选一首孩子最喜欢的古诗词，用各种变调和语速去朗读，体会各种不同节奏的不同感觉。

这里给家长推荐三首可以让孩子练习声音节奏和变调的古诗：

好雨知时节，当春乃发生。

随风潜入夜，润物细无声。

第七步 | 提升孩子的声音魅力，抑扬顿挫自信表达

锄禾日当午，汗滴禾下土。
谁知盘中餐，粒粒皆辛苦。

日照香炉生紫烟，
遥看瀑布挂前川。
飞流直下三千尺，
疑是银河落九天。

先练习比较慢的舒缓节奏的朗读，认真地读上3～5遍，然后再用快一点的轻快节奏朗读，也读上3～5遍，再用适中的节奏朗读3～5遍，体会一下不同节奏的朗读给人带来的不同的感觉。

最后，加入合适的情绪情感，饱含深情地去朗诵，把这些古诗词要表达的寓意和意境都表达出来，用心感受一下自己朗读这些诗词的呼吸和吐字。

家长可以把孩子的各种读法都录音下来，跟孩子一起回放聆听，更多体会不同节奏和语气的表达和感受，这样抑扬顿挫、富有情感的表达训练，会大大提升我们当众表达的感染力。

48 教孩子学会抑扬顿挫——语声语调特别重要

声音的变调是口才表达的高级演讲口才的高级表达手法，是体现声音魅力更高的要求，也是让我们"说的比唱的还好听"的重要佐料，为什么呢？

因为高水平的口才表达一定是声情并茂，含有"表演"成分在里面的，比如**"演讲"，其实就是"演＋讲"，也就是又要演又要讲。**

演讲跟开会发言不太一样，演讲可以说就是一场隆重的演出，只不过这个演出的主要形式是用语言，包括口语语言和肢体语言、情感语言等去感染观众，不仅要引人入胜、发人深省、引起共鸣，还得让人恨不得马上跟着你行动、跟着你喊、跟着你跳、跟着你激动、跟着你心动，这才是一个**演讲要到达的目的，要具有鼓动性和煽动性。**

我们的语言表达也是如此，其实我们跟别人说话的时候，都是希望别人可以相信自己的说法，认同自己的观点，跟自己站在同一条战线上的，对吧。

那么，你就要在你的语言表达里加上足够多的"佐料"，其中有一种味道比较浓重、效果相当好的"佐料"，就是变调。

☆ 两种常见的声音变调

现在我们一起来学习两种变调，第一种是**自己声音的变调。**

简单地说，就是你在自己的表达角色里面，讲一个自己的故事也好，或者说一段自己的感受也好，可以一会儿用高亢的声音，一会儿用低沉的声音，一会儿用响亮的声音，一会儿用尖细的声音，一会儿唱歌，一会儿读诗等，变化很丰富，就好像有各种音符在飘荡：哆来咪发索啦唏哆……

你的声音是有旋律变化的，一会儿高，一会儿低，当然这些变化也是和谐的，不能一会儿唱一下美声，又唱一下通俗，再唱一下民歌，不能太乱，但不管你乱不乱，变调用得合适不合适，你都是在你的角色里面，你都是在说自己。

比如说你有一个新学期的计划，这个计划是什么，是什么，是什么，有些计划让你感到很兴奋，也有些计划让你感到相当有压力，在你表达的时候语气声调肯定会有相当大的不同。

第二种变调是我们要说的重点，它更加地彰显功力，那就是**角色的变调**，也就是你换了另一个人的角色，说话的声音完全不是你了。

比如讲故事就是一个角色变调的典型表达，想象一下，你怎么跟孩子绘声绘色地讲一个故事呢？

小兔子乖乖，把门儿开开，快点儿开开，妈妈要进来……

当大灰狼模仿小兔子的妈妈叫小兔子开门的时候，它也会使用角色的变调呢，如果是你给孩子讲故事，你是不是也会自然而然地模仿小兔子妈妈的语声语调呢？

是的，讲故事就是要绘声绘色，才能把故事讲得引人入胜，让听众听得有滋有味，而把故事讲得绘声绘色，就是用声音描绘出各种人、事、物，主角、配角、情境、场景，甚至恨不得用声音把那个颜色、那个氛围都描绘出来，就好像让人身临其境一样，比如下面这个故事（可以听薛老师的音频演绎）：

> 有一位年轻人向一位老人抱怨到："为什么别人总是拥有很多，而我却一无所有呢。"老人摸了摸自己的白胡子，问年轻人："请把你的手给我，我给你10万元，你愿意吗？"年轻人摇摇头："不卖。"老人接着问："那脚呢？你把你的脚给我，一只脚10万，你愿意吗？"年轻人生气了，说："你有病吧，哪有人会把手和脚卖给你，多少钱都不卖！"老人又微笑着说："那我拿100万买你的青春，你卖不卖？"年轻人鄙视地看着老人，回答："不卖。"老人微微笑了笑，说："你看，你拥有这么多东西，多少钱都不卖，怎么会是一无所有呢？"年轻人突然顿悟了，跟老人鞠了一个躬，大声地说："我明白了，谢谢您，老先生，我还年轻，年轻不怕失败，我有的是力气，有的是时间，我要去努力，要去奋斗！"

大家都听到了吗？或者你自己试着讲一下这个故事，你就会感受到在讲故事的表达中，都会自然而然地变换角色的声音。

在上面这个故事里，我们**要用到三种不同的角色声音**，首先是故事旁白的声音，也就是演讲者在讲故事的来龙去脉和故事场景，另外就是两个角色的声音，一位老人和一位年轻人的声音，这就是声音变调的一个运用。

其实很多童话故事都有不同角色的人物或者动物，比如说"小红帽的故事"里面，就有妈妈和外婆，还有猎人和大灰狼的角色，如果家长要给孩子读这些故事,肯定也会有不同的声音演绎的。

当然,小朋友讲故事的时候声音也可以很丰富,比如学各种动物叫呀,学各种风声雨声打雷声呀,这些自然界的声音可以很好地表达此时此地此景;小朋友也可以学习唱歌、学习朗诵、学习口技、学习打快板等,可以用各种表达形式让我们的语言表达更加丰富多彩,更加具有吸引力和感染力。

49 教孩子运用肢体语言——让肢体语言为表达加分

为了更好地切身感受肢体语言的魅力,我们就以当众表达的最高级形式——演讲,来进行学习和练习吧。

我们在前面已经说过了,演讲的过程实际上是一个"演+讲"的过程,既然有"演"的成分,那就不仅仅是光靠说话就可以完成的了,除了"讲",还要有演,怎么演呢?

肢体动作,或者说肢体语言,就是非常重要的演出表现。

当然,演讲过程中的表演,不像戏剧那样的演出,有那么多的动作和对话,而是要有表演的感觉,有演出的成分,要通过演来区别于一般的当众表达,通过演来强化你要表达的内容和增加感染力,要把大家的目光都吸引在你的身上。

其实所有的当众表达,你都不能像一根木头似的杵在那儿,只是吧啦吧啦吧啦吧啦说话，那这不是表达，只是自说自话。

☆如何训练肢体语言

在当众表达的肢体训练过程中，有一点要特别注意，那就是不要刻意而为，不要为了有动作而滥用肢体语言，不要单纯为了动作而动，而要**有感而发，有感而动**。

在不少演讲口才培训中，大部分老师都是生硬地教你一些肢体动作，比如说告诉你：手往上飞的时候，表示这个事情是正向的、积极的，往上就是高亢的、肯定的；手往下压的时候，就是表示低沉的、反对的、否定的，甚至一边做动作一边喊口号，感觉非常刻板。

其实这样的训练是没有多大意义的，为什么呢？

因为就像一段舞蹈表演，如果这个舞蹈动作仅仅是肢体语言在跟着音乐舞动的话，跟广播体操有什么区别呢？如果没有情感的表达，没有由内而外的心灵能量的抒发，是不会给人以艺术的享受的，而只能是生硬的动作拼凑。

特别是在培养孩子当众表达的练习中，一定不要为了做动作而做动作，不要那么刻意。讲到"天天进步"就举一下手，讲到"努力学习"就握个拳头，其实这一下就能看出来有些不太自然。

因此，伴随表达的手势、姿势都应该是自然而然、有感而发的，对于刚刚开始训练的孩子来说，完全不必要做一些特别的限制，制定特别的规则，而是让他自然地流露出来，让他找到最适合自己肢体语言的表达方式。

我们要相信每个孩子都是独一无二的存在，都是上天赐予人间最好的礼物，他们都有特别独特的表达方式，比如有的孩子喜欢画画，有的孩子喜欢唱歌，有的孩子喜欢运动，有的孩子喜欢手工，这些都是发自内心的表达。

只要孩子愿意表达，家长就应该鼓励，进而丰富他们的表达，让他们跟这个世界有更多的连接和表达方式，而不是为了限制孩子的天性，非要把大家都训练成一个样子。

当孩子逐渐有了一些演讲训练的收获之后，他自然就会形成自己独特的手势语言，他会用他的方式跟听众互动交流，他会变调，会调整节奏，也会用自己的方式去表达自己的心声。

下面介绍两个训练肢体语言的实用方法：

1. 对镜练习法

让孩子尝试在镜子前面进行演讲的肢体语言的训练，对着比较大的一面镜子，如果客厅没有、卧室没有，可以在洗手间，洗手间里面一般都有一面大镜子，让孩子看着镜子里面的自己进行肢体语言的练习。

对着镜子练习肢体语言是一个非常简单高效的练习方式，孩子很容易看见自己在镜子里面的表现，他自然就知道哪些地方该调整，哪些地方该改进。

家长也可以跟孩子一起探讨，哪个动作不太雅观，哪个动作不太合适，逐渐形成孩子自然而然可以表达出来的几个招牌动作，有了这几个招牌动作，孩子再上台演讲或者上台发言的时候，就可以胸有成竹，自然发挥了。

2. 模仿练习法

还有一个训练肢体语言的方法，也是我在训练中一直都在用的一个方法，那就是模仿。

特别是演讲，一定是先模仿，后创造，要先跟着榜样学习，然后再创造出自己的演讲风格。很多人爱上演讲都是因为听了别人的演讲感到热血沸腾，觉得自己也要去影响别人，才开始学习演讲和当众表达的。

是的，演讲本身就是一种思想的传递，因此，我也建议家长，多引导孩子观看一些精彩的演讲视频，特别是一些中小学生的演讲表演，比如"小小演说家""超级演说家"等节目，在这个里面能看到别人是如何使用肢体语言的，小孩子的模仿能力非常强，当他明白肢体语言是为演讲加分的、肢体语言很重要、肢体语言是一定要有的，他就会主动去学习、去创造，去形成自己的表达风格。

毋庸置疑，**肢体语言可以为演讲和表达加分**，同时，**肢体语言也是个性化的**，是表达的人自己由内而外的自然流露和表达，只要多练习、多体会，就会逐步形成自己应用自如的肢体动作。

50 实操练习：同理心与"喜怒哀乐悲恐惊"的情感表达

在演讲口才表达中运用情感，对于小学生来说还是有一点难度的，因为孩子的情感经历还比较少，因此，家长要从小培养孩子的同理心，能够感受人间的七情六欲，特别是"喜怒哀乐悲恐惊"。

注意我们这里说的是同理心，不是同情心，同理心和同情心完全不是一回事，一个在自己的情感频道里，一个在别人的情感频道里。

先说同情心。所谓同情心，就是你很怜悯、可怜谁，你可能觉得他很不容易，甚至愿意去帮助他。比如说你和孩子大冬天在路边看到一个小乞丐，是个残疾人，穿得很单薄、很破旧，身体因为饥饿和寒冷在瑟瑟发抖，前面放着一个破帽子，里面只有零星的几个硬币。

你的孩子是他的同龄人，你们肯定会觉得他真的好可怜啊，所以孩子把他的零花钱都掏出来了，放在了这个小乞丐面前的帽子里，你也拿出一张大钞票，放在了那个破旧的帽子里。

你们一起给了这个小乞丐不少钱，这就叫同情心，你们觉得他很可怜，想帮助他，而且也真的帮助他了，但这是同情心，不是同理心。

那什么是"同理心"呢？

同理心不是同情，不是施舍，而是与对方共情。

什么叫共情？就是跟对方的情感已经完全连接在一起了，此时此刻，你们是一样的情感，完全地感同身受。

因此，倘若你想要表达出同理心，就要跟对方完全地在一起，用自己的身体去体会对方的感受，用心灵连接对方的心灵。

还是以你和孩子看到路边瑟瑟发抖的小乞丐为例：

假如你跟孩子一起蹲在这个小乞丐的旁边，脱掉外面厚厚的衣服，把帽子也放在自己的前面，让自己完全感同身受到这个小乞丐的饥寒交迫和寒风瑟瑟的感觉。

甚至,你和孩子蹲在小乞丐的两边,用自己身体的温暖去连接对方的寒冷,然后你们的体温可能就渐渐地一样了。

这才是共情,才是同理心,就是跟对方完完全全在一个情感频道上,感同身受地跟他在一起,**在一起是同理心中更重要的,而不是施舍**,不是说我觉得你真可怜,而是我正在跟你一样体验你的感受和心情。

再来看一个同理心 PK 同情心的例子(家长可以跟孩子一起多练习讲述这个故事):

一只小鸭子掉进了一口深井里,急得直叫唤,嘎嘎嘎嘎嘎,一只小猫听见了,从井口探进头去,说:"小鸭子,你别害怕,别着急,我马上去找绳子,把你拉上来。"然后小猫就赶紧跑去找绳子去了。

过了一会儿,一只小狗也听见小鸭子的求救声,来到了井口,看见小鸭子在下面已经哭得不成样了,浑身哆嗦的特别害怕。小狗什么也没说,马上跳进了井里,来到小鸭子的身边,挨着小鸭子,学着小鸭子的样子趴在地上,眼睛对着小鸭子的眼睛,说:"我来了,我跟你在一起,我们不用害怕,待会儿一定会有人来救我们的。"

家长可以问问孩子:你觉得小猫和小狗的做法有什么不同呢?哪个是同情心,哪个是同理心呢?

看了这两个例子,相信家长和孩子都已经明白了,要想让我们的表达富有情感,就要**多去体验人间百态,多感受别人的心情**。

因此，特别建议家长要经常带孩子出去旅游，有条件的可以去远一点的地方，没有条件的可以周末到郊区或者公园里面去走走，多看看各种各样的人和事，多了解这个世界，多经历一些事情。

所谓读万卷书，行万里路，识万个人，这些都会丰富我们的人生，也会丰富我们的语言表达的。如果实在不方便出门，那就在家多看看好的电影、电视剧、视频，或者通过讲故事、朗诵诗词，训练我们的情感表达，与影视或故事中的人物同理共情，融为一体。

同时，我们也可以跟孩子一起朗诵诗词、散文，好的诗词实际上是来自心灵的声音，都有丰富的情感抒发和表达，通过朗诵一些诗和散文，也可以让孩子的情感得到丰富的滋养。

☆ 喜怒哀乐悲恐惊的情感表达

心理学认为，人类有四种基本的情绪情感：喜怒哀乐。《黄帝内经》也有一种说法，人有七情：喜怒哀乐悲恐惊。

"喜怒哀乐悲恐惊"可以说是我们人类最主要的七种情绪情感，我们一个一个简单地说一下。

第一个"喜"，代表着高兴、开心的心情，表达出来也是充满喜气的：哎呀，大喜事大喜事！我们家今天双喜临门，老奶奶八十大寿，小孙子得了一张大奖状！

第二个"怒"，怒是生气、愤怒，怎么表达出生气愤怒的感觉呢？想象一下你被人无缘无故地打了，你生气不生气：你干什么啊，为什么打我啊，你这个混蛋，我跟你拼了！

第三个"哀"，就是悲哀、悲伤、哀痛，当我们的亲人故去、小宠物不见了，我们是不是都有些悲伤呢？那么"哀"怎么表达出来呢？你可以试一试用凝重的语气读出这个语句：

敬爱的袁隆平爷爷永远离开了我们，全国人民都很伤心难过，为他哀悼，为他送行……

第四个"乐"，乐就是兴奋、快乐，我们的小朋友特别快乐的时候，是不是有一种想蹦蹦跳跳的感觉呢？对了，把那种蹦蹦跳跳的感觉表达出来就好了。

第五个"悲"，我们刚才说了"哀"，但"悲"与"哀"是不完全一样的。"哀"是哀伤，就是受伤的感觉，小宠物不见了，我好想哭；"悲"呢，就是悲痛、悲伤、悲愤，会心痛，会想发泄。

第六个"恐"，就是被吓着了，害怕了，恐惧了：哎呀！这个电影里有鬼，哎呀，太恐怖了。有时候会心脏"砰砰"跳，手脚发抖，这都是恐惧的表现。

第七个"惊"，就是惊讶，出乎意料：这事怎么能这样呢？你怎么能这样啊？说好你跟我一起出去玩的，怎么说变就变了呢？

人类有如此丰富的情绪情感，为什么不能在我们的表达中表现出来呢？喜怒哀乐悲恐惊，该如何去练习这些情绪情感的表达呢？

有一个简单实用的好方法，就是<u>对着镜子练习各种情感表情</u>，感受"喜怒哀乐悲恐惊"的面部表情和身体感受有什么不同。

对镜练习，是当众表达和演讲训练非常重要的方法，很多著名演讲家开始练习演讲的时候，都会花很长时间进行对镜练习，一年两年三年，一般来说，几个月之后，你就会有长足的进步，就知道该怎么样去表达各种各样的情感和感受了。

当然，你也可以通过对一首诗、一篇散文和一个故事的朗诵或者朗读练习，来感受内心的情感和语声语气的变化，逐渐把自己涌上心头的情感融入语言的表达之中。

第三部分

表达即成长,当众表达改变人生

第八步

好口才就是学习力,当众表达要循序渐进

51 大语文时代如何改善学习方法和表达力

大语文时代来了，语文考查的范围越来越广，难度也逐渐增加，从 2022 年秋季学期伊始，北京海淀区的家长们已经不知道该怎么让孩子们应对期中、期末语文考试了，因为连语文老师都不给划定复习范围了，也就是说连任课老师都没办法划什么复习范围了，更没办法押题了，各种考试题目越来越灵活，越来越宽泛，越来越开放了。

在这儿说句题外话，北京的中高考也许数学不能跟那些高考牛省相比，但北京中高考的语文卷素来以新颖多变成为全国的风向标，**语文卷看北京**，看北京**就是看海淀统考的语文卷**（当然这一点你可以不同意哈）。

不管怎么说，大语文时代已经风驰电掣般来到了我们的眼前，谁也躲不过了，那到底什么是大语文时代呢？

简单地说，就是今后的语文教学和考试，不仅仅停留在课本上的听说读写了，而是以语文为核心，以文学和历史为主线的文学、文史、文化、社会常识等学科的综合学习和开放思维了，靠死记硬背是行不通了，**同学们必须形成自己的认知，有自己的思考，要把语文课本的学习拓展到思维和运用的多个层面。**

比如，以前的考题是这样的：

《西游记》的作者是谁？
作者是哪个朝代的人？
师徒四人谁是师父谁是徒弟？

这样的考题学生不用知道《西游记》的内容，通过记忆就可以回答问题，而大语文改革之后，这类题目将大幅减少，新考题很可能是展示几段《西游记》的具体情节，要求学生根据故事情节抒发感想和拓展思考。

这便是"语文"和"大语文"最明显的区别，"语文"注重的是记忆，"大语文"注重的是理解，这就要求学生**平时要有大量的阅读和积累**，答题的时候才能得心应手。

同时，大语文时代要求学生有较强的书面表达能力，而且要快速思考、快速应答，因为考试时间非常紧张，150分钟几乎要阅读1万左右的文字，而且还要根据题意理解、思考，然后写作、表达，基本上没有太多斟酌的时间。

其实书面表达跟口头表达是息息相关的，而表达本身从根本上是源于不断地积累和练习的，因此，要想跟上大语文时代的步伐，就必须要改变学习的方法和策略，并提升语言的表达力。

我们先来了解一下在大语文时代，如何提高书面语言的表达能力，苦练基本功，巧学速读速记，在语文学习和考试中游刃有余，占据先机。

☆ 首先，是广泛的阅读

无论是书面表达还是口头言语表达，都是属于"输出"，而快速、优质的"输出"依赖于长期、大量的"输入"，所谓"**厚积薄发**"，就是**多多地积蓄、徐徐地放出**，意思就是只有做好充分的准备才能做成专业、极致的事情。

大语文时代，中小学古诗词和文言文的比重大幅加大，中国传统文化和国学智慧将越来越受到重视，同时，现代文阅读篇幅也大幅增加，这就要求学生必须要有较快的阅读速度，并且在有限的时间内迅速理解大量的内容，更具挑战的是，快速阅读的同时还要快速记忆——速读速记成为语文学习和应试的撒手锏之一，所以，学习方法和阅读技能的提升也是非常重要的。

还有，从 2020 年开始，高考语文大纲就取消了，相信家长朋友们应该已经发现了，也许小学语文一二年级考查的内容，在教材上还能清晰地看到，到了小学高年级，教材上的知识点就越来越少了；等到了初中，语文考试题目就基本上看不见书上的内容了，再到了高中，试卷上考查的内容想在教材上找到已经是不可能的事情了。

很显然，从小养成孩子广泛阅读的习惯，在大语文的时代，实在是太重要了！

"不积跬步，无以至千里；不积小流，无以成江河。骐骥一跃，不能十步；驽马十驾，功在不舍。锲而不舍，金石可镂；锲而舍之，朽木不折。"

这段古文用在这里与大家共勉，真是太合适了！

☆其次,是高效的表达

厚积之后还要会薄发。所谓"薄发",就是用简明、精准的语言把重要的话说出来,把重要的观点表达出来,也可以理解为高效的表达,或者有效的输出。

这一点在语文考试中尤为重要,选择题、填空题少了,阅读理解和大小作文更重要了,不仅仅是阅读的文字数量增加了,理解的难度也更高了。

简单地说,就是要**能够把自己的理解、想法和立意都快速高效地表达出来。**

那怎么才能高效、快速地表达出自己的想法和理解呢?

我们先来了解一下语文的内涵和外延。

其实语文不仅仅是一门学科,它是"语言"和"文字"的融合,我们从嘴里说出的是"语",用书面文字方式表现出来的是"文",长期以来,我们都把语文当成了书面语言的代名词,而忽略了口头语言也是语文的学习内容。

试想一下,如果一个连话都说不清楚的人,又怎么可能写出立意清晰、文字流畅、层次分明的书面文章呢?又怎么能够准确地理解他人的话语和文章呢?

所以,我们在练习书面表达之前,是需要教会孩子先学会说话的,所谓"听、说、读、写"这四个学好语文的重点字,其中的"听"和"说"都属于口头语言的范畴,因此,假如我们想让孩子听懂别人嘴里说出的话,并且能很好地把自己的想法表达得清楚、明白,那就需要从小在"嘴巴"上下功夫了。

不管是大人还是小孩子,我们的嘴巴不仅仅是用来吃饭、喝水的，也是用来说话、交流的，上学、上课的时候更是如此。

当然，在语文的学习中，除了"听"和"说"，还有"读"和"写"，可以说"读"是输入，"写"是"输出"，语文要想学得好，作文也非常重要，家长不仅要重视孩子的"听、说、读、记"，还要特别关注孩子的"写作"能力，要勤练笔，只有多动笔书写，才能在语文的学习和考试中找到感觉，取得满意的学习效果。

☆大语文学习基本功之一：快速阅读

如果家长看过中小学的语文考试卷子的话，就知道现在的语文试卷有点像"文山词海"，特别是中高考试卷，满满几大篇，只有120分钟（中考）和150分钟（高考），还有一大篇作文，说实话连看完这些文字都不容易，何况还要思考和答题，没点考试技巧，很难取得好成绩。

因此，孩子的阅读速度和理解技巧，是决定孩子语文学习效率高低和考试成绩好坏的关键！

如果您的孩子在语文学习的时候有下面这些现象，就要引起警觉了：

阅读速度慢、理解力跟不上，做题做不完；

看完了几句话，又回过头来重新读；

一本书要分多次看，时间拖得很长；

阅读理解上总是理解不到位，找不到关键信息……

这些过时的阅读学习方法已经跟不上大语文时代的要求了，孩子需要一种新的阅读方法了，就像电脑软件需要不断升级一样，**既然语文考试的方法和技能改变了、升级了，那么，语文学习和应试的方法、策略也必须随之更新**。反之，如果孩子还继续用着过时的阅读方法，一个字、一个字地去看书，逐字逐句，诵读默念，碎片化理解，也许就是那个在未来大考中被淘汰的学生之一了。

教育部明确将高考语文卷面字数从7 000～9 000字增加到10 000字！在语文高考中，增加几千字的阅读量和题目字数，对孩子来说不是一件容易的事情，这就需要平时高效的阅读习惯，长此以往，才能应对高考语文这道"难题"！

一位编写高中语文教材的老师说道："新语文教材上所提供的书目，不是可看可不看，而是必须看！"教改后将考察大量语文的超纲内容，阅读范围包含哲学、历史、科技……

因此，在小学二三年级就学会快速阅读，对于整个中小学阶段的语文学习都非常重要，那**如何掌握快速阅读这个基本功呢？**

首先，快速阅读是需要很强的专注力配合的，所以快速阅读的训练同时也能大幅提升孩子的专注力，而且是左右脑"双脑学习"的方式，打通孩子脑神经的快速阅读通路，掌握快速阅读的核心技能和应用方法。

快速阅读必须摒弃传统的思维方式，接受全新的阅读训练，比如经过特殊的眼肌训练，让眼幅逐渐扩大，在注意力高度集中的时候，做到大脑对"阅"和"读"的高效处理，文字以图像和信息的方式直接传至大脑理解中枢，达到"眼脑直映"，快速"理解"。

这里的"理解"不是简单的文字理解，而是一种带有意象的

理解记忆。

经过快速阅读训练的孩子将从中学习到一种更快速、更高效的阅读方法，可以加倍提升阅读理解的速度，同时也能保证更加准确的理解力和记忆能力。当一个孩子的学习能力得到"更新"和提升时，他自然而然会在内心建立起充足的自信，语言的表达能力也会随之得到显著加强。

☆大语文学习基本功之二：快速记忆

语文学习的阅读不仅仅是看书，更不是看一本小说，看完以后就可以把书束之高阁了，而是要记忆大量的关键词和章节内容，而且要能运用自如、精准复述，在考试的时候从大脑中提取出来，去"对接"一个个考试题目，这实在不是一件容易的事情。

现在的中小学生真的是太苦了，在这个知识爆炸的时代，不仅要在知识的海洋里艰难地游泳，还要在知识的崇山峻岭中越野探险，没点儿"功夫"真的很难轻松学习、顺利成长。

有一句话说得挺有道理：**现在的学习根本不仅仅是比智力，也不是拼过度努力，本质上拼的是记忆力！**

是的，学习、考试的过程无外乎就是"记忆—储存—提取"的过程，所有的知识学习都需要记忆，没有记忆力，学习效果也就无从谈起，就像猴子掰苞谷，掰了一天，最后只剩下了一根；而快速高效的记忆能力，就是猴子可以把一天所掰的苞谷都可以带回家的关键能力，这样才能保证你所付出的努力，每一步都是有效的积累。

关于记忆能力的重要性，作为曾经的准学霸，我自己也是有一点发言权的。虽然之前并没有那么多快速记忆的方法和书籍，但我的亲身经验告诉我，快速记忆的那些方法，比如联想记忆法、串联记忆法、图像记忆法、记忆宫殿，甚至"照相记忆""过目不忘"等都是确凿存在的，而且在我从求学阶段到现在几十年都一直在有意无意地运用着。

跟大家分享一个我自己亲身经历的考试高分的小秘密：

> 我到现在都记得，我曾经在初一的一次数学考试中，脑海中浮现出了一道难题的解题方法，那是数学书中的一道例题（考题只是改了一下数字），它就那样呈现在我的脑海里，像照片一样清晰明了，连插图、页码都在，令人难以置信，我"看见了"这道例题（其实能看见这一页），然后把解题过程"抄写"在试卷上（简单改一下数字），这样的情景若非亲历，实在不敢相信。

超强的记忆能力确实是我学生时代学习的助力，而且也让我更加能够专心致志、集中精神，因为记忆能力的训练不仅仅会让学习和考试变得相对容易，而且还可以极大地提升自信心，就好像自己有一门"特别"的"学习武功"，可以比较轻松地应对各种考试和"死记硬背"。

近年来我也对中小学的学生进行了长期的快速阅读和快速记忆的培养和研究，发现其实成绩优异的学生都有良好的记忆能力，就像央视主持人撒贝宁在采访中说自己有"照相记忆"的能力那样，无论在中学还是大学，即便考试前几天突击也能取得不错的成绩（当然这一点不建议同学们效仿），其实用脚趾头想想都应该明

白：但凡是学霸，都必须得有快速记忆和快速提取知识要点的强能力！ 否则凭什么轻松学习，考试满分呢？

那该怎么培养孩子的快速记忆能力呢？

其实现在的孩子都很聪明，只要家长在 6～12 岁的黄金培养期，给孩子以专业学习和训练快速阅读和快速记忆的机会，几乎所有的孩子都能学会速读速记的科学方法，展示出以下的基本速记能力：

> 无规律数字的倒背顺背（比如圆周率前 100 位）
> 三十六计顺背、倒背、抽背
> 扑克牌快速记忆，图片的照相记忆
> 大量古诗词速记，课文、美文记忆
> 各种历史年代事件的对应速记
> 英语单词和句子、段落的快速记忆

在这个知识爆炸的时代，如果中小学生还是用传统的方法死记硬背，真的是太难了！不仅会让孩子感觉学业压力山大，而且会导致越来越多的孩子丧失学习的兴趣和动力，因此，掌握速读速记的基本方法，就能帮助孩子们在学习这件事情上喘口气，达到事半功倍的效果。

同时，我特别想跟家长分享的是，在学习速读速记的过程中，还可以有效地训练孩子的专注力、想象力、表达力、理解力和思维力，激发孩子的大脑潜能，有效打通左右脑的协调配合，让孩子在大脑发育的关键期得到科学的开发和促进。

为什么说"速读速记"的训练是可以激发左右脑潜能的练习呢？这是因为我们人类的左右脑是有分工合作的，简单来说左脑主要负责逻辑、推理、语言、文字、分析、判断……右脑主要负责空间形象、视觉、直觉、情感、音乐、美术、灵感……当然，所有的分工都是相对的，大脑工作的时候一定是左右脑相互协调运行的：

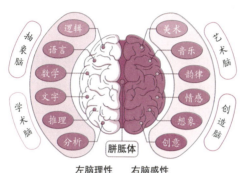

左右脑功能图

因此，左右脑的思维方式和记忆方式都是各有侧重的，左脑的思维方式更具连续性、延续性和分析性，特别擅长逻辑思维推理，被称为"抽象脑""学术脑""语言脑"；而右脑的思维方式具有无序性、跳跃性、直觉性的特点，更擅长想象力、直觉力和创造力的发挥，同时具有超高速大量阅读和记忆的神奇潜能，被称为"本能脑""艺术脑""创造脑"。

左右脑跟记忆相关的关键为：**左脑记忆是语言性记忆**，或者说是理解性记忆，就是**"你理解了，才能记得住"**；**而右脑记忆是照相记忆**，或者说是形象记忆，即使**"你不理解，你也能记住"**，你也能在考试的时候"依葫芦画瓢"获得不错的成绩。

其实在小学低年级阶段，孩子们的学习成绩更多地是靠记忆、模仿和复现（作业和考试），而不是靠完全地理解（学霸天才除外），因为大脑的发育还没有到达逻辑思维推理的阶段；然后，随着大脑的发育和海量的知识积累，才能逐渐在大脑中形成具有经验特质的逻辑思维推理能力，因此，在6～11岁，打造孩子的快速阅读和快速记忆的脑回路，提升速读速记的学习能力至关重要，影响深远。

同时，请家长相信，**每个孩子都具有形象记忆，也就是照相记忆的能力**，只不过很多孩子都没有得到科学的引导和强化，在死记硬背的折磨中慢慢弱化了潜在的本能，以至于一谈起背诵记忆，就自己先把自己吓晕了，甚至有的孩子连简单的数学公式都记不住，又何谈长篇大论的文章和古诗词、文言文呢？

在这里跟家长分享一个非常简单实用的方法，可以快速地训练孩子的"照相记忆"能力，请家长记住：孩子的大脑正处于飞速发展的时期，只要给予必要的刺激，而且是反复的刺激，就可以形成新的脑神经回路，帮助孩子更高效地学习和记忆，而且长久都会受益。

请家长买一些颜色鲜艳的图像卡片，让孩子从4张卡片开始记忆，然后不断增加，6张、8张、9张、12张、16张、20张……摆成不同的形状，二三、三三、三四、四四、四五……给孩子1～2分钟的时间记忆，然后打乱卡片，让孩子恢复原状。

假以时日，也许你会惊讶地发现：**孩子的快速记忆能力超乎你的想象力！** 而孩子自己也会因为这样有意识的训练，提升左右脑协调记忆的能力,同时增强高效学习的自信心。

52 开放式教学鼓励孩子上课积极发言,不懂就问

现在的中小学课堂越来越注重开放、互动,鼓励孩子积极发言,不懂就问,充分调动学生积极学习的主动性。有些学校已经在推进"以学生为主体的黄金分割式教学法",也就是一节课40分钟的时间,学生"小老师"讲大概25分钟(0.618)的时间,任课老师再讲15分钟左右的时间,师生们一起完成一个新章节的

教学任务。

据一位近年来参与到这种黄金分割式教学法推进的初一年级的任课老师介绍：一学期各学科的教材分章节布置给不同的小组同学，每个小组6个人，每个人都必须选一门课程作为"小老师"，上台讲解本章内容。

任课老师会在"小老师"讲课的过程中认真听讲，并细致观察，以发现该小组同学在预习和备课的过程中，有哪些疑点、难点和重点？哪些讲清楚了，哪些还没有讲清楚？讲述的过程中有没有把之前学过的知识点内容牵引出来，并融会贯通。

当然，还有一个关键点是老师所特别关注的，那就是"小老师"的语言表达能力和课堂感染力，也就是考察这位"小老师"是不是口齿清楚、思路清晰、说话流畅、落落大方，听课的同学们是不是能够被吸引，能不能专注、用心地听讲，能不能听懂"小老师"的授课内容。

"这是我们以后课堂教学的方向，把以前的学生从被动学、要你学，逐步变成主动学、我要学"，这位任课老师告诉我："同学们的学习积极性明显提升了，从小组的预习讨论、头脑风暴，到形成教案、讲课互动等环节，不同的小组有不同的做法和特点，非常丰富多彩，常常还能看到一些令人惊喜的创新教学活动，比如有的小组会用演出一出情景剧的方式，来引导大家学习几个知识点，学生的创造力确实超乎意料。"

我问他："是不是所有的学生都能胜任小老师的角色呢？"

他说："开始的时候并不是每个学生都能胜任，但每个同学都会有明显的进步，我们学校的要求是每个同学每学期至少必须当一次小老师,你可以当语文小老师,他可以当数学小老师,还有她可以当英语小老师,总之每个人都可以得到锻炼,都必须经历小老师的整个备课、研讨和教学的过程。"

"那什么样的学生会更适合当这个小老师呢?"我想知道学生之间的差异会在哪里。

"你这个问题问得很好,"他表扬了我一下(不愧是老师),接着说:"并不是所有的学生都能当好小老师的,从概率上来说,那些学习成绩好,又善于表达的学生更适合当小老师,而那些学习成绩不怎么好,表达能力又差的人,很难把一节课顺利地讲完,而且用词用语很单调、苍白,说话磕磕绊绊、词不达意,既听不清知识点,又搞不懂逻辑思维,你可以明显感受到听课的同学们挺迷茫的,如果什么时候小老师卡住了,讲不下去了,我们大老师就得提前上阵了。"

"那您觉得这些小老师之间的差异主要可能源于哪些因素呢?"我继续好奇地问。

"应该说是综合能力吧,我能想起来的大致有三个方面的差异。"他分析道:"首先就是学习习惯,是不是有**课前预习、课堂专注听讲、课后认真复习的好习惯**,学习比较积极主动,愿意开动脑筋思考问题,举一反三,简单地说,就是学习起来很用心,而且学习计划比较清晰的那些学生明显成绩更好,当小老师的时候也更加自信和出色。"

"第二个方面就是表达能力了,**特别是当众表达的能力**,那差别简直不要太大了,有些同学能够胸有成竹地把一节课讲下来,表现非常精彩,多次赢得同学们的掌声;而有的同学当小老师的时候感觉就像'上大刑',这是学生亲口说的,那真的是要多尴尬有多尴尬,要多难受有多难受。"

"第三个方面就是见识的问题,也就是知识储备,或者说生活阅历的差异,这个在需要举例子的环节表现得非常明显,那些兴趣更加广泛、爱好更多、社会实践更加丰富的同学在需要举例的时候,会讲得更加生动、有趣,比如我们该怎么看待疫情?如何看待病毒的两面性?好的病毒(比如疫苗)是如何为人们服务的?有的同学就能结合当下的社会形势和课程的知识点侃侃而谈,而有的学生就完全不知道如何表达。"

从上述的"**以学生为主体的黄金分割式教学法**"可以看出,未来的开放式教学会越来越看重学生的当众表达能力和社会实践,鼓励同学们积极发言、不懂就问,同学们千万不要害怕上课发言和回答问题,因为很多学校都有硬性规定:

老师一定要允许学生把话说完,不管是提问、回答问题,还是

表达不满,老师必须捍卫学生在课堂上表达的权利!

因此,同学们在课堂上尽可以放心大胆地发言,积极举手回答问题,不要怕回答错误,老师不会批评你的,一般来说,老师都会鼓励那些敢于举手提问和回答问题的同学,会更加关注这些在课堂上更加活跃和主动的同学,反倒是那些上课不敢举手发言的学生可能会得不到老师的积极关注,毕竟老师的精力有限,每个班的孩子也多,那些不积极、不主动回答老师问题的学生就可能会被"忽视",渐渐地对上课学习失去了兴趣。

那么,孩子上课不积极主动,下课也从来不找老师和同学问自己不懂的东西,这些行为的背后,可能隐藏着哪些原因呢?

☆感觉自己没学会,不敢举手回答

这种情况可能属于学习能力欠缺,或者不够努力,上课没有专心听讲,下课也没有好好复习,总之就是"不太会",脑子里面有点迷糊。

如果发现孩子长期都表现出这种"上课不发言,下课也不问"的随大流状态,家长要尽早引起重视,因为长此以往,孩子就可能"破罐子破摔",变得越来越消极,或者不懂的东西越来越多,最后滚成了一个"大雪球",再想改变就难上加难了。

所以,在孩子刚上小学的时候,养成良好的学习习惯是非常重要的,上课认真听讲,下课认真复习,跟上学校的学习进度,这是关乎学习能力、学习方法和学习习惯的问题,家长要引起特别的重视。

☆怕说错话，怕回答错误

这种情况属于自信心不足，有点自卑，或者追求完美，自尊心太强，其实老师提问，就是检验一下是不是所有的同学都听明白了、都学懂了，即便是回答不正确，老师也不会责备的，可能反而会给予更多的解析和引导。

还有些同学明明是懂的，心里也有了正确的答案，但缺乏一点自信心，害怕自己表达不好、会说错话，因此也不敢举手，不敢发言，这种情况就需要好好练习语言表达，特别是当众表达，从家里到班级——循序渐进地训练孩子的口才表达（详见本书第54节）。

☆性格内向，不擅长积极发言

这种情况可能属于性格特质，很难在短时间内改变，家长也不要勉强，要有点耐心，多点包容；同时，家长也不能以此为借口，就不关注孩子在课堂上积极主动学习和发言的事情。

我们不是说非要孩子由内向变成外向，这是一个误区，我们需要接纳和尊重孩子的个性特征，但同时也可以"拓展"孩子的一些行为表现，比如让性格内向的孩子尝试主动跟周围的同学说说话、聊聊天，慢慢他们也能一起交流一下学习，再逐步可以积极主动地回答老师的提问，至少不害怕老师提问的时候问到自己。

☆如何鼓励孩子上课积极发言

家长首先要明白一点，孩子在学校的表现，尤其是课堂上的表现，比如是不是积极发言，参与互动，这些一方面是孩子的性格使然，另一方面是家庭的沟通交流模式的延伸，也就是说，导致孩子上课不敢或者不想积极发言和互动的根本原因,还是亲子教养方式的理念。

我们简单地列举一些有助于帮助孩子上课积极发言的方式方法:

1. 最简单有效的方法,就是家长要经常表扬孩子

即便孩子说错话了,也要以鼓励为主,让孩子体验到说错话并不可怕,也可以得到正面的反馈和温和的纠正。

2. 最直接高效的方式,就是经常跟孩子一起玩提问的亲子游戏

当孩子回答正确的时候,大声地给予孩子赞美和掌声;也可以让孩子提问,家长回答问题,家长可以有意回答错误,然后笑着谢谢"小老师"的纠正,让孩子感觉回答问题有对有错很正常。

3. 养成孩子主动思考、寻求问题答案的学习习惯

在平时的生活中,家长应有意识地启发孩子去思考,比如,城市路边的花朵非常美丽,为什么没有人去摘?通过这类问题的引导,使孩子形成主动思考的习惯。

4. 在家里少一些对错的评判,多一些开放的观点

平时在家里,父母可以引导孩子表达对一些事情的看法,并认真聆听和回应孩子的想法,同时也坦率地说出家长自己的想法,告诉孩子,没有对错,只有交流和探讨,每个人都可以有自己的观点和看法。

5. 平时多注意增强孩子的自信心

有些孩子不肯举手发言是自信心不够的表现,家长对孩子多一些肯定,少一些否定,并告诉孩子,老师不会因为学生回答错了而批评学生的，相反，老师们都喜欢大胆举手发言的学生。

6. 最本质的改变，还是要有扎实的学习基础和良好的学习成绩

如果孩子感觉老师问的问题比较简单，他有足够的信心可以回答正确，基本上也就不会怕举手发言了，因此，说到底，还是要在学习上下功夫，真正把难点、疑点都搞清楚，不懂就问，懂了就积极主动问答问题。

53 如何克服上课回答问题时的恐惧心理

如果您的孩子上课被老师点名回答问题的时候，有些害怕和恐惧，那他的问题就不仅仅是害怕上课回答问题这么简单，而很可能是对所有的当众表达都有恐惧心理。

因为上课回答问题本身就是当众表达（当众发言）的小场合之一，只不过是被老师点名，有些突然罢了，本质上还是当众说话的一种行为表现。

那为什么有些同学就一点都不害怕老师提问呢？甚至有些学霸恨不得老师多提问自己，老师一问问题，就把手举得高高的，生怕老师看不见。

而多数同学实际上都有点害怕老师突然提问，除了觉得自己不能保证答对之外，更多的同学都是对"当众发言"这个行为本身有些害怕，有点恐惧。

他们在害怕什么？恐惧什么呢？

这就涉及我们人性的弱点了，世界著名的演讲鼻祖卡耐基曾经说过：**几乎人人都有当众表达的恐惧心理**，即便是职业演讲家也不例外，这是我们人性中的一个弱点，但是，我却认为这应该是个好消息，因为至少你知道了，不仅仅只有你我才有当众表达的恐惧心理，而是人人都有，也算是一个小小的安慰。

那为什么有些人就没那么害怕和恐惧当众表达呢？那是因为人家经过了当众表达的专业训练，或者从小就是自信满满的学霸（当然也有学霸是害怕当众表达的），因此，假如我们现在还不能大大方方地当众表达，那也没关系，我们一起来学习和训练一段时间，就会明显改变这样的窘境。

对孩子而言，从 3 岁到 10 岁这个阶段，是培养语言表达能力的黄金期，在这个阶段家长不用太担心孩子学业方面的学习，比如说加减乘除、认字造句这些基础知识，以后都会学会的，现在的孩子都很聪明，小学的课程内容完全不在话下，只是每个人学习的领悟力不同，学习的快慢也不同，但没有谁到了中学还不会加减乘除的对不对？所以家长要想开一些，有些智力相关的学习问题，都是可以回头弥补的。

但是，孩子的口才表达、语言交流这些方面的表达训练，如果错过了黄金时期，影响就比较长远了。假如孩子当众表达不流畅，不仅仅会影响孩子说话、交流，还会影响孩子的学习成绩，严重的还会影响孩子的性格特质，影响他跟别人交往的模式，包括人际关系和亲密关系等。因此从幼儿园到小学三四年级，一定要让孩子有机会接受语言表达方面的训练，因为它真的不仅仅是口才表达的训练，而是有关心理素质和综合素质，甚至心智模式的全面提升。

从当众表达到改变人生，这不是一句口号，而是无数成功人士践行一生的至理名言。

当然，我们说孩子在上课的时候害怕老师提问，还需要从更深的角度来了解和引导，首先，**家长要注意多观察孩子的学习情况**，是不是能跟得上学校的学习进度，有没有哪门功课明显落后，有必要的话，可以亲自辅导一下孩子比较弱项的功课。您不要说没有时间之类的话，让您辅导孩子的功课，目的不在于功课本身，而是近距离感受一下孩子学习的方式方法和理解能力，看看孩子是否有学习方面的困境和不良的学习习惯。

如果家长做不到这一点，那就把孩子交给专业的人士来做吧（比如心智教练），但我想绝大部分家长应该是有这个能力的。

其次，家长要多跟孩子提问，比如每天放学之后问孩子：

孩子，今天在学校有什么开心的事情吗？
宝贝，今天在幼儿园有什么好玩的事情吗？
今天在学校跟同学一起学了什么？玩了什么呢？
孩子，今天数学课学了什么内容啊？感觉难吗？
今天语文（英语）学习了什么呢？可以教教我吗？
今天老师上课有没有提什么问题呢？你来考考我吧。

还有一种非常有效的消除孩子上课回答问题时的恐惧心理的

训练方法，就是让孩子在家里当老师，用孩子自己的语言，给家长（扮演学生）来讲课，把白天在学校学习的东西"教给"家长同学，并提问家长同学回答老师（孩子）提出的各种问题。

这就是著名的费曼学习法，当孩子学会像老师一样讲课、提问时，他也就会更加明白老师要的答案是什么了。在这里特别提醒家长一定要扮演好"求知欲特别强烈"的学生角色，要装成"真不懂"的小白，用心配合好孩子扮演的"老师"角色。

我们来看一个真实的案例：

四年级的兴毅刚学习 C++ 编程的时候，感觉特别难，跟爸爸说自己学不会，不想学了。爸爸说：这个编程对你来说确实挺难的，不过对我来说就更难了，可是我也想跟你一起学习呢，你看这样行不行？每次你上完课，就给我上课，我把我的学费交给你，你就是我的编程老师，当然你要多给我打点折，以后你的水平高了，就可以多给你讲课费。

孩子觉得这是一个挺划算的事情，因为他也需要"花钱"买一些游戏皮肤和学校小卖部好吃的东西，于是就特别用心听课，每次回到家就给爸爸上一个小时的编程课，有时候爸爸听不懂（真听不懂），兴毅还会耐心地多讲一遍。

有一天爸爸给编程老师发了一段信息，是这样写的：今天兴毅非常棒，把学习的编程给家长讲清楚了，输入一个 3 位数，如果这个数的个位、十位和百位的积大于 100，输出 yes，否则就输出 no。在独立完成程序后，我们又一起强化练习了 5 位数的程序，并找出了规律，对于 6 位数、7 位数也能依照规律快速地编好程序了，特此跟老师做个汇报。

可想而知，兴毅的进步当然是非常快的，三个月以后就爱上了C++编程，准备再学习一段时间，就去参加信息奥赛，也就是中小学生的编程竞赛活动。

而且，在这个过程中，兴毅从特别害怕老师上课提问自己，到主动问老师问题，学习的自信心也越来越足了。

简单地说，费曼学习法，就是以教的方式，倒逼自己自觉、主动地学习（输入），然后轻松、开心地教别人（输出），把"要我学"变成"我要学"，而且"我要教你也学会"，从被动学习变成主动学习，学习效率大大提升，真正把知识变成自己的东西。

当然，适当给孩子当老师一点奖励也是可以的，比如给一点讲课费，或者奖励一些孩子喜欢的东西，允许孩子多看一会手机，多玩一会游戏（这个特别有效，建议适度使用）。请家长记住，这些都是手段，不是目的，我们在这里运用费曼教学法的目的是希望孩子从根本上克服上课害怕老师提问的恐惧心理，也算是借个东风，来个偏方吧。

不过说到底，费曼教学法其实就是让孩子学会表达，而且是像老师一样地讲课表达，这对于孩子是具有莫大的吸引力的，毕竟我们每个人骨子里都有"好为人师"的基因，如果你不信，想想那个在某音上模仿老师的钟美美同学，简直不要太惟妙惟肖，令人忍俊不禁。

我的经验是，不少孩子开始的时候确实会因为这些奖励而努力学习，当好小老师，但时间长了，他自己尝到了甜头，也就逐渐形成了一种愿意表达和交流沟通的习惯,而且会换位思考,会琢磨老师考试的时候会出哪些题目,该怎么应答这些题目,到这个时候,他就不那么关心讲课费和小奖励的事情了。

所以,家长朋友们,假如您的孩子上课害怕老师提问,那就赶紧试试费曼教学法吧,您放心,毕竟孩子天天看着老师讲课,**他的镜像神经元早就迫不及待想要"模仿教学"了**,当您给他这个机会的时候,也许收获会超出您的想象呢!

54 从家里到班级——当众表达要循序渐进

家长想让孩子学会当众表达,从家里开始循序渐进是一个不错的方法,毕竟孩子在家里是最放松的状态,相对在学校而言,在爸爸妈妈面前出点糗,"危险性"小太多了。

在一定程度上来说,家庭也是一个小社会,是社会这个"大躯体"的一个组成细胞,因此,**家人们在家里相处的方式,包括说话交流的方式,都会"投射"到家庭成员在社会上跟其他人相处、交流的人际交往之中**,倘若能够改变孩子在家里的沟通表达方式,那么,孩子在外面的社会交往,特别是在学校的人际交往中必然会有所转变。

这就跟我们心理咨询的过程和目标有些相似,假如一个中小学生因为同学关系不好来做心理辅导,那么,我们一方面会跟孩子一起探索造成同学关系不好的原因(大概率都跟家庭中的亲密关系有问题相关),另一方面会跟孩子在咨询室里模仿各种可能改善同学关系的方法和行为,积极鼓励孩子在回到学校之后,按照在咨询室里"演练"的方法和行动步骤,跟同学进行互动、交流,从而改善跟同学之间的关系,其效果往往让孩子们感到小小的欢喜。

我们来看一个真实的案例:

> 小雨是一位性格非常内向的小学女生,在学校几乎没有什么朋友,而且还常常受到一些同学的欺负,她非常苦闷,以至于都不想上学了。家长万般无奈之下,带小雨来做心理辅导。
>
> 我仔细询问了小雨班上同学的情况,特别是她内心里觉得比较友好的女生的情况,请她想象一下,如果她想跟班上的同学交朋友的话,她最想跟哪个同学成为好朋友呢?
>
> 她选择了一位坐在周围的女生小彤,因为小彤好几次跟小雨表达过善意,也常常跟她打个招呼、说几句话,只是小雨实在不擅长跟人交谈,所以两个人也就停留在普通同学的关系状态。
>
> 我请小雨想想小彤有什么爱好,小雨说小彤特别喜欢吃一种零食,喜欢看哈利·波特,然后我们就在咨询室里进行角色扮演游戏,我开始当小雨,小雨演小彤。
>
> 时间的设定是中午,我拿出一包小彤喜欢吃的零食,撕开,走到小彤身边,邀请她跟我一起吃这个零食,一边吃,一边聊聊哈利·波特里面喜欢的人物和神奇的魔法,"小彤"感觉很不错,轻松又开心。

然后我们交换角色，小雨演自己，我当小彤，小雨模仿刚才我演小雨的动作，重复我演小雨所说的话，我也用小雨刚才演小彤时的语言回应小雨，同时也加入一些更加积极的回应讯息，比如更多的笑容、更多的话语、更多的动作和更多的惊喜表情。

结果，下周小雨再次来到咨询室的时候，脸上浮现着开心的笑容，她告诉我说，她已经跟小彤成了好朋友，这几天她俩常在一起玩，其他同学似乎也不那么嫌弃她了，有时候也会来找她俩一起玩。

在小雨的心理辅导过程中，我重点使用了以下三点心理教练的技能：

1. 面向未来，充分利用想象和假设

因为我们的目的是要改变小雨的同学交往状态，用一种积极想象的假设方式，让孩子说出自己的期待，并感受到这种期待成为现实的可能性。这是跟心理咨询更加面向过去、更多探究为什么会造成这种状况的取向是完全不同的，因为孩子还小，跟她说她的问题是因为家里的亲密关系出了问题导致的，她也听不明白，而且还会让孩子觉得无所适从，更加不知道该怎么跟爸爸、妈妈沟通交流了。

2. 利用亲和力，跟善意的同学建立朋友关系

小彤喜欢吃的零食，还有喜欢看的电影，是小雨表达"亲和"的最简单直接的途径，心理学人际交往三原则中的第一条就是：**如果你想让别人喜欢你，那么，你就先喜欢别人**，让对方感受到你的喜好和善意。这一点在中小学生和幼儿园的孩子身上尤其好用，毕

竟小孩子都特别在意别的同学对自己的看法，对那些更喜欢自己的同学会自然而然地表现出开心的回应。

3. 先在咨询室里进行角色换位扮演，然后在现实中去"重复"实现

对小孩子来说，这样的重复轻松又简单，因为他们已经做过了，知道自己该怎么去做了。其实很多孩子交不到好朋友，或者在学校被孤立和冷落，都是因为他们没有受过这方面的教导和训练。当我们在咨询室里反复演练了这个角色扮演以后，**孩子的大脑中就会"开拓出一条小回路"**，记住这样的行动步骤，之后在现实中去重复的时候，就会得到潜意识的支持，更容易获得成功。

要知道，**孩子的模仿力是非常强的！**

更关键的是，这样的模仿会影响孩子一生的人际关系交往模式，因为脑海里已经有了跟他人建立友好关系的"神经回路"，在大脑容易重塑的幼小时期得到了积极正向的开拓和现实反馈，不得不说，这样的练习和付出具有"四两拨千斤"的神奇效果，且持续长久。

之所以在这节家庭演练的部分分享了一个在心理咨询室里进行的青少年心理辅导案例，主要是想告诉各位家长朋友，其实心理咨询室跟家里的空间有同工异曲之妙，都是对孩子非常接纳、包容，都是让孩子感到轻松、开放的环境，也就是说，家长只需要把上面的"心理咨询室"换成"家里的房间"，就可以跟孩子一起进行当众表达的练习了。

当孩子可以在家里，在爸爸、妈妈面前大胆说出自己的想法，表达自己的表达，同时在家长的引导和反馈中不断提升自己当众表

达的技能和水平的时候，可想而知，孩子在外面、在学校，不管是上台发言，还是正式演讲，就都可以侃侃而谈、自信表达了。

更多具体的在家引导孩子学会表达和演讲的方式方法和注意事项，请家长参考本书的第七步"提升孩子的声音魅力，抑扬顿挫自信表达"和第九步"试试看——你家孩子也可以成为小小演说家"，以及下一节的实操练习：讲一个小故事让孩子看见自己的表达，这些都可以作为家庭演练的参考指南。

当然，您完全可以根据你家孩子的实际情况，有选择地在家里演练声音和当众表达的一些模块，特别推荐一家人可以在家里举行"家庭演讲比赛"，并设立一定的奖励机制，这将极大地引发孩子练习当众表达的兴趣和动力，因为在幼小的孩子心里，爸爸妈妈的要求和倡导，那就是最值得遵循的"律法"，何况还有诱惑满满的小奖励呢。

55 实操练习：讲一个小故事让孩子看见自己的表达

讲故事是非常奇妙的事情，有的人可以把故事讲得栩栩如生，让人如同身临其境，完完全全地被吸引，而同样的故事，让另一个人讲，你可能就听不进去。

为什么相同的故事，不同的人讲出来，效果会差别那么大呢？

最重要的一点就是：**你能不能绘声绘色地把故事讲出来**，讲得好像让人看到了那个场景，看到了人物的表情，听到了人物的声音，感受到了人物的感受，而且是各种各样的声音、各种各样的颜色、各种各样的感受，都已经描绘出来了，仿佛就浮现在眼前，浮现在脑海中。

这就是绘声绘色，是讲故事的最高境界。讲故事的人完全靠着自己的语言表达，把场景描绘出来、把人物塑造出来，就好像放电影一样，让听众仿佛看到了那个故事的画面，看到了故事一步一步的进展，就好像这个故事的一幕幕场景正在发生一样，让我们深深地沉浸在其中。

因此，通过绘声绘色讲故事的这个训练，孩子的口才表达水平可以达到一个新的高度。

现在，**就请家长和孩子一起来讲一个《小红帽与大灰狼》的故事吧**。

《小红帽与大灰狼》是一个非常好听的故事，小朋友们肯定都爱听，不过这回我们可不仅仅是听这个故事，而是在听完之后，自己也可以绘声绘色地讲出这个故事。

家长可以从网上找到《小红帽与大灰狼》的故事的视频（薛老师也录制了这个故事的动画视频，家长可以在"亲鹿鹿"小程序的课程上找到这个章节），跟孩子一起认真看一看、练一练，然后家长和孩子都要讲一遍这个故事，注意不同的人物要用不同的语声语调和不同的情感，两个人换着来，一个人讲的时候，另一个人就认真听，如果能用手机录制成视频就更好了，这样两个人都能看到自己讲故事的真实表达。

假如觉得自己讲得不太满意,就可以再讲一遍、再录制一遍,然后,你就会看到自己的言语表达进步好大。

看见自己的表达,是非常令人尴尬和"惊喜"的事,就像照镜子一样,一眼就能发现自己表达的优点和不足,这样就很容易调整和改变。

☆小红帽和大灰狼

从前有个可爱的小姑娘,特别喜欢戴着外婆送给她的一顶红色的天鹅绒帽子,大家都叫她小红帽。

有一天,妈妈对小红帽说:"小红帽,外婆生病了,你把这些蛋糕和葡萄酒给外婆送去吧。"

小红帽高高兴兴地说:"好的,妈妈。"

外婆住在村子外面的森林里,离小红帽家有很长一段路。小红帽刚走进森林,就碰到了一条大灰狼。

"你好啊,小红帽,这么早你要到哪儿去呀?"大灰狼假惺惺地跟小红帽打招呼。

"我要到外婆家去,给外婆送些好吃的。"

"真是乖孩子,你外婆住在哪里呀,小红帽?"

"进了林子还有一段路呢,她的房子就在三棵大橡树下面,你一定见过的。"小红帽回答道。

大灰狼在心中盘算着:如果把小红帽和她奶奶两个人都吃掉,那该多过瘾啊!于是,它陪着小红帽走了一会儿,说:"小红帽,你看周围这些花多么美丽啊!你干吗不好好去看一看呢?"

小红帽抬起头来,看到美丽的鲜花在四周开放,就想:如果我给外婆摘一把鲜花带过去,她老人家一定会特别开心的。

于是,小红帽离开了大路,走进旁边的林子里去采花了。她每采下一朵花,总觉得前面还有更美丽的花朵,便又向前走去,结果一直走到了林子的深处。

就在此时,大灰狼却直接跑到了小红帽的外婆家,冒充小红帽敲门进去,一口把外婆吞进了肚子里,然后穿上外婆的衣服,戴上外婆的帽子,躺在床上,等待着小红帽的到来。

小红帽采了好多美丽的鲜花,终于来到了外婆家。她走进外婆的家门,看见外婆躺在床上,帽子拉得低低的,把脸都遮住了,样子非常奇怪。

"哎,外婆,"她说,"您的耳朵怎么这样长呀?"

"为了更好地听你说话呀,乖乖。"

"可是外婆,您的眼睛怎么这样大呀?"

"为了更清楚地看看你呀,乖乖。"

"外婆,您的手怎么长毛了?"

"可以暖暖地抱着你呀,小乖乖。"

"可是外婆,您的嘴巴怎么大得吓人呀?"

"可以一口把你吃掉呀,小傻瓜!"

大灰狼刚把话说完,就从床上跳起来,把小红帽一口就吞进了肚子,然后心满意足地重新躺到床上睡觉,睡得鼾声震天。

碰巧一位猎人从屋前走过,他觉得有点奇怪:这老太太鼾打得好响啊!我要进去看看她是不是出什么事了。

猎人进了屋,来到床前却发现躺在那里的竟是一只大灰狼。

"你这老坏蛋,我找了你好久,没想到在这儿找到了你!"他一边说着一边准备向大灰狼开枪,突然,猎人看到这条大灰狼的肚子特别大,想着可能是它把外婆吞进了肚子里,外婆也许还活着呢。

猎人就没有开枪,而是拿起一把剪刀,动手去剪开大灰狼的肚子。

他刚剪了两下,就看到了红色的小帽子,他又剪了两下,小姑娘便跳了出来,叫道:"哎呀,真把我吓坏了!大灰狼肚子里黑漆漆的。"

接着,外婆也活着出来了。小红帽赶紧跑去搬来几块大石头,塞进狼的肚子里。大灰狼醒来之后想逃走,可是那些石头太重了,它刚站起来就跌倒在地,晕过去了。

三个人高兴极了,猎人拖着大灰狼回家去了;外婆吃了小红帽带来的东西,精神好多了;而小红帽却在想:下次再来看外婆,我绝不会独自离开大路,跑进森林了,也不会告诉大灰狼,外婆住在什么地方了。

第三部分

表达即成长，当众表达改变人生

第九步

试试看——你家孩子也可以成为小小演说家

56 跟孩子一起编故事——孩子的想象力超乎想象

语言表达的最高峰,非当众演讲莫属,而在当众演讲的过程中,大都会出现绘声绘色的故事性表达,因此,我们先来跟孩子一起学习编故事、说故事。

不过现在孩子的语言模式和遣词用句已经跟之前大不一样了,因此家长要做好充分的心理准备,要拥有强大的包容力。

在网上可以看到孩子们交流的语言,已经不太像传统的语言了,有些语句只有他们之间能懂,还有一些属于只可意会、不可言传的表达,毋庸置疑,无论是"10后"还是"20后",他们的说话方式、表达模式,甚至语言文字都跟父母有很大的不同了。

那家长该怎么去面对,又该怎么去引导孩子说出自己的心里话呢?

我国著名教育家陶行知先生曾经说过,**只有发现小孩,了解小孩,解放小孩,信仰小孩,变成小孩,才能教育小孩**。因此,家长应当早日发现自己孩子的语言特点,了解孩子喜欢怎么说话,解放孩子的语言束缚,允许他们按照自己的方式说话。

同时,家长还要尽可能去相信孩子说的话,甚至向孩子学习一些当下流行的语句,跟孩子同频交流,只有做到这些,你才能先跟后带——先跟着孩子的语言说话,然后再带领和引导孩子来说这个时代大家都能听得懂的"社会化"的普通话。

从这个章节开始,就要请让家长和孩子一起编写故事、讲故事了,家长一定要放下姿态,耐心地跟孩子一起学习创作故事、编写故事,让孩子用自己的语言说他们想象中的故事,讲出他们心中有趣又好玩的故事。

☆ 练习口头编故事

请家长和孩子面对面坐着,准备好一起来做一个编故事的练习。

编什么故事呢?要编两个故事,**一个故事是孩子开头**,请他说一个开头,大概说 30 秒,然后家长接着孩子的开头继续说这个故事,也说 30 秒左右,注意要用孩子的语气,要跟上孩子的那个思路。

然后孩子再说 30 秒,家长再说 30 秒,就这样轮流说,说 6~8 分钟,就编出一个故事来了,非常的好玩,这叫<u>故事接力</u>。

我们用这样的方式来发现孩子、了解孩子、成为孩子。

第二个故事请家长先开头编故事,家长说 30 秒,孩子说 30 秒,这样轮流编说故事。

请注意,编第二个故事的时候,家长是需要有一点点引导的,不要完全用孩子的语言,可以加一点自己的语言,但还是用小孩子的语声语气,这就是一个先跟后带的引导。

第一个故事是让小孩先开头编故事,然后家长接着说,第二个故事是家长先说出故事的开局,然后是孩子接力。第一个故事完全按照孩子的语气、思路来,无论多么天马行空,家长都必须尽可能地模仿孩子的语声语气和情节描述。

比较小的孩子（幼儿园的小朋友）可以每人30秒左右轮流编说，当然也可以一人一分钟接龙说故事。大一点的孩子（小学三年级以上），可以一人一分钟，或者两分钟，甚至三分钟也无妨。小学一二年级六七岁的孩子，如果还不太会编故事，也可以半分钟或者一分钟这样来玩故事接力。

在这个过程中，相信家长一定会看到孩子各种不同的表达，一定要允许孩子完全用他自己的言语方式来表达。

如果孩子实在不会编故事，可以先让孩子看一些童话书，或者给孩子讲一些童话故事，甚至跟孩子一起扮演童话里的角色，激发孩子的想象力和创造力。

家长跟孩子也可以一起**改版童话故事**，比如小红帽和大灰狼的故事，同时也可以进行角色扮演，大人扮大灰狼，小孩扮小红帽，当然也可以反过来，大人扮小红帽，小孩扮大灰狼，让孩子体会各种不同的角色，这些都是非常好玩的，孩子们都会很喜欢。

孩子们最开心的莫过于家长愿意跟自己一起玩这些类似过家家的角色扮演游戏了。

因此，特别建议家长要多跟孩子一起看一些童话故事，因为我们的训练马上要进入故事里面了，那些经典流传的童话故事都是有着神奇魔力的，否则也不会流传千百年，有时候，一个童话就会影响孩子的一生。

家长朋友们可以想一想：什么样的童话会变成经典呢？这些经典的童话又是如何影响一代又一代孩童的呢？

是的，经典的童话绝不仅仅只是一个故事，而是具有非常深奥的心理寓意的现实，有些童话会给孩子带来深远的影响，这样的例子确实不胜枚举。

在做心理辅导的过程中，常常会看到一些成年人已经二三十岁了，还活在幼年的童话世界里，无论是着装、举手投足，还是说话表达的语气，都很像某个童话人物，这说明童话的确是具有很大现实影响力的心理语言。

动漫也是如此，不少孩子长大了也还是活在某个动漫人物的角色里。

所以，当我们跟孩子一起沉浸在童话世界里的时候，从某种意义上来讲，我们也在塑造孩子的内在心灵，把童话变成孩子幼年的美好回忆。

57 跟孩子一起演戏剧——每个人都是天才的演员

心理剧创始人莫雷诺教授曾经说过一句名言：**每个人都是天才的演员**，每个人都在人生的大舞台上演出自己的剧目。

上一节我们已经开始用故事接龙的方式跟孩子练习讲故事，这一节我们要学习如何编写一个完整的故事，而且要学会用戏剧的方式演绎这些故事。

也就是说，我们要把跟孩子随兴编写的那些故事优化、丰富和调整，让故事更加故事化，让人更爱听。那怎么故事化呢？简单地说，就是**要符合故事起承转合的结构特点**。

是的，编写故事也好，演绎故事也罢，只要是一个完整的故事，那就要记住这四个字"**起承转合**"。"起"就是起步的起，"承"就是继承的承，"转"就是转折的转，"合"就是综合的合。

起承转合是什么意思呢？就是在编故事的时候要有这样的一个思维方向，按照"起承转合"的顺序来讲故事，特别是刚刚学习编写和演绎故事的时候，更要注意把故事的"起承转合"四个步骤都要清晰地表现出来。

☆ 起承转合的演绎

起承转合，它是一个故事的发生、发展、解决、转折以及结果的逻辑关系。

先说"起"，故事一开始都要有悬念，这个悬念就是起。当然，"起"的时候还要有故事背景的呈现，有故事人物的出场。

第二个"承"，就是说要有一个承接、继承，要展开这个悬念带来的情节发展。

第三个"转",就是转折,就是解决悬念的方法出现了,或者机缘巧合战胜了困难,把坏人给抓住了等。

最后一个字"合",就是故事的结尾,一般都是大团圆、大圆满,而且给人带来了启迪、启发,可以让听故事的人从中学习和领悟到一些东西,也就是把故事的内涵升华一下,揭示出故事所表达的寓意。

我们来看一个《乌鸦喝水》故事的起承转合,这个故事来源于伊索寓言,曾经被选入人教版语文书一年级的上册,不少小朋友应该都比较熟悉。

> 一只乌鸦口渴了,它在低空盘旋着找水喝,找了很久才发现不远处的地上有一个大水瓶,里面装着半瓶水。
>
> 它高兴地飞了过去,伸出尖利的嘴去喝瓶子里的水。可是瓶口非常小,瓶颈又非常长,乌鸦的嘴无论如何都够不到水。
>
> 怎么办呢?乌鸦就想:干脆把水瓶撞倒,这样水不就流出来了?就可以喝到水了吗。于是它就从高空往下冲,猛烈的撞击水瓶,可是水瓶太重了,乌鸦用尽全身的力气,水瓶仍然纹丝不动。
>
> 乌鸦一气之下就从不远处叼来一块石头,朝着水瓶砸下去,它本想把水瓶砸坏之后喝水,没想到石头不偏不倚,"扑通"一声正好落进了水瓶里面。
>
> 乌鸦飞下去一看,水瓶一点都没破,可是呢,它发现石子沉入水瓶里以后,里面的水好像比原来高了一些。
>
> "呵呵,有办法了,我能喝到水了!"

乌鸦非常高兴,它哇哇大叫着就开始行动起来了,它叼来了许多石子,把它们一块一块地投到水瓶里,随着石子的增多,水瓶的水也一点一点地慢慢向上升。

终于,水瓶里的水快升到瓶口了,乌鸦把嘴伸进去,总算可以喝到水了。

它一边喝一边乐,心里特别高兴,不仅仅是因为喝到了水,而是因为喝到这个水可真不容易,这个水喝起来好甜啊!

这就是《乌鸦喝水》的故事,我们可以看到的是,《乌鸦喝水》的故事有明显的起承转合。

故事开始的时候,来了一个悬念,乌鸦口渴了,想喝水,正好看见前面地上有个水瓶,它就高兴地飞了过去,稳稳地停在水瓶前,伸出细嘴想喝水。

可是紧接着困难来了,更大的悬念来了,水瓶里的水只有一半,瓶口又小,瓶颈又长,怎么都够不着。

然后它就想办法,从高空猛冲下去想把瓶子撞倒,这样让水流出来,就能喝到了,结果没用,这就是"承",把故事展开了。

接着,就开始"转",乌鸦生气了,就叼起一块石头去砸水瓶,结果没想到石头掉进了水瓶里面,它飞过去一看,唉,这个石头进到瓶子里面之后呢,瓶子里的水面就高了一点点,它就欣喜地哇哇大叫:我有办法了,我能喝到水啦!这就是"转",峰回路转、雨过天晴的感觉。

然后,它就叼来许多石子,都投进了水瓶里,水面终于升高到瓶口了,它的嘴可以伸进去喝到水了,这就是"合",终于把问题解决了，通常都是一个皆大欢喜的结尾，也就是整合、综合的意思。

这个故事通过一个有趣的讲述方式，告诉我们一些生活的智慧，当我们遇到困难的时候究竟该怎么办呢？

每个人都会遇到各种各样的困难，遇到困难是很正常的，人生就是来解决问题的，不过尽量要用合适的方法解决问题，要善于思考、动脑筋，实在不行，就尝试各种可能性。

比如乌鸦先是想着从高空冲下来把水瓶撞倒，结果失败了，接下来它又想着用石头把瓶子砸坏，没想到歪打正着，找到了正确的方法，然后就喝到水了。

这就提醒我们：**其实困难并不是多么难的问题，关键是找对方法来解决问题**，凡事要从发展的眼光来看，要运用我们的智慧，找到合适的解决方法。

因此，一个好的故事，它不仅是有起承转合，有悬念，有困难，有战胜困难、解决困难，从而最终得到好的结果，更重要的是，一定要有深刻的寓意，要让听故事的人有可以学习、思考的地方，甚至有那种豁然开朗或者一个顿悟的感觉，啊，原来如此！

你看，其实乌鸦并不是特别聪明，对不对？也不怎么讨人喜欢，但是，虽然它愚昧、丑陋，不招人待见，在生存的过程中，它同样也会有许多它自己的智慧。

所以说，每一个生命都值得尊重，因为但凡是在地球上存在着的生命，都有它的智慧和生存的起承转合，生存都是不容易的，每一个生命都值得我们尊重。

而且，正是因为有了这么多的动物、植物、高山、流水，才让我们的世界如此丰富多彩，不是吗？所以，一个好故事，甚至能让人内心有所感动和醒悟。

家长在跟孩子一起编写、演绎故事的过程中，实际上也是生活智慧的教育与植入，可以帮助孩子了解和体验更多的生活实践，因此，讲故事真的是一个非常有意义的表达训练。

☆ 把故事演出戏剧的感觉

家长可以从《乌鸦喝水》的故事开始跟孩子一起演戏，不用担心自己或者孩子演得好不好、对不对，那都不重要，最重要的是尽力扮演好不同的角色，体会演出不同角色的感觉，同时，**演出"起承转合"的不同情绪、情感，表情和肢体动作**。

首先是"起"，因为"起"表达的是悬念，所以演出的时候要表达出好奇、不解的感觉。比如演这个乌鸦，就要演出"渴"的感觉，看到"水瓶"的惊喜，喝不到水的"焦急和气恼"。

然后是"承"，演出的时候就要呈现出乌鸦的心理动态，看着瓶子里的水喝不着，先是着急，然后是想办法，再是行动，从空中俯冲下来想把水瓶撞倒，让水流出来，然后喝到水。这个时候应该呈现出有一点小得意，又有点小急躁，想着肯定没问题，赶紧飞起来撞击水瓶。

没想到失败了，水瓶太重了，纹丝不动，根本撞不倒，这个时候就要表现出乌鸦的惊诧、恼火和不服，然后一气之下叼起一块石头去砸水瓶，没想到石头不偏不倚，"扑通"一声正好落进了水瓶里面。

这就开始"转"了，乌鸦一看，很惊喜，水瓶里的水面上升了，有办法了！我能喝到水了！这个时候就要表现出乌鸦的惊喜大叫、激动不已的语声语气和手舞足蹈，以及接下来快节奏的"工作"——叼来更多的石子。

最后是"合",乌鸦终于喝到水了,而且感觉这个水的味道格外甘甜,因为是自己奋斗了半天才喝到的水,自然格外开心,这个时候就要表现出乌鸦的开心、快乐和轻松、惬意的感觉,还有那种渴了很久终于喝到水的满足感。

《乌鸦喝水》可以是一出独角戏,一个人演乌鸦就可以了(另一个人可以说画外音),也可以是两个人一起演戏,一个人演乌鸦,一个人演水瓶,还可以有对话,有互动,挺好玩的,怎么改编都可以。

当家长和孩子一起绘声绘色地演绎《乌鸦喝水》的故事时,也许你会惊讶地发现,莫雷诺教授真的没有说错,每个孩子都是天才的演员!

58 全民表达时代来临——成功的奇迹密码正在变化

全民表达时代已经来临，沉默不再是金，你准备好了吗？

在互联网飞速发展，连地球上最偏僻的角落都被卫星信号覆盖的情况下，全民表达、全民娱乐，没有隐私、没有秘密的时代已然来临，学会当众表达、高效沟通，无疑是通向幸福和成功的一条捷径。

2022年春，因为疫情居家，刘畊宏在直播间带跳健身操火爆一时，全网粉丝突破一个亿！这是之前任何一个健身教练都不敢想象的奇迹。

如果你也正巧跟着刘畊宏跳过操，那你就会同意这个观点，刘畊宏的火爆跟他一边跳操，一边热情地"唠叨"是分不开的，毕竟那么多带跳健身操的直播间，为啥就他的直播间火得匪夷所思呢？

人类发展的最高标志，就是人会使用复杂的语言，而人类之所以不断地推进语言的发展，也是为了我们更好地交流、交往和沟通。其实我们每个人都特别渴望被人看见、被人听见，被人认同、被人肯定，甚至被人追随、被人追捧，因为人际交往和人际关系本身就是人类追求的最重要的意义，没有之一，离开人类这个大团队，没有谁可以真正地感受到成功的喜悦与幸福，因为如果一个人连活着都没有别人关注、关心，一辈子就像空气一样透明，那又何谈幸福与成功呢？

因此，幸福和成功的密码都在"关系"里，比如亲子关系、亲密关系、家庭关系、情侣关系、同学关系、朋友关系、同事关系、邻里关系，或者是当下的主播与粉丝的关系……恰恰是这些关系构建了我们生存的时空和生活的状态,也无时无刻不在影响着我们的情绪和心情。

所以,你会听到很多主播都在情真意切地恳求:

> 新进来的朋友加我的粉丝团吧
> 家人们给我送个小心心吧
> 用你的小手给我点个赞吧
> 别忘了给我一键三连,谢谢啦
> 有什么问题请给我留言吧
> 想跟我合作的加我私信哈
> 喜欢我的朋友请在公屏上打出 666
> 觉得我说得对的请扣 111……

令人疑惑的是,仿佛一夜之间,从全国各地冒出来了无数会唱歌、会跳舞、会讲故事、会讲段子,会聊天、会逗乐的男女老幼,不少直播达人绝对算得上是一方高人,令人不得不感叹"高手在民间"啊!

如果说曾经的成功密码、财富密码在努力奋斗、跟对风口上,那现在的成功密码、财富密码毋庸置疑都在"口播秀"上了——**口才表达比任何年代都更加影响一个人,甚至一个团队、一个企业的成功与发展**,"酒香不怕巷子深"的年代一去不复返了,因为网络实在太发达、太透明了,而直播表达的影响力实在太巨大了!

为什么直播的影响力这么大呢?

简单地回答:因为动态视觉的冲击力太大了!

心理学研究表明：我们大脑的镜像神经元一定会对直播的人物产生一定程度上的"模拟"，比如我们在看那些美食主播做饭做菜的视频和直播时，你是不是有那么一点冲动，也想去尝试做一样的饭菜呢？刷到人家在你面前大口吃肉、大口吃面，津津有味、痛快淋漓，你是不是嘴里也开始流口水了呢？

我不知道是不是每个人都这么容易受影响，但我自己在看美食博主的直播和视频时，确实是很"馋"的，要知道我对"吃东西"这个事情实际上并不那么在意，不属于那种"好吃"的人，平时吃的比较简单、随意，晚上也基本上是不吃东西的，即便如此，那也架不住看那些美食主播的节目时，嘴里涌起一股渴望咀嚼的味觉和嗅觉的综合感觉。

所以，"视频+直播+吃喝"真的是能影响人的脑神经元的，甚至令我们的脑神经重新构建新的"嗜好"回路，这是一件有点"恐怖"的事实。

之前我们都认为成人的大脑可塑性很小，但近年来脑神经科学的研究告诉我们，即便在成年后，**人类的大脑依然存在着强大的可塑性。**

这种神经可塑性的空间虽然会随着年龄的增长而有所下降，但是我们可以通过一些方法帮助大脑增强神经可塑性。

目前所确定的大脑的神经可塑性大致有两类：

一类是**功能性神经可塑性**，主要是由通过大脑发育和学习新知所导致的大脑神经突触所发生的长期变化，这主要是大脑工作方式和适应能力方面的变化，在改善身心健康方面也具有重要意义。

第二类是**结构性神经可塑性**，主要是指大脑神经元或神经突触之间的连接强度产生的变化，这些变化是大脑结构层面发生的变化，即大脑重新建立神经路径和回路的能力，同样在改善心理健康方面也有重大意义。

另外，还有一点我们也需要了解，那就是：大脑不仅仅具备建立崭新的神经回路的能力，也具备"**断离**"一些神经回路的能力。

简单地说，就是在我们的一生中，大脑都具有重新"更新"的神秘能力，而这种更新往往是在不知不觉之间，特别是长期受到强大的视听觉冲击之下，我们的思维模式和行为模式都受到了很大的影响。

如果把人类的大脑比喻为一台计算机，我们的人生经历在大脑和神经系统中产生的影响可以被看作"软件程序"，因此，**大脑同样具备着更新自身这台计算机本身的能力。**

这些更新的能力，指的是大脑可以根据我们的各种外界体验，不断地更改神经路径和回路，不断地创建新的神经路径和回路，也不断地"清除"一些不再适用的神经路径和回路的能力。

也就是说，在这个迅猛而来的视觉化时代，成功的密码加入了更多的视觉审美和心灵感应的元素，并时刻更新着我们大脑神经的传导和通路。

这是一个好消息，也是一把双刃剑，可以说神经可塑性是每个人的人生进化，以及人类作为一个物种不断进化的生物学基础；但同时，神经可塑性也有可能将我们从光明大道引向深渊，比如过度网络沉迷。

当我们接触到新的事物，经历崭新的人生体验，或者学习新知的时候，我们会在神经元之间建立起新的连接，我们的**大脑会以建**

立新的神经元路径的方式来适应我们周围的变化——这就是为什么现在的直播和短视频对我们的影响如此之大的原因所在。

因为这是脑神经（软件）的刷新，而我们的行为，只是程序运行的外在表现而已。

可想而知，成人的神经可塑性在视听觉的猛烈冲击之下都如此强大，小孩子的脑神经发育日新月异，受到的影响就更大了，因此，让孩子提前植入自己说话表达的底层程序，提早筑造比较牢固的"防网络语言冲击""防视觉化冲击"的堤坝，就像打"疫苗"一样，多一层屏障，多一层保护，多一些定力，让孩子能够抵御更大的外界风浪。

当你家孩子从小就练习当众表达，上台演讲，多看书、多阅读，多交流、多沟通，就会在大脑里形成清晰的语言表达回路和自信神经元的连接模式，就更容易成为一个人见人爱、落落大方、表达流畅、自信满满的"秀"时代的小达人的！

> **视觉化时代已经来临**，成功的密码加入了更多的视觉审美和心灵感应的元素，并时刻更新着我们大脑神经的传导和通路。

59 演讲其实很简单——七个步骤清晰连贯

演讲是一个引人瞩目的过程，台上的你将成为明星一样的角色，在这个过程中，你的一举一动，包括你的肢体语言，你的口头语言，你的眼神，你的所有的一切的一切都在大庭广众之下，都在众目睽睽之下，被观众看得一清二楚。

因此，**演讲是一个不折不扣的演出**，而你呢，就是那个唯一的明星，所以，演讲的台风一定是要训练的，只要是演出，就必须训练，否则一定会让人感觉不专业。

那该怎么训练演讲的台风基本功呢？

我们需要具体了解演讲的七个环节，哪七个环节呢，我们一起来看一下。

首先，当你要准备去上台演讲的时候，就要从座位上起立，或者从后台走出去，对不对？你要记住，这个时候演出就已经开始了，你要进入角色里面了。

此时此刻，虽然你还在台下或者幕后，但是你的站姿要出来了，身体要站直，**进入一种山式站立的状态**，脚踏实地，挺拔身姿，收腹挺胸，沉肩拔颈，整个身体都往上提，同时给人感觉你的站姿又是非常稳的，腰部以下稳稳站立。

这是**第一个环节，站姿**。

接着你就要走上台，对不对，所以**第二个环节就是走姿**。

你的走姿一定要给人稳稳的感觉，走的时候腰部以下，双腿在动，可是腰部以上是稳定的，腰部以上不要大动，当然手是可以摆动的。

腰部以上你的脊椎、你的中轴线是稳的,你不能弯腰弓背,或者摇摇晃晃地走。你走上台的时候背部脊椎一定是挺直的,头也尽量不要大动,稳稳地走上台。

走上台以后,就要站立,这个时候的站立和刚才上台之前的站立不太一样,那个是准备姿势的站立,现在是一个演讲姿势的站立。

当众演讲的站立姿势,男生和女生是不一样的。

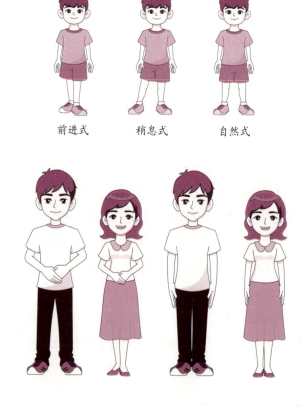

前进式　　　稍息式　　　自然式

对于成人而言，男生的站姿，双脚要跟肩同宽，手可以放在两边的裤缝上，如果拿话筒的话，拿话筒的手可以放在胸前。如果不拿话筒的话，男生双手可以叠放在腹部上，也可以自然下垂，或者用类似打招呼的手势也可以。

女生一般来说演讲站姿比较规范，双脚并拢或者呈丁字状，手一般也是叠加在胸和腰，就是肚脐的这个地方，两个手叠着或者五个手指相互握着这样，是比较标准的礼仪姿势。

对于小学生来说，演讲的站姿就不一定这么严格，孩子在台上站着的时候，其实是可以更加自然、更加放松一些的，不一定要那么稳重，特别是不要过度紧张，可以活泼一点，只要不是太随意就好。

如果是 10～12 岁的高年级同学，或者是中学生的话，就可以稍微稳重一点；而 10 岁以下的孩子就没必要强调规范站姿了，就是蹦蹦跳跳上去也没有关系，但是有一点一定要注意，那就是身体一定是直的，脊椎一定是挺直的，站上台以后，腰部以下也不能乱动，请记住无论在任何时候，演讲的站姿、身体的中轴线一定是稳住的。

在这里也给家长和老师分享几个适合小学生演讲的站姿，也可以让孩子进行适当的练习。

前进式：站立时右脚在前，左脚在后，前脚脚尖指向正前方或稍向外侧斜，两脚延长线的夹角成 45 度左右，脚跟距离在 15 厘米左右。这种姿势身体的重心没有固定，可以随着上身前倾与后移的变化而分别定在前脚跟与后脚上，这就不会显得身体僵硬不够大方。

同时，前进式站姿由于上身可前可后，可左可右，还可以适当转动，从而使手势动作更加灵活多变，表达出不同的情绪情感。

稍息式：站立时一脚自然站立，另一只脚向前迈出半步，两脚跟之间相距12厘米左右，两脚之间形成75度夹角，有点像"立正"之后的"稍息"姿势，所以称作"稍息式站姿"。

这种站姿身体重心总是落在后脚上，显得有点单一，又有点随意，一般适用于长时间站着演讲中的短期更换姿势，使身体在短时间里松弛一下，一般不宜长时间单独使用，因为多少有一点不那么严肃的感觉。

自然式：两脚自然分开，平行相距与肩同宽，约20厘米为宜，有点类似于成人的站姿，这种站姿的好处是比较正规、正式，有一定的庄重感，适合比较重大、严肃的演讲场合。

家长和老师可以根据孩子演讲的主题、场所和听众的不同，跟孩子一起选择不同的站姿进行演练，并配合肢体语言和非肢体语言的表达。

以上就是第三个环节：演讲站姿。

第四个环节就是正式进入演讲之中。

这个环节有两个小点需要特别清晰，**首先是要跟听众打招呼。**

打招呼是一个连接亲和力的表现，不管任何的演讲，任何的当众表达，哪怕你只是简单开个会、发个言，你上去也要说"大家好"，对不对？

如果是学生在班里上台发言，上去以后你也会说："老师好，同学们好"，对不对？

这是基本的礼节，也是跟听众快速连接的重要互动手段。

配合这个打招呼的话语，你的眼睛最好是扫视一下全场，跟全场的听众都做一个亲和力的连接。好的演讲就是要跟听众做更多的互动和交流，如目光的交流、语言的交流、情绪的流动，让大家都参与到你的演讲之中，产生强烈的共鸣。

打完招呼之后就要进入主题，这是第四个环节的第二个小点，比如说："大家好！很高兴今天我能站在这个演讲台上，分享我的经历，那今天我演讲的题目是：我有一个梦想。"

这个小点最重要的是点题，**点题是非常重要的，一定要先说出主题**，让大家明白你今天要跟大家说些什么，这是演讲非常重要却常常被遗忘的一个关键点。

有的演讲者一上台，就说：大家好！我很高兴站在这里，跟大家聊聊我的一段经历，去年啊，我去了一趟西藏……

你看，他没有说出演讲主题，也没有用其他清晰的方式表达出要讲的主题，就会让听众不太明白要怎么跟着他的思路走。

演讲不是闲聊，也不是没有焦点的分享，而是要在某一个非常清晰的观点上去影响听众的思想和行为，因此，**请说出你演讲的主题，这是非常重要的进入演讲的标志。**

第五个环节就是演讲的正文部分。

在这个环节之中，要特别注意站位，也就是你在舞台上的空间位置移动。

你不能总是站在一个地方，而是要适当在台上合理走动，当然具体该怎么走，就比较复杂了，因为不仅需要因主题而异，因场合而已，还要因人而异，在这里我们就记住一点：**就是不能总站在**

一个地方,要适当地走动就可以了。

当你演讲完主题内容、结束你的演讲时,**一定要有结束语,这是第六个环节**。

你可以这样说:我今天的演讲就到这里,谢谢大家。

也可以用一个漂亮的结尾表示演讲的结束,然后跟大家鞠一个躬,或者用肢体语言表示出结束的意思。

演讲结束之后,如果没有提问环节的话,你就要下场了。

跟上场的时候一样,也需要按照标准走姿的状态走下去,直到你坐在下面的椅子上,或者回到后台,这个时候演讲才全部结束了,这才是一场完整的演讲。

所以,**第七个环节是走下台**,而且要精神抖擞、神采奕奕地稳步走下台。

> **贯通演讲的七个步骤**
> 从座位上站起来时,演讲就已经开始了;稳稳地走到台上,站稳站好,跟听众打招呼,并说出演讲主题,然后进行正文演讲,特别注意做手势时身体的底盘始终是稳的,同时双脚要适当移动;结束演讲时要表达感谢,点头或鞠躬,再稳步走下场,整场演讲结束。

那么,该如何跟孩子进行这七个步骤的台风基本功训练呢?

只要特别注意两点,按照上面的七个步骤多练习就行了。

一是要站稳、站稳、站稳,重要的事情说三遍!

二是小动作不要太多,有的小朋友一上台就左看看、右瞧瞧,小手不知道该往哪儿放,完全稳不住,这个要特别注意,再三强调和提醒。

当然小学生还很难完全做到站稳、走稳，但家长要有意识地培养他们，比如练习站姿。

怎么练习站姿呢？很简单，就是**练习九点靠墙站立**：让身体靠墙，头部后脑勺一点、两个肩两点、两个臀部靠墙两点、两个小腿肚子、还有两个足跟，一共是九点靠墙笔直站立。

站立时可以练气息，也可以练发声，或者念一篇演讲稿，练习讲故事都可以。

九点靠墙站立，是开始练习演讲基本功的时候，每天都应该做的练习，要成为一个常态的练习。

站姿的练习不仅可以把孩子的身姿站挺拔了，有点顶天立地的感觉，还可以让演讲的气场更加强大，气场就是这么一步步练出来的。

还有一个特别的演练实操方法，就是**对着镜子练习**，看着镜子中的自己，很容易就能找出演讲的不足之处，进行改变和优化。

请记住，你的走姿，你的站姿，你的手势，你的表情，都是台风的组成部分，只有方方面面都练到位了，才能呈现出一场有品质的演讲，但凡有一个环节没有到位，都会让人感觉不那么专业和给力，所以一定要多多练习演讲的台风基本功，让自己的演讲更加流畅和完整。

60 你就是明星——如何在台上呈现最好的自己

要想在台上呈现最好的自己，有一个特别管用的好方法，那就是**想象预演，也可以叫作潜意识预演**，也就是预先在脑海里一遍又一遍地"播放"演讲成功的情景。

在你要演讲的前一天的晚上或者当天起床后，让自己安静地放松下来，闭上眼睛，在头脑中放电影，展现出你正在演讲的画面和情景。

引领孩子做这样的预演练习，会极大地帮助孩子在正式的演讲中呈现神采奕奕的自己，因为得到潜意识的大力支持，孩子会觉得有一种神奇的"程序"在引导自己出色发挥。

请记住一定要在放松的状态下去做这个想象预演，才会有更好的效果，可以放一些轻松的音乐，或者在一个非常安静的环境中（比如卧室）进行。

特别需要提醒的是：**你想要在台上呈现出什么样的自己，你就在想象预演中把这样的自己完完全全地想象出来，就好像在脑海中放电影一样，把栩栩如生的演讲过程放映出来。**

你可以一遍又一遍地进行这个想象预演，直到这个过程刻进了你的脑海中，就好像给你安装了一个演讲程序，你到时候只要一上台，这个程序就会启动，带着你按照你的想象预演进行真正的演讲展示。

以上的"演讲潜意识预演引导"可以在薛歆然老师的音视频节目中收听收看，有成人版本和学生版本这两个不同版本的录制。这是有着深厚的心理学和神经语言程序学的科学原理的，家长和小朋友都可以尝试一下，相信一定会对演讲的现场呈现非常有帮助的。

当然,如何想在台上演讲得更出彩,也与演讲的类型和要求有关,我们也有必要来了解一下演讲的类型以及当今演讲的特点及其发展趋势。

简单地讲,演讲有四种类型:

(1)使人知:传达信息,阐明事理。
(2)使人信:让人信赖,改变观念。
(3)使人激:让人激动、共鸣,欢呼雀跃。
(4)使人动:让人群情振奋,欲一起行动。

☆ 从"使人激"到"使人信"的演讲变迁

在战争年代,有很多激动人心、一呼百应的"使人动"演讲,比如"二战"时期美国的巴顿将军、法国的戴高乐将军,都是杰出的演讲家,他们的演讲令人血脉偾张、群情振奋,义无反顾地奔向战场。

而他们的死对头,"二战"的罪恶祸首希特勒也同样不止一次地使用了极具煽动力的"使人动"演讲,歇斯底里地俘虏了大批"粉丝",最终引发了第二次世界大战。

最经典的"使人激"演讲无疑非马丁·路德·金于1963年8月28日在美国林肯纪念堂的演讲——《我有一个梦想》(I have a dream)莫属,它不仅改写了黑人民权运动的结局,而且成为美国历史上最震撼人心的演讲,对全世界的影响也非常深远。

时间飞速掠过,仿佛转眼之间,人类就来到了21世纪,当今,战争离我们远去,人类变得更加理性和善于质疑,不再那么容易被煽动和热血沸腾,演讲的形式也在悄然发生着变化。

典型的变化之一就是除了学术演讲多采用"使人知"演讲以外,"使人信"演讲正在逐步成为公众演讲和职场演讲的主角。

要了解当下流行的"使人信"演讲的特点和未来发展趋势,不妨去网上找几部TED的演讲视频看看。TED(Technology, Entertainment, Design)是创建于2002年的一个非盈利机构(美国),汇集了众多科学家、设计师、文学家、音乐家等领域的杰出人物(世界各地),在TED大会上分享他们关于科技、社会、人类的思考和探索。

短短十几年间,从每年1 000人的俱乐部变成了一个每天几十万人流量的社区,成为"有志改变世界的人"的充电场。

从 2006 年起,TED 演讲的视频被上传到网上。如今官网已经收录了数千个演讲视频,有逾亿万计的世界各地的网民观看了 TED 演讲的视频。这些堪称经典的演讲让你激动、震撼,但演讲者大都只是温文尔雅地娓娓道来,平和地讲述他们的发现、思考、探索和观点。演讲者的肢体语言丰富却并不张扬,不乏幽默和风趣,但绝不哗众取宠。

TED 的演讲堪称短小精悍,每个演讲最多 18 分钟,有的只有 8 分钟,甚至只有 3 分钟,非常符合现代人的生活工作快节奏。如果家长和孩子每天抽空看上一集,两三个月下来,对 TED 式的演讲就会有深刻的体验,说不定会从此迷上 TED 演讲,幻想着自己有一天也能够登上 TED 的舞台,向全世界展示自己的发现和观点。

有人总结了 TED 演讲的八大法则,也可以作为我们小小演说家训练的借鉴。

(1)开门见山,观念响亮。向听众展示未曾公开的东西,或者分享一个有可能改变世界的想法。

(2)展示一个真实的你。分享你的激情与梦想,甚至恐惧,但不要把自己当成是完美无缺的,千万不要自吹自擂。

(3)摒弃复杂冗长的专业语句和说法,清晰简单地讲话,多讲点故事,讲得动人一点,有点悬念或抖点包袱更好。

(4)声音清晰明亮,富有感染力。幽默、风趣的语言非常受欢迎。

(5)不准推销!只需分享你的发现、观点或想法。

(6)除非万不得已,不要对着演讲稿照本宣科。可以看小纸条，可以用PPT，但更多的时候要看着听众。

（7）与听众进行良好互动，感受听众的反应（掌声和笑声），回答听众的提问。

（8）必须在规定的时间内讲完。18分钟，不长也不短，正好是成人持续注意力（20分钟）开始衰减的临界点。

总结一下TED演讲的精髓，其实就是8个点：**观点有新意，声音有魅力；亲切有诚意，富有感染力；有故事有悬念，简单又清晰；幽默又风趣，互动是必须的。**

照着这样的范本去练习，相信经过一段时间的学习和训练，孩子一定会有很大的进步，能够尝试在台上呈现更好的自己了。

其实，要想在台上呈现出更好的自己，无非就是把自己在台下反复演练的东西展示出来。有人做过研究，结论是一般在台上真正能展示出来的东西，通常都只有你在台下演练得最好的时候的80%，所以反复的排练是必须的，只有做到非常熟练，非常连贯，才能做到在台上的时候一气呵成，"演"好这个"讲话"表达。

61 实操练习：一个小梦想让孩子成为小小演说家

如果你带着孩子已经学习到了这里，要支持孩子成为闪亮登场的演讲小明星了，那该怎么进行第一步的演讲实操训练呢？

很简单，就是按照我们前面所学的综合技巧，讲好一个梦想的故事。

地球人都知道，马丁·路德·金的《我有一个梦想》，是演讲中经典的经典，也可以说他就是因为这个《我有一个梦想》的演讲一举成名，成为历史性的重要人物的。

小朋友也一样，只要能够讲好一个梦想的故事，相信你的演讲明星梦也会很快实现的。

首先，我们要请家长和小朋友都来写一个自己的梦想，可以是任何方面的梦想。

所谓梦想，无外乎是你最想做的事，可是眼前难度有点大，你只能先做着梦，先想着，然后一步步去追梦，最终实现自己的梦想。

比如说：你想成为一个什么样的人呢？科学家、艺术家、企业家、医生、教师、警察、领袖人物？

还有，你最想做而目前又做不到的事情是什么呢？比如你想开一个甜品店，你想买一辆智能车，你想去埃及看一看金字塔，这都可以是梦想，只要是这个事情的背后有积极正向的意义，不仅仅是为了自己吃喝玩乐纯享受的，而是对自己和他人都有益的事情。

请把你的梦想用这样几个步骤说出来：

1. 你的梦想具体是什么？

如果梦想实现了你会是什么样子的？

2. 你为什么有这样的梦想呢？

这里可以讲个小故事，因为什么让你心中有了这个梦想？

3. 你的梦想如何去实现呢？

为了实现梦想你会怎么去做？你以前都做过哪些努力？

4. 实现这个梦想对你又有什么意义呢？

实现了这个梦想会给你带来什么？会给周围的人带来什么？会给更多的人带来什么？会给这个世界带来什么……

当然，在这个梦想环节的故事中，不一定非要有起承转合的全过程，可以紧贴梦想，把故事讲得更加深刻而精炼，比如因为一个什么事情的发生，让你有了这么一个梦想的启迪。

整个演讲的时间最好控制在五分钟之内，当然，时间的长短并不是最关键的，怎样表达得清晰、明确，同时引人入胜，让大家为你的梦想叫好，并相信你能做到（使人信），才是演讲的核心。

当然，在演讲这个梦想的过程中，同样也要遵循"三三三"的诀窍，也就是我们第七步的章节中所讲到的至少三种声音、三种节奏、三种情感起伏。

另外，在演讲的时候家长和孩子可以轮流做演讲者和听众，演讲的人可以站在凳子上或者床上，显得很高大，而听演讲的人要坐在下面，露出非常专注和好奇的神情，要仰头聆听，时不时给点掌声和反馈声，给演讲者以鼓励。

如果家长和孩子能够把这个三五分钟的《我有一个梦想》的小演讲做好的话，就可以圆满结业了，因为这不仅仅是一项综合演讲训练，也是我们这个课程（这本书的学习和操练）的实战考试。

如果孩子通过了这个考试，那就已经是准小小演说家了，以后就可以带着这个梦想到处去讲，在班里可以讲，在外面也可以讲，在很多场合里面都可以讲，"演"得激情澎湃，"讲"得一气呵成。

家长可以把孩子的演讲录制成小视频，参加"亲鹿鹿杯"演讲比赛，获得一份小小演说家的大礼包，因为孩子不仅已经是口才达人，而且还是演讲小明星，他的语言表达能力已经成为闪闪发光的亮点。

在这个全民表达的时代，如果你可以轻轻松松地讲一个故事，或者自信满满地当众表达出自己的观点和想法，让别人瞬间成为你的粉丝，是不是有些魔幻和神奇呢？

主要参考文献：

【1】薛歆然. NLP 心智交流精粹【M】. 北京：北京理工大学出版社，2021.

【2】帕帕拉，奥尔兹. 发展心理学【M】. 北京：人民邮电出版社，2013.

【3】尼尔森. 正面管教【M】. 北京：京华出版社，2009.

【4】曾奇峰. 隐秘的人格【M】. 北京：北京联合出版社，2022.

【5】康耀南. 涂鸦心世界【M】. 北京：北京理工大学出版社，2016.

【6】康耀南，朱妙珍. 艺术心理启蒙【M】. 北京：电子工业出版社，2015.

【7】高天. 音乐治疗学基础理论【M】. 北京：世界图书出版社，2007.

【8】七田真. 0～6岁右脑教育法【M】. 北京：化学工业出版社，2016.

【9】七田真. 超右脑照相记忆法【M】. 海口：南海出版社，2004.

【10】博赞. 快速阅读【M】. 北京：化学工业出版社，2015.

【11】卡斯特. 童话的心理分析【M】. 北京：三联书店，2010.

【12】巴特菲特. 神奇的曼陀罗【M】. 北京：北京联合出版社，2013.

【13】迪尔茨. 语言的魔力【M】. 北京：世界图书出版公司北京公司，2008.

【14】艾瑞克森，罗森. 催眠之声伴随你【M】. 山西：希望出版社，2008.

【15】卢森堡. 非暴力沟通【M】. 北京：华夏出版社，2016.

【16】吴承恩. 西游记【M】. 北京：人民文学出版社，2010.